当代旅游研究译丛

旅游哲学
从现象到本质

〔英〕约翰·特赖布 主编
赖坤 张骁鸣 李军 叶圣涛 马凌 李咪咪 译

Philosophical Issues in Tourism

商务印书馆
The Commercial Press
2016年·北京

序一——中文版序言

很高兴《旅游哲学——从现象到本质》一书得以翻译，供中国读者阅读。该书及其承载的研究课题是我内心（和头脑）中的挚爱。为什么？因为多数旅游研究涉及的是具体运作、消费者满意度、旅游产业和经济增长这样的议题。当然，它们都重要。但是，做事而不思考几乎不能使我们获得最佳的结果。因此，本书呈现的研究课题呼吁我们去思考目的本身，呼吁我们去问：我们想要创造一个怎样的旅游世界？我们希望倡导一个什么样的旅游社会？我想这些问题具有普遍的重要性，对中国和西方皆然。但是，这些问题在中国或许更加紧迫。中国发展的速度是如此之快，以至于其旅游发展可能要快于人们对其能够做出有条理的哲学审视的时间。因此，我所倡导的课题是要用“深思熟虑的旅游”（thoughtful tourism）去替代“失控的旅游”（runaway tourism）（借用安东尼·吉登斯的概念）。但是，这个课题是困难的，因为我们日益把时间花在当下（即微观课题和忙碌的日子），却很少有时间去思考宏观课题（即旅游的目的究竟是什么）。

本书明显受到西方（尤其是希腊）哲学的影响，其核心问题涉及真、美和善的生活。“真”是要知道关于旅游的不同的可能描述。“美”在于培养强烈的旅游审美感。“善”的生活则是去清晰地说出一个符合我们（可实现的）梦想的旅游世界，而不仅仅是一个勉强的旅游世界。该书采用的哲学路径主要是西方式的，由此也确实提出了两个需要考虑的问题。首先，翻译西方哲学并不容易，因为词语和观念在另一种语言中不一定总是有对应之物。因此我要特别感谢翻译和审阅该书的人们。其次，我不希望中国读者认为我是在推销“西方方式”。中国文化本身就有着丰富的哲学传统。我希望该书能够激发中国旅游学术界把中国和其他哲学带到旅游这个领域中来，以便更好地理解该领域，更有效地实现我所说的“深思熟虑的旅游”这一目标。

约翰·特赖布

2015 年 6 月写于英国

序　二

2013年初我应邀到布里斯班参加澳大利亚旅游年会时，买到了英国旅游学者、《旅游研究纪事》主编约翰·特赖布教授主持编写的《旅游哲学——从现象到本质》（Tribe，2009）一书，看后很兴奋，觉得应该翻译介绍给中国旅游研究者。原因有三：首先，旅游研究的哲学视角很重要，但至今未受到足够重视。在西方学界，尽管哲学与（广义）科学关系紧密（即哲学是科学的母体），哲学与旅游研究（广义科学的一部分）的结合却不太明显。熟悉贾法里和里奇的"旅游学科之轮"① 的人知道，旅游研究领域（或者萌芽中的旅游学）与诸多母学科相连，但在这个学科之轮中我们找不到哲学。其次，国际旅游研究逐渐体现出一种具有哲学精神的自我反思，值得关注。最后，在为数不多的旅游哲学研究者中，国内值得关注的是武汉科技大学管理学院的曹诗图教授②，而国际上，萨里大学接待与旅游学院的约翰·特赖布教授具有代表性。把西方旅游哲学前沿研究带入中文语境，有助于推动中国旅游哲学研究，并有望为国际同行提供中国视角。由此，尽管翻译工作吃力不讨好，但这份努力也是值得的。

此书成书的根本主旨在于从哲学视角反思旅游现象，包括对这些现象进行研究的智力活动本身，从而为旅游发展提供理性依据。全书围绕旅游之

---

① Jafari, J., & Ritchie, J. R. B. (1981). Towards a framework for tourism education: Problems and prospects. *Annals of Tourism Research*, 8 (1), 13-34.（译者注）

② 代表作品：《旅游哲学引论》（2008）、《哲学视野中的旅游研究》（2012）。关于具体文献信息，读者可进一步查阅。（译者注）

真、美、善三个基本哲学命题展开，共有十六章，可分为五个部分：第一章介绍全书；第二至六章谈论旅游之真；第七至十一章谈论旅游之美；第十二至十五章谈论旅游之善；最后一章总结全书，探讨旅游在“超越现代性”这个宏大命题中的角色。值得注意的是，该书带有明显的特赖布个人色彩，尽管该书是由多个作者共同完成的。实际上，该书延续了他自20世纪90年代后期以来对旅游哲学的一系列令人振奋的探索：比如《旅游非学科性》(1997)、《有哲学思想的实践者》(2002)[①]、《面向伦理行动之教育》(Tribe，2002)、《旅游之真》(Tribe，2006)和《旅游艺术》(Tribe，2008)。可以说，《旅游哲学——从现象到本质》的写作动机和逻辑线索都有特赖布这位西方旅游哲学研究倡导者的烙印。

如何评价该书呢？长篇累牍的评述不是我的意图，放在这里也不合适。在此，我只想提三点。第一，无论我们如何看待该书，我们必须注意到该书创作于旅游与哲学结合的萌芽阶段。可以说，该书所代表的是国际学界对该研究领域的初步认知。对于它，我们应该主要以包容、鼓励的眼光来看待。第二，任何作品都是优劣兼具的。该书主要的优点有：立意很好，角度新颖，内容全面，文献翔实，组织非常有条理，探讨富有深度，论证严密且具有西方哲学传统。其主要不足之处有：没有界定旅游哲学的属性；主要反映西方哲学立场，东方哲学反映薄弱（更没有中国哲学立场）；与哲学母体的对接不太明显——没有考虑旅游哲学研究如何反哺哲学母体，不涉及解决哲学争论，更多是在“用”哲学思想来审视旅游现象（包括实践）；存在一些文献、文字等方面的错漏。最后，该书为我们中国的旅游学界提供了一个研究契机，即从中国哲学的独特视角来开展旅游哲学研究。实际上，该书的每一个不足或许都暗示着今后可能的研究选题。

2015年6月，翻译初稿完成后，中山大学旅游学院举行的“第二届粤港澳青年学者旅游沙龙”专门用了半天时间讨论“旅游与哲学”议题。其中，我做了一个发言，基本代表了我从哲学层面对中国旅游研究的思考。一

---

① Tribe, J. (2002). The philosophic practitioner. *Annals of Tourism Research*, 29 (2), 338-357. 其他文献可以在本书中找到出处。(译者注)

群年轻的学者讨论“旅游与哲学”问题，可能得到三种评价：第一，一群严肃的学者在讨论严肃的旅游哲学问题；第二，一群吃饱了饭没事干的人在谈一些不着边际的事情；第三，一群疯子，在谈些什么都不是的东西，根本解决不了旅游业今年的游船沉船问题、导游不诚信问题或者类似问题。

我个人当然是将其评价为一群严肃的学者在谈论一些严肃的问题。即使中国偌大一个旅游研究群体，只有今天这个会议室的人在讨论旅游哲学，也很了不起。当今学界功利思想盛行，不仅仅在中国，国外也一样。英文“publish or perish”（发表或出局）就是功利价值观的体现。所以，在这种功利文化中，没有多少学者愿意花精力去做这些不容易出成果的研究。在大家公认商业文化很发达的广州，还能有这么一群人在这里谈论旅游哲学的事情，可能会成为中国旅游研究史上的一个事件。

在国内，哲学思想对自然科学学者的影响是潜移默化的，而对于做社会科学研究的人，哲学思想的指导是相当弱甚至被完全忽视的。在中国受到比较好的自然科学训练的学生，逻辑实证主义的哲学思想不用教，它是潜移默化地植入到你的骨髓里面去的。而学习社会科学的，起码在 20 世纪八九十年代读大学的那一代人，并没有经历过社会科学哲学训练。这就可以解释为什么地理学家在旅游研究中做出了较好的成果：他们遵循逻辑实证主义的哲学思想，自然而然地使用了科学的方法来研究旅游；另外，在 20 世纪 80 年代中期，北京大学地理系已故陈传康先生便已开设了科学哲学与地理学方法论这样的课程，库恩和拉卡托斯的书在那时已是必读书目。

尽管学自然科学出身的人深受自然科学哲学的影响，但是他们对社会科学的哲学这部分是缺乏认识的。对旅游研究而言，仅仅依靠自然科学哲学还不够，还必须有社会科学哲学的指导。据我个人的经历，我在带偏社会科学的博士生的时候就很吃力，很大一部分原因就是其不懂社会科学哲学。不懂怎么办？那就学。台湾大学黄光国教授 2006 年出版的《社会科学的理路》是一本比较好懂的关于社会科学哲学的书。他在把西方科学哲学融会贯通、完完全全理解之后用我们看得懂的中文写出来了。旅游研究一定要吸收社会科学哲学，一方面要吸收哲学思想来指导旅游研究，另一方面应该形成旅游哲学问题，在旅游研究的圈子里形成对旅游本质性的理解。在旅游哲学研究方面，应该出现一批坚定的追随者，作为学术共同体的一部分。

中国的旅游研究正在经历几个转向：代际转向、学科转向和方法转向。代际转向在国际国内都很明显，一方面是年龄上的，另一方面是知识结构上的或者说专业背景上的。国际旅游研究院（International Academy for the Study of Tourism）的创建者大都在70岁以上了，年纪最大的90多岁了。年龄代际转向最重要的体现就是“T-generation”（“旅游一代”）慢慢要成为这个圈子里的主力了。我们下一代的旅游人，拿的学位可能是地理学或管理学，但是所受的教育实际上已经带有明显的旅游专业的特征了。我们那个时代的学者完全是从其他学科直接进入到旅游研究的，不少人取得了非凡的成就。但是，今后这种可能性会越来越小，因为旅游研究已经逐渐形成自身的学术门槛了，而要越过这个门槛没有一定的专门训练恐怕是不行的。

学科转向，就是研究者的学科背景的转向，是与代际转向相匹配的。今后跨学科的学者，尤其是著名学者客串进行旅游研究的可能还有，但是比以前会减少。举个例子，还是早在1997年，在北京香山饭店，北京大学某个特别知名的经济学教授去做了一场报告，讲了三个主要观点：“我认为旅游有三个功能，其一可以促进经济发展，其二可以解决就业，其三可以……”听讲的人说：“哇，这个大教授在讲ABC啊！在普及ABC知识。”学科转向意味着：跨学科的人，若不花工夫深入了解旅游及其研究，要想赢得旅游学界的认可或尊重，将是非常困难的。方法的转向也是与代际转向联系在一起的。国内第一代旅游研究人，研究方法以经验总结为主，但随着旅游发展的日益复杂，仅仅靠经验已经无法回答新的问题。还有，就大学而言，今后知识创造一定会成为大学评估的主要指标。这两个方面将成为方法转向的强大驱动力。

我很高兴，六位年轻的学者承担了这本书的翻译任务，这也是代际转向的标志性事件之一。翻译不是易事，何况是翻译西方（旅游）哲学著作。译者必须克服由语言、文化、意识形态，甚至哲学观念等方面的差异所造成的诸多障碍，更不要提大多数译者本身已被科研、教学事务缠身的现状。这六位译者是：中山大学旅游学院的张骁鸣副教授、赖坤副教授和李军博士，华南理工大学公共管理学院的叶圣涛博士，华南师范大学地理科学学院的马凌博士后和香港理工大学酒店与旅游管理学院的李咪咪副教授。他们大多对旅游哲学研究感兴趣，有的还开展了一些初步的探究。具体分工方面，张骁鸣翻译了第九、十一和十六章。马凌翻译了第六、十章。李军翻译了第四、七和十三章。叶圣涛翻译了第八、十二和十四章。李咪咪翻译了第二、三章。赖坤翻译了第一、五和十五章以及中文版序言、作者介绍和索引，并且负责翻译进度、协调、统稿、校对等工作。此外，中山大学旅游学院的 Fleur Fallon 副教授为翻译中的难点和疑点提供了及时的指导和帮助。中山大学旅游学院、香港理工大学酒店与旅游管理学院的研究生还帮助译者做了文字方面的初步校对工作。

最后，我要代表潜在的读者感谢直接或间接参与此书翻译的所有人员，还要特别感谢商务印书馆李平副总编辑。这本书涉及的主题（即旅游哲学）显然不是热点。商务印书馆是在推动学术向前发展的道义上以及坚持出精品的原则上，应允提供本书的出版服务。当然，我还要特别感谢特赖布教授（以及 Public View 出版社）授权我们翻译此书，并在百忙之中专门为本书撰写中文版序言。

是为序。

保继刚

2015 年 9 月 6 日写于广州

目　　录

第四部分　美德：伦理、价值与善的生活

作 者 介 绍

伊莲娜·爱特杰维克（Irena Ateljevic），1998年从新西南奥克兰大学获得人文地理学博士学位，目前就职于荷兰瓦赫宁恩大学“社会—空间分析组织”（Socio-Spatial Analysis Group）。她对人类发展潜能感兴趣，将旅游作为一种社会经济变化的有力动因加以探索，尤其关注女性赋权与领导这些问题。她是“批判旅游研究网络”（Critical Tourism Studies network）的共同创始人，希望借此推动针对旅游知识生产反思的知识论议题方面的探究。

莫林·艾伊克鲁（Maureen Ayikoru）从英国萨里大学获得旅游学博士学位，现为伦敦米德尔塞克斯大学的旅游学①讲师。她的研究主要集中在旅游研究方法论议题、高等教育政策、全球化、乌干达旅游中的环境教育与可持续发展议题。她写过一个章节，讨论旅游教育研究中阐释性与批判方法论，还写过一篇关于旅游教育与新自由主义的论文（最近被接受）。

吉姆·布彻（Jim Butcher）就职于英国坎特伯雷基督教堂大学应用与社会科学学院。《旅游道德化：阳光、沙滩……和拯救世界?》（*The Moralisation of Tourism: Sun, Sand . . . and Saving the World ?*）（Routledge, 2003）与《生态旅游、民间组织与发展》（*Ecotourism, NGOs and Development*）（Routledge, 2007）是他关于伦理旅游的两本主要著作。他是RSA委员，经常参与媒体中

① 原文仅仅提及“is a lecturer in Tourism at Middlesex University London”，并未说明是旅游学院、系或研究中心。如果要弄清楚，我们必须逐个查阅该作者的工作单位性质。但我们没有这样做，主要是为了节约时间，同时考虑到这些信息对理解本书而言不太重要。下同。（译者注）

针对旅游的争论。

蒂姆·科尔斯（Tim Coles），埃克塞特大学管理学副教授，也是该校旅游研究中心的共同主管。蒂姆的研究旨在考察旅游研究同商业与管理研究之间的交互。目前，他的研究获得英国学院与经济和社会研究委员会资助，集中探究消费者环境行为如何与商业创新、管理、治理进行互动，从而产生新的旅行与旅游模式。

大卫·蒂莫西·杜瓦尔（David Timothy Duval），奥塔格大学商学院副教授，研究兴趣主要集中于航空管理。他的发表作品涉及航空政治、联盟、国际航空服务合约以及航空气体排放管理。

大卫·芬内尔（David Fennell），加拿大布洛克大学旅游与环境系教授，教学与科研主要涉及生态旅游和旅游伦理。他在这些方面发表大量作品，包括关于生态旅游项目规划的一些个人专著、一本生态旅游与旅游伦理的教材，以及一本关注旅游伦理准则的著作（他还编有另外两本书）。他创办并担任了《生态旅游杂志》（*Journal of Ecotourism*）的主编，以及很多学术期刊的编委会委员。

C. 迈克尔·霍尔（C. Michael Hall），新西兰克赖斯特彻奇坎特伯雷大学的营销学教授，以及芬兰奥卢大学地理系兼职教授。身为《旅游当前研究议题》（*Current Issues in Tourism*）的联席主编，他围绕旅游与人的流动、区域发展与环境历史发表了大量学术成果。

凯文·哈纳姆（Kevin Hannam），桑德兰大学旅游系教授兼系主任，拥有英国朴次茅斯大学地理学博士学位，研究专长是旅游发展，对印度尤其感兴趣。他就遗产旅游的方方面面已经发表了大量论文和书籍章节，最近和伊莲娜·爱特杰维克编了一本关于背包客的书籍。他同时担任学术期刊《流动》（*Mobilities*）的联合创办人（与约翰·厄尔和米米·谢丽尔一道）。他从1998年开始就已经是英国皇家地理学会会员。

塔兹姆·贾马尔（Tazim Jamal）是得克萨斯州学院站得州农工大学的游憩、公园与旅游科学系副教授。她的研究兴趣基于社区的旅游规划、遗产旅游管理、可持续发展的合作过程以及关于旅游和可持续的理论或方法论议题。其研究领域包括西加拿大山地型度假区社区、得州农村社区以及墨西哥金塔纳罗奥州的滨海旅游。

包文德·考尔·克勒（Balvinder Kaur Kler），马来西亚沙巴大学的旅游学讲师，研究集中在旅游者体验现象学方面，尤其关注地方感与恢复性环境。她的博士论文（萨里大学）采用阐释现象学分析来研究潜水者的地方体验以及半水生环境的恢复性潜力。她后来的工作继续探索恢复概念，将其作为旅游者体验的一种解释性和动机性要素来看待。

斯科特·麦凯布（Scott McCabe），诺丁汉大学商学院克里斯特尔·德哈恩旅游与旅行研究院的旅游管理与营销系讲师，研究兴趣包括旅游者体验与行为、旅游中的非参与和社会公平议题、旅游中的社会语言学与沟通，以及民族志和定性研究方法论。他围绕这些主题发表了一系列论文和书籍章节，还有一本即将出版的书籍：《旅游与接待业中的营销沟通：概念、战略与案例》（*Marketing Communications in Tourism and Hospitality: Concepts, Strategies and Cases*）。

罗伯特·梅特兰（Robert Maitland），英国伦敦威斯敏斯特大学旅游研究中心的旅游学讲师与主任，研究关注城市旅游（尤其是世界都市与首都）和旅游政策。他就这些主题发表了论文，撰写了书籍，并且给政府部门提供咨询。他目前的研究考察旅游与日常访客在伦敦创造旅游区域过程中所扮演的角色，还涉及首都旅游。他的《世界旅游城市——开发非热点旅游》（*World Tourism Cities: Developing Tourism off the Beaten Track*）发表于2008年。

克里斯托弗·门泽尔（Christopher Menzel），得克萨斯学院站得州农工大学哲学系的副教授，核心研究领域是形而上学和逻辑哲学。当他感觉有必要研究与真实世界相关的现象时，他开始涉足伦理学。

亚历山大·帕诺索·内托（Alexandre Panosso Netto）的专业是哲学和旅游学，拥有历史学硕士和传播学博士学位，是巴西圣保罗大学艺术、科学与人文学院休闲与旅游系讲师。他著有 *Filosofia do turismo: teoria e epistemologia*（同时以西班牙语出版）（Saõ Paulo: Aleph, 2005），*Teoria do turismo: conceitos, modelos e sistemas*（与吉利尔莫·洛曼合著）（Aleph, 2008）和 *Epistemología del turismo: estúdios críticos*（与马西里奥·卡斯蒂诺合

写）（Trillas，2008）。

沙丽妮·辛格（Shalini Singh）是加拿大安大略布洛克大学游憩与休闲研究系的副教授。她的研究兴趣涉及可持续性、社区、精神性、旅游课程以及发展中国家（尤其是印度）旅游这些主题。她最近编完了一本关于亚洲国内旅游的书。辛格博士是国际期刊《旅游游憩研究》（*Tourism Recreation Research*）的执行主编，同时担任亚太旅游组织的印度国家代表。

泰吉·维尔·辛格（Tej Vir Singh）是印度勒克瑙旅游研究与发展中心的创始主任兼教授，《旅游游憩研究》（*Tourism Recreation Research*）主编。作为一名喜马拉雅旅游的专家，辛格博士已经发表了十多本关于喜马拉雅资源利用与保护、影响研究和边缘地带旅游的国际性著作。他为联合国环境规划署、福特基金会和国际山地综合发展中心提供过咨询。

安德鲁·斯密斯（Andrew Smith）是英国威斯敏斯特大学的旅游学高级讲师。他先前任教于肯特大学和谢菲尔德哈勒姆大学，在2002年完成博士论文（关于城市营销中的体育项目）。安德鲁在很多杂志包括《城市研究》（*Urban Studies*）和《旅游研究纪事》（*Annals of Tourism Research*）上发表过关于城市形象、都市更新和都市遗迹方面的研究。他最近的研究关注旅游和城市更新战略中的事件利用。

米克·史密斯（Mick Smith）是加拿大安大略皇后大学的环境研究与哲学副教授。他起初接受的是生态学教育，主要的研究兴趣是环境伦理和政治。他撰写了《地方伦理：激进生态学、后现代与社会理论》（*An Ethics of Place：Radical Ecology，Postmodernity and Social Theory*）（SUNY，2001），同罗莎琳·达夫合著了《旅游发展伦理》（*The Ethics of Tourism Development*）（Routledge，2003），另外还有两本编著。他是环境伦理和环境价值机构的委员会成员，还担任《情感、空间和社会》（*Emotion，Space and Society*）杂志的编辑。

凯恩·塞缪尔·托德（Cain Samuel Todd）是英国兰卡斯特大学的哲学讲师，主要研究兴趣是美学和伦理学，关注审美评价的本质和客观性、小说与想象、环境美学、审美和伦理价值之间的关系。他写了很多关于这些主题的文章，并对实践美学领域（比如体育鉴赏与品酒）产生哲学兴趣。

作 者 介 绍

约翰·特赖布（John Tribe）是英国萨里大学的旅游学教授与学科带头人。他的研究集中在可持续性、知识论和教育方面，撰写了关于战略、经济学、旅游教育与环境管理方面的书籍。他担任联合国世界旅游组织教育与科学委员会的联席主席，以及《旅游研究纪事》（*Annals of Tourism Research*）和《酒店、休闲体育和旅游教育杂志》（*Journal of Hospitality*，*Leisure Sport and Tourism Education*）两本学术刊物的主编。

布莱恩·惠勒（Brian Wheeller），澳大利亚塔斯马尼亚大学旅游学教授，荷兰布雷达应用科技大学访问学者，拥有经济学、应用经济学、旅游经济影响和美洲研究的学位。其博士论文的主题是“可持续性批判”。他的研究集中在流行文化（尤其是文学、艺术、电影和音乐）与旅游、旅行之间的关联，及其与当代旅游思维的相关性。布莱恩的兴趣还涉及旅游与旅游教育中的幽默、视觉和图像使用。

第一部分

绪　　论

第一章　旅游[1]中的哲学研究议题

约翰·特赖布

译者导读：第一章是全书的导言，可以分为两个部分。在第一部分，特赖布主要介绍了该书编写的背景、目的以及意义，对于理解该书而言极其重要。作为旅游哲学研究的积极倡导者，特赖布发现随着研究的开展，他日益被哲学中的真、善和美这三个命题所吸引（背景），这激发了其对旅游哲学议题做完整且综合探究的想法（目的）。他认为，旅游世界总体上是不可控的，我们有必要辨别和质问其强大的新自由主义驱动力量，进行哲学思辨。他相信这样的努力，即从哲学视角探讨旅游现象，可以填补旅游研究中一个重要的知识空缺（意义）。第二部分提纲挈领地介绍了该书的基本内容，涉及旅游之真（第二至六章）、美（第七至十一章）和善（第十二至十五章）。第十六章总结全书，主要探讨旅游中的"超现代性"（transmodernity）这个核心概念。通过本章，读者可以对全书形成整体印象，也可选出感兴趣的章节做深入阅读。

引言

我做旅游研究越多，越是被哲学中三个经久不衰的问题所吸引。它们是关于真、美和善的问题。实际上，在过去的作品中，比如《旅游之真》

---

① 在英文中，"tourism"一词有很多含义。本书提及"tourism"时，其含义多是旅游现象。（译者注）

（Tribe，2006）、《旅游艺术》（Tribe，2008）和《面向伦理行动之教育》（Tribe，2002），我初步涉足过这些领域。然而，虽然旅游知识已经呈现几何级增长的态势，但是有些旅游研究领域似乎长期得不到发展。去对旅游哲学议题做完整且综合的考量，就代表了这样一个需要填补的重要知识空缺。因此，本书的一个主要目的就是对该领域提供初步的把握和洞察。

实际上，该领域中的两个主题（即真与善）已经引起了一些学者的研究兴趣。旅游之真的研究兴趣主要受到方法论探讨的驱动。而旅游之善的研究旨趣则来自旅游可持续发展对更为宽泛的道德议题时不时地提出的质询。另一方面，除了德波顿（de Botton，2003）广受欢迎的《行旅艺术》（*The Art of Travel*）之外，旅游之美几乎无人关注。这是奇怪的，因为旅游已经成为当今世界诸种存在形态的一个重要的创造者。在微观层面，旅游造就了各种纪念品和再现之物，影响着人们的穿着，制造了关于标识与阐释的杂乱①，使各种建筑物（如餐馆、终点站、住宿和画廊）连同它们的外部建筑风格和内部设计拔地而起。在宏观层面，旅游将这个世界的一些局部塑造为滨海和滑雪度假地以及像拉斯维加斯这样的整体性旅游城市。它使得一些地方和城市之景观变得令人敬畏并得以保存，而其他的景观则被发展所破坏。

确实，“发展”（Pearce，1995）和“计划”（Gunn，1994）暗示着一种影响旅游在今后以何种方式被提供的趣旨和能力。它们还暗示存在着已经设想到的特定目标，而旅游发展就是导向这些目标的。基于这样一种经由理性计划而创造的旅游世界之观念，社会学家安东尼·吉登斯（Anthony Giddens，2002）采用“失控的世界”一词来命名他的一系列讲座和一本著作。他用该词描述了一个迅速发展和失控的世界。在他的书中，吉登斯注意到后启蒙时期哲学家拥有一种共同的信条，即“随着科技的进一步发展，世界应该变得更加稳定和有序”（Giddens，2002：2）。然而，吉登斯发现：

> 但是，我们所处的当今世界看上去或者感觉上不太像他们预测它会变成的样子。这个世界，与越来越被我们掌控相反，似乎不在我们的控制之中——一个失控的世界。（Giddens，2002：2）

① 很多旅游景区都充斥着不同的标语、广告或符号，有时显得凌乱。（译者注）

在很多情形中，旅游本质上是以一种没有计划和几乎不能控制的方式进行的。由此，用吉登斯的观点来谈论“失控的旅游世界”（Runaway Tourism）就是可能的。这是因为，如同大多数事物一样，旅游总体上是在非控制性的新自由主义市场环境中被提供的。这种环境往往先于或强于计划和管理的企图。但是最重要的是，新自由主义究其根本是一项意识形态工程。当新自由主义以一种似乎无意识、日常和通常的方式——就好像本来如此且别无他途一样——创造和塑造我们的（旅游）世界之时，亚当·斯密（Smith，1904）谈论的“看不见的手”在此也就是重要的。旅游发展似乎在没有多少有意识的努力之下发生着。其次，经济学研究往往主张价值自由的重要性。但是，在新自由主义中各种隐含价值也在发挥作用。它们包括个人主义、竞争、技术、市场物化和（亚当·斯密之后）自我利益追逐导致社会福利的信条。实际上，对本书的主题（即真、美、善），新自由主义可以说倡导了一组特定价值：执行（performativity）①、消费主义和可盈利性。施为性的观念尤其具有效力，因为正如利奥塔（Lyotard）解释的那样，它是驱动技术性知识进步的关键力量。技术被执行（即产出最大化、投入最小化）主宰，其重要性为在“财富、效率和真实之间的一个等式被建立起来”（Lyotard，1984：45）。在此，有用的知识受到青睐，以至于：

> 证据的生产……因此受制于另外一个语言游戏，其中真实不再是目的，而是执行，即最佳的投入/产出等式。（Lyotard，1984：46）

该分析赋予了仔细探查旅游中的真实以特殊的意义。

把我们放置于一个具有不可控性的旅游世界，并且辨别和质问其背后强大的新自由主义驱动力量，是一种能力。这种能力本身就是一个哲学行为（philosophical act）。本质上，哲学推理（philosophizing）是一种能力，它使我们从一个繁忙、忙于做各种事情的世界中得以脱身，使我们不被占用，停下来恢复精力，思考尤其是像意义和目的这样的东西。“哲学”一词源于希腊语汇，意指爱智慧。《简明牛津词典》（*Concise Oxford Dictionary*）把哲学

---

① 一个复杂、多义、抽象概念。通常译为“操演”和“述行”，但更为原初的意思是“执行”或“施行”。根据上下文，译为“执行”更妥。（译者注）

定义为：

> 对智慧或知识的寻求，尤其是那些处理终极现实的智慧或知识，或是处理——关于事物、观念以及人们对其的知觉与知识的、关于物理现象（自然哲学）的和关于伦理学（道德哲学）的——最普遍原因和原理的智慧或知识；一般意义上的高级学习（哲学博士）；哲学系统；生活行为的原则体系；宁静、冷静。

解读该定义进一步暗示了本书的兴趣，因为本书只是提出了更多的问题。何为智慧？知道某物意味着什么？实在的本质是什么？为什么有些事物被认为是美好且令人向往的？什么是伦理，什么是好的和坏的？理想的目标是什么？本书三个主要部分位于真、美和善的标题之下，它们正是要对这些问题进行更加充分的解答。

真实：现实、知识和学科

旅游通常被理解为大学中的一个新的研究领域和活动。虽然相对年轻，但是旅游研究已经产生了大量的知识。比如《旅游研究纪事》（*Annals of Tourism Research*）从 1973 年就开始发表论文，专门的研究期刊数量超过 50 份，检索国际应用生物科学中心（CABI）摘要服务发现在“旅游”主题词下存在大约五万条记录（主要是论文但是也包括书籍和章节）。该领域还产生了大量的学术会议。亚马逊列出超过 7500 条包含“旅游”一词的书目。但是大多数以此种方式制造的知识可以被称作“增益性知识”（additive knowledge），即旨在增加或者改造关于旅游现象的理论、洞见或理解的知识。相反，本节的任务是审视旅游知识生产过程，并更加仔细地思考“认识”（to know）一词所具有的含义。

在见证数字化通信和媒体的急速发展带来的信息爆炸的当下，或许这样的探寻显得尤其必要。例如，谷歌检索“旅游”产生 1.66 亿条结果，它们包括关于旅游的各种呈现，涉及网站、图片、博客、帖子、视频、讨论组等。网络信息问题立即又引发出许多需要解答的问题。

第一个问题关注范围和框定（framing），涉及“旅游者”[1] 和“旅游”概念是什么含义、我们如何框定这些概念的问题，并由此涉及这些概念的边界是什么、这种框定带来什么影响，以及在我们的探究范围内与外存在什么的问题。第二个要明白的问题关乎知识本身的含义。它就诸如什么是知识、什么是了解某物以及我们如何区分真理、断言、谎言和宣传而提出疑问。在此，柏拉图设置了探讨的场景，他提出：如果断言（statement）要被算作知识，它就必须是证诚的（justified）、真实的（true）和被相信的（believed）。

第二、三章[2]分别涉及旅游者和旅游术语的概念化和相关问题。第四章考虑的是旅游知识生产的议题，尤其是关于我们如何认识事物（知识论）和我们希望了解的旅游世界的本质（本体论）的议题。第五章挑战了我们在理解旅游中所通常采用的基于学科的路径，并且提出后学科（post-disciplinarity）这样的知识论观点。这部分以第六章作为结束。该章思考最近针对旅游这一概念的挑战以及诸如多重流动（mobilities）这样的替换性概念。这些概念较之旅游概念所提供的范围，允许更为宽泛的框定（Bernstein，1971）。对第一部分某个方面的讨论不可避免地涉及另一方面，并且一些重要观点在本部分的各个章节中迂回穿行。

大多数人似乎倾向于把他们看作旅行者而非旅游者。但是正如斯考特·麦凯布（Scott McCabe）所认为的那样，这对于旅游研究及其发现而言具有重要提示。在第二章《谁是旅游者？概念与理论发展》中，他提出了一个根本的哲学问题并且暗示了回答它的方法。他意在说明业界与学界所使用的“游客”一词与日常对话中为普通大众所使用、作为一个非专业概念（lay construct）的游客之间的关系是存在问题的。麦凯布的部分研究兴趣来自他对那些暗示“游客”是一个贬义词的既定论述的观察。而他的目的就是要去发现游客如何构建他们自己的活动以及如何把他人看作社会常规的，并且告诫大家使用极富特殊含义的类别术语所存在的危险。

---

① 或“游客”，可互换。（译者注）

② 第一章就是本章。主编约翰·特赖布在此对全书加以介绍。（译者注）

本章始于对旅游者主要定义的概述，包括业界和社会科学视角。麦凯布基于词典和文献提出一个共同的游客定义，大致为“从事旅行活动或进行旅行的人，它始于和终于相同的地方……出于愉悦、兴趣、文化、节日、游憩等目的”。但这还不是他的终点——仅仅是一个落脚处——因为他告诫我们，定义不能涵盖同一趟旅程中旅行者想获得之体验的多维性。作为回应，本章接着讨论和评价旅游文献中关于游客活动与行为的批判主义和后结构主义概念化，并且探讨了强调个体体验的主观和协商性特征的后现代经验性研究。此类研究倾向于更加深刻地关注旅游者的角色、体验与含义的本质，避免对此采用一种更加还原主义式的和刻板概念化的态度。

接下来，本章据我们对游客及其可识别特征做出知识断言所采用的知识论基础进行评价。麦凯布认为旅游社会科学，尤其是对游客的后现代和后结构主义阐释（也包括从民族志和定性视角的社会学和心理学研究）在理解游客行为的企图上是失败的。该批评源自雅各布森（Jacobsen，2000）的“反旅游者”（anti-tourist）观点。对以下情形的注意强化了这种批评，即当游客把他们的活动与其他人进行比较时，他们对“旅游者”概念的使用是完全贬义的。在此，民族志研究方法技术（ethnomethodological techniques）、成员类别化分析（membership categorisation analysis）和对话分析（conversation analysis）提供了触及该术语内核的有用工具。麦凯布总结道，“旅游”这个术语就几乎等同于一种修辞设置或一种意识形态化和政治化概念。因此我们应该谨慎地使用这个术语。因为当作为世俗概念的“旅游者”被用作一个意识形态化的构想时，这将对该概念在旅游社会科学研究中的操作化方式产生重要影响。故此，在使用基于该术语此种用法的经验数据时，我们需要非常小心。简言之，在研究测量工具①中使用“旅游者”这一表述可能会以一种无法预知和隐蔽的方式影响我们获得的结果。该术语充斥着隐晦的意识形态化色彩。

“旅游”一词描述一种活动，已经引发学术兴趣和研究的出现。在第三章，亚历山大·帕诺索·内托（Alexandre Panosso Netto）考虑的是这个话

---

① 比如问卷或访谈提纲。（译者注）

题:“旅游是什么?定义、理论阶段和原理。”在本章的第一部分,他展示和分析了不同机构和研究者对旅游是什么的不同解释。这些工作可以被视为是在对旅游进行框定。在本章第二部分,他转向旅游研究。基于库恩(Kuhn,1962),他就学者对一些关键的理论模型与路径的分类展开讨论。帕诺索·内托认为一般系统理论(general system theory)是旅游研究的基本范式。这种认识使帕诺索·内托提出把旅游研究分为三个阶段的建议:前范式、范式和新路径。被包含于后者的是内卡尔(Nechar,2005)的“批判知识论”。它预设了旅游学术生活(如范式操作)中某些根深蒂固的习惯,并且倡导批判性(critical)、反思性(reflexive)和诠释性(hermeneutic)运动,以便推动对新知识和意义的理解。内托发现,伴随这三个阶段的每个部分都存在一个转变区,它由从一个阶段向另一个阶段转移的研究者所构成。

在本章的最后部分,帕诺索·内托又回到旅游概念,并且提出了一个关于旅游原理的规范性清单,分为基础原则和理想原则。这些原则被浓缩为一个关于旅游定义的新提案。

在第四章《知识论、本体论和旅游》中,莫林·艾伊克鲁(Maureen Ayikoru)关注两个在理解真理中居于中心地位的关键概念,即知识与呈现。它们涉及知识论和本体论,并且这些概念在本书第一部分的各个章节中反复出现。艾伊克鲁把本体论定义为研究现实本质的一个哲学分支。本体论质问被我们认识的事物之本质。知识论是研究知识的哲学分支。知识论问题关注我们如何认识事物。知识具有一个认识主体(研究者)和被认识的对象。和前一章的帕诺索·内托一样,艾伊克鲁援引库恩(Kuhn,1962)来组织她的论据,具体采用的是科学(后)实证主义和阐释主义范式。

实证主义采用实在主义的(realist)本体论立场,据此假定存在一个外在的、被不变的自然法则所驱动的现实。该现实因此是客观的,独立于认识主体。(后实证主义采纳一种批判的实在本体论视角,假定对现实的认识是不完全的,但是现实无疑是可认识的。)实证主义知识论基于这样的原则,即认识主体与研究客体是独立的实体,强调借助事实证据的证实或证伪的客观且严格的科学方法。

但是,艾伊克鲁指出关于旅游的社会性(与物理性)世界的知识浸透着各种意义制造机制，涉及认识主体的社会、心理和语言世界。既然这样，被知之物与知者就无法分离。因而，采用相对主义本体论的阐释主义范式就具有了重要性。艾伊克鲁在此解释道：知识不是独立存在的，也不是等着被发现，而是被探寻者所建构的，他们根据不同的历史和社会文化影响赋予其意义。她补充道，建构主义知识论往往被描述为交互性和主观性的，因为询问者和被询问对象之间存在密切互动。

第五章的标题是“后学科旅游”（Post-disciplinary Tourism）。在此，蒂姆·科尔斯（Tim Coles）、迈克尔·霍尔（Michael Hall）和大卫·杜瓦尔（David Duval）所处理的是旅游的学科性（disciplinarity）问题，进而拓展了艾伊克鲁在第四章提出的认识论探究。在认识论术语中，学科是知识质量控制的基石。是学科而非别的东西提供了确定的、经过检验的认识方式，以及组织化的学术社群，以便同行对新的知识主张进行审核。那么为什么科尔斯、霍尔和杜瓦尔想带我们超越学科呢？其依据有三个方面。首先，学科会限制其信奉者所能看到的东西；其次，学科或许不能为处理当前众多复杂问题提供足够的视野宽度；最后，很多专业没有及时调整，以至于它们反映的是在其发展初期的显著条件。因此，科尔斯等认为：“存在这样一个危险，那就是在尝试处理当前主题（比如旅游）时，我们可能是在使用过时的、陈旧的学术活动与管理框架。”

上述作者所凭借的是在更为宽泛的社会科学中发展着的文献，该文献已经着重指出确定性、正统的学科边界和教条所具有的种种限制。特别需要提及的是，他们还改造并拓展了塞耶（Sayer，1999）的论点，并在旅游研究中提出和展现了后学科（post-disciplinarity）这个概念。当学者忘记学科或观点是否能够与任一学科产生联系的时候，当这些观点与研究[①]而非学科相连的时候，塞耶对“后学科路径”的解释就显现出来了。

对旅游研究而言，科尔斯等认为后学科路径尤其适用于关于流动的新兴研究（将在第六章做详细讨论）。因此，他们的论点不仅延伸至新的认识方式，而且还拓展到如何重新框定研究和认识的对象上。在针对气候变迁的理

① 较之学科，“研究”暗示受学科的影响较弱。（译者注）

解和回应的进展中，他们也把后学科视为核心。他们意识到人类行为及对环境的影响是复杂、无序和不确定的。后学科性需被用来把握这种复杂性，而基于学科聚焦式的（disciplinary-focused）研究可能会忽视这种复杂性。

第五章就旅游研究提出了一个有趣的挑战。而在第六章，凯文·哈纳姆（Kevin Hannam）就旅游概念本身提出了一个宽泛的本体论挑战。在《旅游的终点？游牧论与流动性范式》一章中，哈纳姆认为旅游概念有些过时，将其自身框定得过于狭窄。相反，对他而言，旅游需要被理解为一种活动，它处于更大的本体论背景中，即流动（mobility）或多重流动（mobilities）的背景之中。

流动被定义为与固定（fixity）相反，涉及位置变换，是一种地方之间的移动性活动。哈纳姆援引歇勒与厄里——流动概念的其他两位倡导者——注意到任何事物似乎都处于整个世界的永恒运动之中。他们发现大多数人都进行旅行，比如学者、恐怖分子、旅游者、军人、商人、无家可归者、名人、移民、难民、背包客、通勤人员、学生和朋友。他们发现，在当今社会中，政治、技术、金融和交通的改变已经极大地降低了流动的诸种障碍。这导致了关于旅游、休闲、交通、商业、旅行、移民和交流这些概念之间的模糊。正是这种“流体的相互依存”（fluid interdependence）使得哈纳姆做出断言：旅游应该被放到更大流动框架中去，而非被离散化地加以分析。

哈纳姆还提出了一个更广泛的认识论观点，即随着流动概念的发展，旧有哲学中的固定（fixities）概念也存在疑问了。他指出福柯的批评否认客观真实，强调知识流动性（fluidity）及其与权力的关系。他还做了一个更加特殊的认识论观察：流动方法论（mobility methodology），比如流动民族志，为理解当代流动现象提供了一种最佳方式。

美：健康、美学与艺术

美学是哲学的一个分支，其核心关注点是理解美的含义与本质。本部分考虑美的三个方面。首先，美被认为是一种主观体验，可以体现为对温暖、吸引、情感健康，甚至欣快的感受。其中，旅游者可能感觉到连贯性、人与人之间的联系以及与自然的和谐。其次，美可能包括对一个外在物体的评估和欣赏，比如一个有吸引力的人、一处令人赞叹的景观或者一场动态的文化表演。最后，艺术试图以不同的方式捕捉事物的精神。这些事物使我们从文字和语言的常规限制中解放出来，还提供诗意的、视觉的和音乐的诸种呈现，能够与其主体建立起更为深刻和不同的关联。实际上，艺术也审视本书的其他主题，即真（它能够帮我们以不同的方式看待事物，并正视我们懒惰的知觉）与善。

本部分首先考虑旅游对于个人健康和精神性（spirituality）的贡献。旅游的恢复性（restorative）[①] 和超验性（transcendental）维度在第七、八章中进行分析。它随后考察源于旅游与空间共同创造某地的方式的一种美学。旅游依赖地方之美。由于旅游能对某地进行建构或重构，它还能增加或贬低美。第九、十章讨论了这些议题。这些议题分别运用于自然和人工环境。第十一章通过考察艺术如何描绘旅游，对整个部分进行了总结。

在第七章，包文德·考尔·克勒（Balvinder Kaur Kler）考虑了旅游与修复之间的关系，尤其是在自然环境中。她注意到放松、身心振奋以及复原继续被列为旅行的主要身体动机。在进一步探查修复这个概念的过程中，她被环境心理学，特别是卡普兰（Kaplan，1995）的注意修复理论（attention restoration theory）提供的理解所吸引。该理论描述了心理复原需求如何驱使个体寻求与自然环境的接触，假定个人和环境两方面在此过程中的重要性。卡普兰双氏（Kaplan & Kaplan，1989）还解释到，人们对修复的需求和自然环境的特殊属性共同驱动人们对自然的偏好。另外，他们还发现，环境要想提供修复作用，必须具备的四种属性：魅力（fascination）、逃离（being away）、延伸（extent）和兼容（compatibility）。具备这些属性的环境就是一个修复性环境。“魅力”指的是一个环境具有的诱发无意识注意（与如阅读或写作这样的引导性注意相对）的潜能。“逃离”提供一种自由，使得人们摆脱任何心理活动所需要的引导性注意，并因此促进魅力的发生。“延伸”出现在当前环境是更大地方或整体的一个局部的时候。“兼容”代表一种个体与环境之间的积极匹配。

---

① 或者“修复性”，我们不做严格区分。（译者注）

克勒讨论与旅游研究相关的注意恢复理论，发现该理论目前专注于恢复性环境的物理方面，并未考虑在此类环境中他人的在场可能扮演什么角色。在此，她发现在提供安全和引导注意中他者可能具有的作用。最后，克勒区分了基于旅游的被动性和主动性恢复。她发现康乐旅游（通常集中在水疗设施的使用上，比如按摩、运动和护理）似乎导向于一种被动的放松方式。然而，恢复不是被动地逃避知觉。相反，它使得人们从与外部世界进行交互的疲劳模式中逃脱，激活一种更为主要的、自然的和直觉的模式。该模式基于不费力的魅力，以放松作为其结果。

在第八章《审美愉悦：对灵性旅游的沉思》中，沙丽妮·辛格（Shalini Singh）和泰吉·维尔·辛格（Tej Vir Singh）延续了第三部分的主题。他们的讨论围绕着精神性（spirituality）、旅行和旅游、流浪旅途和朝圣这些概念。他们从详述一个难题开始：如果——按作者假定——旅游关注物质世界的愉悦，而精神性表现在对同一东西的放弃，那么这两个方面能否被调和呢?

辛格双氏考虑了“精神的”（spiritual）这个词的不同含义。他们在旅游这个更宽泛的词中区分寻求性旅行（questing journeys）与常规的旅游，把前者视为一种出于自我实现和启迪的、特殊的长途冒险。他们提到提供转变性学习体验的关于神圣和世俗的界限，暗示位于精神性中心的应该是引起旅行需要的某种寻求。他们的章节包含神圣和世俗寻求，同时考虑了神圣中心以及自然——作为精神寻求和止渴的源泉——的角色。作者注意到精神寻求的改变性结果，该结果能够在人们中间产生美德行为（见第十三章）。在结论中，辛格双氏指出精神上有意义的体验可以通过各种替代性旅游来进入，比如团结旅行（solidarity trips）、教育旅行、黑色旅游、志愿者休假、新世纪（New Age）① 和/或后现代旅行以及宗教朝圣，指出这些活动是未来的乐观主义指针（见第十六章）。

第九和第十章分别考察旅游美学的不同方面。大自然往往向游客提供一

① 根据维基百科，新世纪旅行是一种另类的旅行方式，采取此种旅行方式的人拥护新世纪观念和嬉皮士文化，游览对象多为音乐节和相关展览，以便和想法类似的人生活在一起。（译者注）

种重要的拉力。但是，在此过程中，它也带来发展和变革的压力。这就提出了对自然进行评价到底意味着什么的问题。在第九章，凯恩·托德（Cain Todd）关注自然、美与旅游之间的关系，回答诸如此类的问题："美"是不是一个有用的概念？对自然的美学欣赏是什么？当前关于美学的争论对我们思考旅游有何启迪？

托德阐述了关于自然美学欣赏的富有争议的主要哲学理论，把这些理论分为两大类，即认知的和非认知的。他从认知型自然环境模型（cognitive natural environment model）开始，然后考虑各种非认知型模型（包括唤醒模型、接触模型）以及一种怀疑观点——就自然美学欣赏而言可能不存在单一模型。在题为"美与旅游者凝视"的一节中，托德把这些观念应用到旅游中来，做了很多观察。首先，他援引卡尔森（Carlson，2000）将某种旅游凝视（通过宣传册的光圈、拍照点和观景点对自然做人为的框定）批评为对自然的篡改的观点。托德进而考虑旅游中干瘪的接触（以快速接触、过于容易的进入、简化且肤浅的接触为特征），它们可能与厚实的接触（以慢速欣赏、进入难度、更深刻的智力和身体接触为特征）相反。他暗示前者可能导致关于自然的重要体验的损失，比如惊奇、敬畏和庄严。

但是，托德在判断一种旅游必然比另外一种在审美上更加丰富时是谨慎的。他在此提出三条重要的告诫：首先，他问是谁要对鉴赏者的评价——无论他们的体验是如何获得的——打折扣。其次，他意识到往往是间接的伦理关注导致对某种体验审美的批评（如对大众旅游的批评实际上针对的是环境破坏）（见第十四章）。最后，托德指出，过于严肃的旅游接触可能使得旅游者过于关注旅游过程中的技术或困难，使其旅游体验被兴奋、危险或疲惫所主导。这些因素可能使参与者远离自然情境——他们在这里做出各种艰苦付出（travails）——的美感。

在第十章中，罗伯特·梅特兰（Robert Maitland）和安德鲁·史密斯（Andrew Smith）思考旅游与人工环境审美之间的关系。作者指出，审美通常是狭窄地针对艺术价值的，意识到尽管人工环境能够带来深刻的、有灵感的反应，但是把一种狭义的审美观运用于建筑是困难重重的。体验的审美提供了一种调和这些困难的方法。作者从文章的一个部分——它揭示了根植于都市设计中的种种哲学观念——开始其分析，并提出不同的哲学传统，比如功能主义（functionalism）、形式主义（formalism），甚至表面主义（façadism）[①]（后者显然来自纯粹主义者，但为游客所欣赏）。

本章的下一部分讨论旅游对城市的影响是如何变得更为强烈的。作者注意到一种变迁：从带有精英性质的大巡游（及其对端庄美学与整洁的关注），转变为激起建筑实验——从浮华的布莱克浦塔到位于贝克斯希尔的富有现代主义风格的德拉沃尔馆——的大众旅游。作者还发现游客回家之后改变了审美口味，并且在家与不在家之间的区隔变得更加模糊。他们说道，看看伦敦取自曼哈顿和巴塞罗那的酒吧风格吧，看看那些新的无处不在的路边咖啡馆吧。作者还描绘了城市建筑的变革年代，发现城市美化运动（city beautiful movement）很少有意识地考虑旅游者。现代城市开始包含壮丽的景观（比如金门大桥和帝国大厦的观光塔）。强调功能主义的现代主义城市通常不是旅游城市。这里，英国的新城（New Towns）引起了注意，因为它们尤其缺少吸引游客的潜能。有人认为后现代城市——从中权力从政府转移至开发商和用户手中——推动了折中主义建筑设计，对喜欢玩闹的游客有更强的吸引力。

接下来本章考察了20世纪70年代以来旅游推动地方审美的方式。首先，旅游被认为推动了一种更加以消费者为中心的审美。在此，巴尔的摩被引作一个矫正工业化衰退（尤其关涉工业建筑和街区的更新）的旅游案例。从中我们可以看到城市从生产场所变为消费场所。其次，城市可以被视为促进了遗产的保护和便利设施的建设，这些城市需要一种同时满足居民和游客需求的平衡环境（但也伴有对一些同质化和单一性上升的批判声音）。最后，人们注意到了在城市景观中“标志性”建筑的引入，比如毕尔巴鄂的古根海姆博物馆。在此，我们看到旅游已经成为推动此类城市营销和带动面向体验经济的壮观环境和“品牌景观”（brandscapes）[②] 发展的一个关键驱动力。

---

① 一种建筑理念，旨在保护建筑外表。（译者注）

② 品牌性景观指的是一个目的地在游客心目中最有代表性、标志性的景观。（译者注）

最后作者总结道，用来描述游客对人工环境审美体验的诸多词语（阅读、消费、感知和构思）证明关于该主题存在诸多立场。他们指出，那种能够让我们获得关于都市审美综合理解的理想认识论存在诸多窘困。作者还做出如下的暂时性断言：在理解针对人工环境的审美中，旅游必要性（tourism imperative）较之过去更具影响力。然而，他们警告说，这不必然意味着城市开发者是在提供游客所需要的东西。因为，他们提出一个矛盾，即城市往往是为旅游而非游客设计的。因此，在城市开发者认为游客需要什么和游客——当在他们自己的城市或访问其他城市的时候——实际需要之间，我们注意到了一个令人担忧的差距。

第十一章是对第三部分的总结。在此，布莱恩·惠勒（Brian Wheeller）关注《旅游与艺术》这个题目。他接近这个题目的方式是非常打破常规的、创新性的和视域宽广的，同时极富艺术气息。确实，它是高度哲学化的一章，也是让读者自己做大量领会并提供分析结构的一章。这样一来，本章本身在某种意义上就是一件艺术品，体现在其修辞、结构和整体形式上。惠勒说本章是“我对事物的呈现，一种基于体验的个人的、渗透价值的、轶事性的视角”。通过指出商业和金钱对艺术所形成的无情压迫，他几乎立刻针对一种关于艺术与审美或真理之间关系的天真观点（或许想到该书的主题）提出了告诫。基于旅游供给的大背景，作者发现艺术日益被视为一种商业机会和文化/遗产旅游，往往对艺术产生侵蚀。他总结说艺术和旅游都主要是一种产业。

惠勒问，什么构成“艺术”？他给出的答案不仅包括剧院、歌剧、芭蕾、博物馆、展览、文学、电影院（艺术厅）、建筑、艺术、摄影和古典音乐，也涉及风靡一时的电影、流行音乐和畅销书。他发现艺术如同旅游一样是被阶级分割的。高雅与低俗文化的对立似乎模拟了旅行者和（大众）游客之间的区隔。

惠勒的艺术之旅以作为旅游吸引物的艺术作品开始，包括戈尔曼的《北方天使》和位于克罗斯比的《别处》。城市景观（见第十章）包括伦敦圣潘克拉斯火车站、马德里机场和毕尔巴鄂的古根海姆博物馆。还包括艺术展览，比如在康沃尔郡圣艾夫斯的泰特美术馆举办的《假如每个人都拥有海洋》以及在重要城市举办的霍珀、莫奈和图坦卡蒙展。甚至还有旅游艺术展：《在海滨的审查》——唐纳德·麦吉尔的艺术（Brunswick Centre，2004）、《世界性体验：艺术、人生和旅游者之眼》（Hayworth Gallery，2005）、《海边的印象主义者》（Royal College，2008）和《包罗万象：旅游者的世界》（Schirn-Kunsthalle，Frankfurt，2008）。他认为艺术有意识和无意识地通过诸如此类的作品——《复乐园》、《加利福尼亚之梦》、《波希米亚狂想曲》和利物浦的“艰难日子之夜”酒店——推销地方。像安东尼·德·圣埃克絮佩里的《小王子》这样的书籍以及像妈妈爸爸合唱团《加利福尼亚之梦》那样的歌曲，对地方而言是怀旧的。惠勒的旅程还包括艺术政治，以暴露于托马斯·曼的小说《魂断威尼斯》和彼得·本奇利的小说《大白鲨》中的对游客的刻意欺骗作为例证。

惠勒展示了艺术如何被用于旅游教学：“给他们（他说）……凯里的……《美国梦》去分析……（或者）《海滩》；或者让他们去思考一些画作……卡斯普尔·大卫·弗里德里希的《旅行者》或者费谢丽对海滨生活的诠释；或者……一个麦吉尔精致的、有伤风化的明信片……和……丢进一些帕尔所描绘的关于英格兰萧条的海滨度假地的、不墨守成规的图像。”最后，惠勒通过旅行写作来思考艺术中的“真实”（见第四章）。这里，他设置了一个对比：一方面，他邀请我们见证关于英国浪漫的、虚有其表的和高度选择性的风景，比如英国广播公司出版的《海岸》和《不列颠风景》；另一方面，他又把哈兰德·米勒的艺术作品①置于这些风景上，这些作品基于书籍封面——描述英格兰北部城镇的黑暗面——的重新加工。这两本书是：《布里德灵顿：距离太阳九千三百万英里》和《布莱克浦：全是快乐和游戏，直到有人失去了一只眼睛》。

美德：伦理、价值与善的生活（Good Life）

本书的最后一部分涉及旅游中的美德概念。美德标志着道德的优秀和善良，属于哲学中的伦理学分支。伦理学分析价值、正确的行为并思考善的生

① 哈兰德·米勒（1964—），英国作家兼艺术家，其有些作品比较反映英国现实。（译者注）

活的含义。我们可以做以下区分：伦理（ethics）——包括关于什么是正确和错误、善与恶的理论；道德（morals）——受伦理支配的活动和行为。在这个部分，第十二章提供了一个关于伦理和旅游的总览，而第十三章考虑的是做到善意味着什么和我们如何在旅游中鼓励善行。第十四章讨论一个观点，即旅游已经成为过度道德化（over-moralisation）的主题。第十五章重新肯定伦理旅游的地位。最后，第十六章聚焦于旅游之目的。它关注那些目的可能是什么，分析可以采用的手段和权力，并提出一种关于重塑旅游世界的超现代性（transmodernity）[①] 的新范式。

根据大卫·芬内尔（David Fennell）的观点，我们在本质上是符合伦理的存在物。在第十二章，他关注伦理与旅游的关系。这提供了一个基础，借此我们可以理解伦理的更为正式的一面，并对重要的相关哲学传统进行讨论。它还有助于我们在思考和应用伦理的过程中找到方向。本章从区分伦理（决定正确行为的原理）和道德（人类弃恶扬善的理性和自然的倾向性）开始。接下来，它向我们提供了一个实际的指南，针对在决策制定中体现伦理所需要的步骤——从问题识别与分析到价值分析和价值优先化。因此，价值处于伦理分析的核心，而芬内尔提供了一个有力的、包含行动指令的价值定义。作者在此之后还提出了一个关于价值的范式，区分了四种不同的价值基础，即偏好、共识、结果和原理，其中的每一个都被视作具有心理学和哲学的维度。

芬内尔接着带我们领略关于伦理的主要哲学传统。第一个传统聚焦于目的——我们的终极目标是什么？在此，芬内尔提供了两条路径：一方面，亚里士多德的适度调节的幸福（*eudaimonia*，即繁荣）概念作为人类值得拥有的目的被提出；另一方面，对快乐的追求有时作为一种道德目的被提出。享乐主义（对个体愉悦的追求）和功利主义（对最多数人的最大的善）在此被区分开来。第二个重要传统是义务论（deontology）或手段论——即行为基于义务，可能包括宗教原则、社会契约伦理（洛克和卢梭）或类别化责

① 一种对现代性和后现代性的批判，但保留其合理成分，一定意义上亦可称为“后后现代性”。（译者注）

任（康德）。此外，芬内尔思考了原真性（authenticity）和存在主义（克尔凯郭尔），以及正义和权利（若斯）。他指出旅游研究中对伦理的兴趣是边缘化的实现，并借此对文章做了总结。他还呼吁对价值、价值与伦理的关系、伦理传统做更好的理解，从而使我们在思考为了在旅游中做到善而应该做的事情的时候更有思想准备。他重点强调，伦理理论是实现可持续和负责任旅游的重要前提。

第十二章为我们提供了一个关于伦理传统的广阔视角，而第十三章就如何选择与整合关键性观点给我们提供了一些指导，还提供了一个暂时性的行动建议。在此，塔兹姆·贾马尔（Tazim Jamal）和克里斯·门泽尔（Chris Menzel）进一步考察了旅游中的善的观念，尤其是旅游中的善举到底由什么所构成。为了实现这个目标，他们结合了前一章提及的三个哲学家的思想，即边沁（Bentham）的功利主义、康德（Kant）的尊重他人观和亚里士多德（Aristotle）的美德伦理。作者认为，功利主义是对旅游中善举的伦理思考的起点。也就是说，在其他条件不变的情况下，重要的行动应该使得效用最大化。这里的效用是作广义的理解的，包括愉悦、财富、安全和普遍幸福这些“善”。

作者认为量化“其他条件不变的情况下”是非常关键的。就像他们注意到的一样，我们几乎不假思索就会明白：效用最大化可能要先于康德式的关于尊重他人的迫切需要之物（desiderata）。这是贾马尔和门泽尔展示的第二个伦理思考。在对这一点的说明中，他们考虑的是旅游发展，它能够给一个地方带来巨大财富——并因此非常高的总效用——但可能是以当地小的社会群体的文化保存为代价的。在这样的情境中，本地社会的成员可能会被视作获得某个目的（对多数人的效用最大化）的手段，而非目的本身。如果能够理解这一点，开发者就会为了促进对当地人的尊重而设计吸引物和目的地。当地人会反过来尊重游客，实现一种互动性主客关系。作者还认为，在面对旅游中的善举时，亚里士多德式的“美德”伦理是与功利主义和康德式立场捆绑在一起的。这里，是品性（character）的发展使得代理人①能够在效用最大

① 根据上下文，应该是指旅游开发者（比如规划者、地方政府、开发商等）。（译者注）

化带来的判断和对人的关注与尊重之间进行调和。总之，本章提供了诸多旅游行动的案例，并根据上述三个伦理视角对其进行了相关的讨论。

吉姆·布彻（Jim Butcher）在第十四章中对“伦理旅游”做出驳斥。布彻发现伦理旅游的概念是一个完全糟糕的观点。他认为这个概念等同于对寻找乐趣和放松的度假者的藐视，当从人道主义的立场加以审视的时候，它也是基于完全反动之假定的。首先，他收集了他进行批判的对象与/或具体作品，涉及克里彭多夫（Krippendorf，1984）、克罗尔（Croall，1995）、史密斯和达夫（Smith & Duffy，2003）、芬内尔（Fennell，2006）、民间组织、产业集团、媒体（尤其是《卫报》）、新闻记者（Monbiot，1999）和旅游运营商，等等。其次，他对伦理旅游的典型批评进行了总结。比如，有一种看法认为团队游客不考虑他们的环境足迹，也没有意识到他们对当地文化的破坏性影响。因此，布彻认为关于伦理旅游的游说——为了整个星球和寄居其上的文化——试图控制那些以寻找快乐为目的的大众游客，并且通过行为准则来控制他们的活动。在布彻看来，同样的伦理游说证明了一种对东道主——作为一种强加文化的受害者——的单方面同情，而非对东道主（对发展或实际上的旅行）期望的共鸣。基于他所认定的主流伦理潮流，布彻将西班牙托雷莫利诺斯作为一个反例提了出来。他指出，一个目的地要以伦理旅游为特色，却同时又象征一种西班牙式的发展和那种将东道主从一个贫穷的渔业社区转变为富裕的大都市的进步，这几乎是不可能的。

布彻特别轻视作为一种发展模式的生态旅游（作为一个伦理旅游的典范被提出）。他确切地指出，生态旅游的“可持续”和“伦理的”主张体现在它能够在环境保护所确定的发展限制之内提供发展的能力上。但这对布彻来说是成问题的，因为在他看来，生态旅游意味着一种受限的发展，它否定了东道主全面地参与由自由经济增长所带来的财富和物质进步的机会。这就解释了布彻对大众旅游和大项目的偏好，连同它们借助发展经济而能够减少贫困的希望。在结论部分，布彻展示了他对更高而非更低流动性——作为人道主义哲学的一部分——的热情。在此，旅行的机会被视作普遍意义上人类进步的一个主要构成，因此旅行机会所带来的益处——愉悦的、教育的和商业的——是向所有人提供的。布彻认为，这才是真正的伦理眼界（vision）。

他说这种眼界不太可能获得那些无视公平和发展、受困于把我们的度假进行道德化的人群的青睐。在这里，他指的可能就是第三部分中的其他作者。

米克·史密斯（Mick Smith）通过回溯弗洛伊德的论文《文明及其不满》，开始第十五章：《发展及其不满：缺失伦理或思（理）想的自我满足?》，并且用以开启对吉姆·布彻（Jim Butcher，2003）先前作品之一的《旅游之道德化》的理解，尤其是以下三点：人的本能行为与文明社会之间的冲突，伦理与人性斗争的徒劳，“论作为对容易上当者的压制性愚弄之伦理”以及作为内疚的人履行其社会责任的一种手段。此外，史密斯特别强调了布彻的其他几个关键主张，即相信旅游发展总是符合每一个人的最佳利益，并认为旅游是天真无邪的快乐但却被道德化所侵蚀。史密斯援引了鲍曼（Bauman）和阿伦特（Arendt）的作品，以驳斥布彻的观点（并由此，正如本章的标题所暗示的，批判那种没有伦理或原则/想法的自我满足）。跟随他们的引导，史密斯驳回了任何把伦理视为一种社会压制的简化和消极观点，相反，他认为伦理在构成我们是谁的过程中扮演着重要角色。史密斯还反对那种认为伦理必然与快乐相悖的观点。对他而言，个人责任是伦理的起点，伦理不是盲目地遵守法规。而关于什么是善的问题，总是一个难以定论的、开放性的问题。最后，他提醒我们，认为我们每个人都是潜在的对文明不满的人之一。这也就是我们应该在支持同时又反对社会和经济束缚的框架内进行斗争的原因。

一本关于旅游哲学议题的书应该以一个思考旅游目的的章节作为总结，这是合适的。“好”① 的旅游可能是什么样的?以何种方式旅游能够有助于一个“好”的世界?这个任务落到了伊莲娜·爱特杰维克（Irena Ateljevic）的身上，她可能是因为最近在克罗地亚举办了一系列学术会议而被人知晓。最近一次会议题为“面向希望学院（Academy of Hope）”——一个她在本章中不懈努力追求的主题。在《超现代性：重塑我们（旅游）的世界?》这一章中，爱特杰维克对超现代性做了详细的分析，并考虑了这个词对旅游的

---

① 这里的引号强调不同的人对于“好”存在不同的理解。去掉引号则暗示一种统一的“好”之观念，而这不符合事实，所以作者使用了引号。此种写法在英文中非常普遍。（译者注）

含义。在这个毫无隐晦的乐观章节（主要致力于发现我们人类发展潜能中积极和可能的是什么）中，爱特杰维克（继 Rifkin，2005）把我们带到这样一个十字路口，它位于消亡中的旧秩序和上升中的新时代（new age）之间。她认为超现代性代表了一种深刻的范式变迁，这种变迁正在社会文化、经济、政治和哲学的思想和实践变化中缓缓地展现出来。

爱特杰维克的分析指向了一个重要的全球性意识转变（尽管有时非常隐蔽）。这种变化代表了对欧洲或欧美资本主义的、父权制的、现代性的、物质化的、殖民性的主导世界体系的反对。超现代性代表了一个全球及其所有寄居者（包括植物和动物）的前景（vision），认识到我们在同一个系统中相互关联，强调我们对地球这个不可分割的生活社区而言所具有的相互依赖性、脆弱性和责任。同样，超现代性反对盲目的经济发展，反对将物质财富作为目的本身进行追逐。与之相反，它把生活质量的概念推选为衡量发展的尺度。爱特杰维克把超现代性概念和其他的当代批评或观念——源自批判经济学、社会人类学、文化研究、政治科学、社会心理学、流行文化和社会行动主义（activism）文献——联系起来。

爱特杰维克总结道，旅游实际上是主要指标中的一个，这些指标提示：在全球意识和人类活动中有一个重大转变正在进行，它已经在我们身边好长一段时间了。她指出，看看麦坎内尔（MacCannell，1999）关于国际旅游作为一种寻求（quest）的理论吧，以及众多的后现代性旅行活动，比如背包旅行和新世纪与精神旅游。她认为这些存在提示了改造旅游和重塑世界是有希望的，且这种希望具有诸多可能性。

参考文献

Bernstein, B. (1971) On the classification and framing of educational knowledge. In M. Young (ed.) *Knowledge and Control: New Directions for the Sociology of Education* (pp. 47-69). London: Collier-Macmillan.

Butcher, J. (2003) *The Moralisation of Tourism*. London: Routledge.

Carlson, A. (2000) *Aesthetics and the Environment: The Appreciation of Nature, Art and Architecture*. London: Routledge.

Croall, J. (1995) *Preserve or Destroy? Tourism and the Environment*. London: Calouste Gulbenkian Foundation.

de Botton, A. (2003) *The Art of Travel*. London: Penguin Books.

Fennell, D. (2006) *Tourism Ethics*. Clevedon: Channel View Publications.

Giddens, A. (2002) *Runaway World*. London: Profile Books.

Gunn, C. (1994) *Tourism Planning*. New York: Taylor and Francis.

Hannam, K., Sheller, M. and Urry, J. (2006) Editorial: Mobilities, immobilities and moorings. *Mobilities* 1, 1-22.

Jacobsen, J. (2000) Anti-tourist attitudes: Mediterranean charter tourism. *Annals of Tourism Research* 27, 284-300.

Kaplan, S. (1995) The restorative benefits of nature: Toward an integrative framework. *Journal of Environmental Psychology* 15, 169-182.

Kaplan, R. and Kaplan, S. (1989) *The Experience of Nature. A Psychological Perspective*. Cambridge: Cambridge University Press.

Krippendorf, J. (1984) *The Holiday Makers*. Oxford: Butterworth Heinemann.

Kuhn, T. (1962) *The Structure of Scientific Revolutions*. Chicago, IL: University of Chicago Press.

Lyotard, J. (1984) *The Postmodern Condition: A Report on Knowledge*. Manchester: Manchester University Press.

MacCannell, D. (1999) *The Tourist: A New Theory of the Leisure Class*. Berkeley, CA: University of California Press.

Monbiot, G. (1999) *An Unfair Exchange*. The Guardian.

Nechar, M. (2005) *La modernizaci6n de la política turística. Retos y perspectivas*. México: Centro de Investigaci6n y Docencia en Humanidadesdel Estado de Morelos.

Pearce, D. (1995) *Tourist Development*. Harlow: Longman.

Rifkin, J. (2005) *The European Dream: How Europe's Vision of the Future Is Quietly Eclipsing the American Dream*. New York: Penguin Group.

Sayer, A. (1999) *Long Live Postdisciplinary Studies! Sociology and the Curse of Disciplinary Parochialism/Imperialism*. On WWW at http://www.comp.lancs.ac.uk/sociology/papers/Sayer-Long-Live-Postdisciplinary-Studies.pdf.

Smith, A. (1904) *An Inquiry into the Nature and Causes of the Wealth of Nations* (5th edn). London: Methuen and Co.

Smith, M. and Duffy, R. (2003) *The Ethics of Tourism Development*. London: Routledge.

Tribe, J. (2002) Education for ethical tourism action. *Journal of Sustainable Tourism*, 10, 309-324.

Tribe, J. (2006) The truth about tourism. *Annals of Tourism Research* 33, 360-381.

Tribe, J. (2008) The art of tourism. *Annals of Tourism Research* 35, 924-944.

第二部分

真实：现实、知识和学科

第二章 谁是旅游者？概念及理论发展

斯科特·麦凯布

译者导读：本章是旅游之真部分的第一个章节，主要从实践和理论概念角度探讨旅游者（tourist）作为一个术语与当代旅游研究的关联。本章分为四个部分。在第一部分，作者对世界旅游组织的概念进行了评论，讨论了快速变化的社会环境对作为消费者的旅游者的影响，并进而指出明确旅游者定义在实践和理论方面的重要性。在第二部分，作者从词源学角度罗列了对旅游者这一概念的定义。在第三部分，作者讨论并评估了旅游者体验方面的相关学术研究，并分析了有关“旅游者”这一概念的知识和特征。作者指出，在社会科学领域，由于旅游研究忽略被访者的观点及其自身和他人的分类定位，使得研究者难以深入地理解旅游者的行为和体验。而在民族志领域，由于对旅游者体验的研究过分强调内省，使得研究者常常忽略被访问者对其他旅游者的态度反馈方面的影响。所以在最后一个部分，作者提出一种可有效地用于互动（对话、采访和文本数据）的方法来理解“旅游者”这一概念，即“成员类别分析法”。

引言

本章旨在分析“旅游者”（tourist）这一术语与当代旅游研究的关联，并阐明该词在学术界与大众日常交流对话中的病态关系。本章讨论了以下两类定义的差别：一是从功能性角度出发，定义和衡量人们的旅行活动，以完成对这类活动的分类和数据收集；另一个则是指理解尚较浅显的作为概念的“旅游者”。本章认为后一种定义可以也应当成为主要分析的对象，以加深对前一种定义的理解。这不仅会推动对旅游以及更广泛的社会科学领域关于流动文化（Urry & Sheller，2004）的研究，而且会对文化全球化现象（Appardurai，1990）的研究产生积极作用。基于这个目的，本章会将“旅游者”这一概念作为一个成员类别策略（membership categorization device）加以分析。

本章认为，即使对“旅游者”的定义存在很多问题并且不够具体，仍需要区分其在实践层面的应用，例如从国内或国际环境层面对所包含的活动进行区分，以及作为一个发散概念（discursive construct）的应用。试图将意义价值和体验性价值强加于对旅游者的定义是徒劳的，因为这对于定义旅游者活动类型毫无实践意义。事实上，旅游业界对于“旅游者”的种类并没有兴趣。因为在旅游业多元化及体验性的背景下，消费者市场细分及营销技术日益复杂，从而深化了旅游服务在开发、推广和传播各个层面的内涵。当把旅游市场细分为不同类别的利基市场群时，单纯关注“旅游者”的定义对于产品及营销决策的作用微乎其微。

然而，本章同时指出，通过对“旅游者”作为一个理论概念的分析，可以在一定范围内从旅游者作为消费者的层面来强化理解旅游者对旅游产品和服务的态度。同时，在非专业的社会学思维（sociological reasoning）中对“旅游者”一词的大量贬义使用，使得对这一概念的理论层面上的理解更加有意义。旅游活动是一种社会实践活动，而这种分析可以增加我们对旅游者如何构建自身以及他人旅游活动的理解，从而进一步揭示构成旅游业这个消费者社会中巨大动态行业的社会习俗的各个层面。在日常互动中，当旅游者讲述他们的活动时，旅游者可以被看作是一种特殊的身份标志，因此从概念角度分析“旅游者”将会对当代旅游业有进一步的认识（参见 McCabe，2005；Stokoe & McCabe，2004）。从这个意义上来说，对于“旅游者”概念的分析的确有助于行业实践的发展，因为理解旅游者如何相对于他人定位其自身及旅游活动，有助于行业更有效地定位、推广并提供旅游服务。

本章首先从不同角度罗列了对“旅游者”这一概念的定义，之后讨论并评估了旅游者体验方面的相关学术研究，分析了有关“旅游者”这一概念的知识和特征，最后总结道：在社会科学领域，由于旅游研究忽略被访者的观点及其自身和他人的分类定位，导致难以深入理解旅游者的行为和体验的局面。在民族志领域，由于对旅游者体验的研究过分强调内省，研究者常常忽略自己对被访问者对其他旅游者的态度反馈方面的影响。作为社会科学家，我们应当更加积极地投入到当人们用来讨论自身及他人的行为、动机或体验时，话题化（topicalise）“旅游者”这一概念的各种方法当中。本章将提出一种可有效地用于互动（对话、采访和文本数据）的方法。

定义旅游者：变化的环境

在社会学中已经产生了很多针对旅游者的研究。定义及区分不同类别的旅行是非常重要的，因为只有如此才能够更加准确地统计进出某区域的游客量，并且可以加深对使旅游成为独特的旅行类型的活动和体验的理解。从官方的数据记录来看，联合国世界旅游组织一直致力于与国际社会合作，在如图 2.1 所示的国际旅游者类别及活动的基础上，开发并实施旅游卫星账户。图 2.1 中的分类系统对确立国际旅游业的重要性、了解出游类别和出游原因的统计数据是必要的。通过这一分类系统可以认识到旅游者的时间特征，如一日访客、旅游者或临时性移民等。这一分类系统中也包括了旅游活动的类别以及出游目的，如休闲、游憩及度假、探亲访友、商务旅游、健康旅游、宗教及朝圣旅游，等等。对旅游者的官方定义中也包含了进行一系列旅行活动的人：船员、离境返回的外国人、一日访者等。

世界旅游组织对旅游者分类方法的主要缺陷在于其静态性。一个分类方法需要范围广泛并且固定，然而正是这种固定性阻碍了该方法的广泛应用。因此，多种旅游者定义之间争论的关联性仍然非常重要。这其中的原因显而易见：在过去的十年间，旅游者的旅行消费习惯已经彻底地改变了，尤其在那些旅游消费已日益成为消费行为重要组成部分的发达国家。

这种改变的性质主要体现在六个方面：宽带互联网的应用和传播；由产品的精细化（fragmentation）和直观化（depackaging）带来的产业结构变

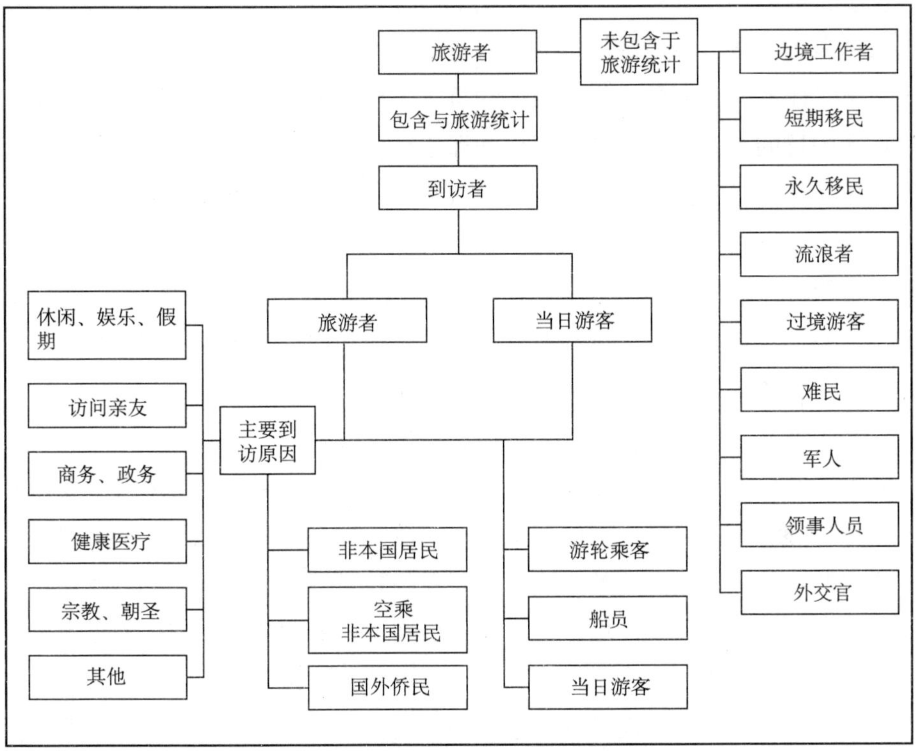

图 2.1　世界旅游组织对国际旅行者的分类

化；主要单体产业要素（如航空业、酒店）重要性的日益提升；消费者提高自助旅游即所谓“DIY”旅游的独立性；短假期的增加和长假期的相应减少；边境的开放及为应对恐怖主义而明显提高的安防及边境控制，导致对旅游者活动控制力的降低。约曼等（Yeoman *et al.*，2007）认为，旅游者对于原真体验的渴望在不断增长。尽管“原真体验”的本质、背景以及可能性仍充满争议，我们可以看到，不管是短暂的城市游、团队游，还是长途自助游，旅游者似乎越来越重视体验的本质和质量，并且越来越倾向于在每次出游时尽可能地选择满足多种兴趣的旅游活动。道德旅游或负责任旅游的兴起验证了这一趋势。旅游者主动选择旅游目的地，通过在目的地进行志愿者工作（见 Wearing，2001）和观光加深对当地文化的理解。

尽管这些例子会被归为旅游业的利基市场，但即使是在大众旅游领域，越来越多的人在进行旅游决策时会通过旅行及住宿的预订反映或契合其亲友圈。第二住宅保有率的增加和旅游动机的多样性表明了在一次旅游中可以实现不同的目的：商务和娱乐；度假和探亲访友；甚至还可以在旅游的同时工作，尤其是在像欧盟这样用工环境较为宽松的市场中。例如，来自欧盟不同地方的年轻人发现到像伦敦这样的大城市纯粹旅游过于昂贵，所以在工作容易获得的时候，他们可以边工作边对这个城市进行更长期、更深层的体验。因此，消费者对旅行的态度和对空间的消费正在改变，旅游业也相应地经历着结构和形式的改变，使服务日益精细化和细分化。

这些因素之所以重要是因为它们能够帮助我们对人们在旅行时的行为进行分类，并且理解旅游对于个体和整个社会的意义。这不仅对旅游业很重要，对政府来说亦然。中央政府根据特定活动对经济和社会福利的贡献程度来制定财政预算。旅游业的收支、旅游者的数量等信息会影响到分配给国家及地区旅游部门的预算。旅游统计的可信度及可靠度将会影响政府的预算和审计。从更广泛的层次来说，如果旅游者被认为是正面的因素，如可增加个人和社会福利，那么旅游业可能会成为社会及健康政策中的一个议题。因此，对旅游者进行定义具有实践和理论的双重价值。然而，本章认为，基于不同的要素得来的不同定义之间存在广泛争议，且这些争议取决于旅游者活动统计方法的有效性（特别是在旅游业环境和结构快速变化的情况下），因此讨论必须限定在哲学层面上才能为了解旅游者概念提供基础。下面罗列了一些就常见的定义产生争论的关键点。

定义“旅游者”：实践的角度

在一开始讨论一些术语的定义、用法和含义时，人们通常会参考主流词典的定义来理解这些术语在大文化环境背景中的内涵。本章也将会通过对“旅游者”一词进行词根分析来了解该词在当代应用中的微妙差别。通过对比一系列词典的定义，可以得出以下几点直接而有趣的差别：

旅游者（名词），即为了愉悦而旅行的人。(《美国遗产大辞典》)

《美国遗产大辞典》在“旅游者”的定义中将旅行与愉悦做了直接的因果联系。因此旅游者可以依据旅行的行为和目的来定义。《韦氏词典》对旅游者的定义涵盖了包括文化动机在内的更为广泛的目的：

> 旅游者即为了愉悦或文化而旅行的人。(www. merriam-webster. com)

旅游者在这个意义上也暗指与目的地的人和地方产生互动的可能性。《剑桥在线辞典》(www. dictionary. cambridge. org) 将这个概念扩展到更多种类的“兴趣”，从而可以包含更大范围的可能动机，并清晰地连接了愉悦的可能性和兴趣。剑桥版定义在旅游者活动和度假间做了清晰明确的连接，并且在该定义中加入了作为客队运动员参加英式橄榄球和板球国际巡回赛的体育元素。

> 1. 为了愉悦或兴趣而参观某个地方，尤其指在假期时；
> 2. (英) 运动队成员为了比赛项目在国外不同城市间旅行。

这些对旅游者的定义的重点各有不同，但我们会发现有两个恒定的元素，即旅行行为以及赋予旅游行动不同属性的目的、动机或是体验质量，例如为追求愉悦体验而旅行，为追求兴趣而旅行或为摆脱日常责任而旅行。当然，我们也可以从什么不是旅游者的特性来定义旅游者：如因为缺少选择而被迫旅行，或是因为天气（最近英格兰的洪灾使得当地人不得不从家乡迁徙）或经济原因而被迫旅行的行为。

从词源学角度来理解当代旅游者含义起源于司汤达（Stendhal）的《旅游者回忆录》，该书于1838年首次出版，是对他自己在布列塔尼和诺曼底旅游的简单叙述。有证据表明“tourist（e）”这一词最早是法国人用来形容参观游览英国的人，或指英国人的参观游览行为，但是该词语在司汤达的书出版后被普遍应用于为了愉悦而旅行的人，这也恰好与“现代旅游业”开始的时间相吻合。现代旅游业的开端被一致认为始于由铁路交通的快速发展而带来的旅行耗时减少的背景下由托马斯·库克（Thomas Cook）组织的英国中部远足旅行。

在这些定义中，我们注意到词根是“tour”，即一个“tour-ist”是进行“tour”的人。为了进一步了解旅游者定义的特性，深入挖掘“tour”的词根也许是有用的。《词源在线大辞典》对“tour”的定义如下：

> 约1320年，“变化，岗位轮换”的意思来自于古法语的*tour*，*tourn*“变化，轮班，循环，巡回，绕圈”的意思来自*torner*，*tourner*“变化”（动词）来自拉丁语的*tornare*“抛光，磨圆，改变，加工”。作为“到处旅行，旅途”的意思第一次出现在1643年，1746年开始作为动词使用。（http：//www. etymonline. com/）

“Tour”这个单词的历史演变为旅游中包含的活动的含义提供了进一步的解释。“Tour”这个词来源于拉丁文中的“Tornus”（车床），从这个意义来说，“tornare”这个词指“把东西修磨圆光”或“开动车床”。“Tour”同时蕴含着圆形或圆周运动的意义。在古代法语中，“tour”即为“tourner”，意思是转身。而在中世纪英语中，“tour”一词为“a turn”，来源于古英语中的“tyrnan”和“turnian”（转引自：http：//www. merriam-webster. com/dictionary/turn），意思是通过轮换来传递，可用来表示换班或换岗。当然，“tour”的含义也和单词“return”（返回）相连，即蕴含着回复、循环、被送回等含义。从以上这个层面来说，单词“tour”即指起点与终点在同一个地点。

词典中为“游览”（tour）一词提供了比“旅游者”（tourist）更为丰富和详细的描述。以下是来自《美国遗产大辞典》的例子：

> tour，名词
>
> 1. 从一个地点到另一个地点游览。
>
> 2. 长途旅行，并在这个过程中有序地参观一系列景点，特指导游带领下的团队游览。
>
> 3. 对某个地点进行简单游览及参观考察，该地点可以为某个建筑或某个场所。例如：首相参观考察了一个化工厂。
>
> 4. 从一个城市到另一个城市旅行从而完成某项任务，即戏剧团或某个演艺人员的巡回演出。例如欧洲音乐会巡演。
>
> 5. 在一个地方或某项工作中一段时期内的职责。（此时“tour”为不及物动词）

6. 从一个地方到另一个地方的旅行。

7. 从一个城市到另一个城市旅行完成某些任务。（此时“tour”为及物动词）

8. 旅行经过（某个地点）。

9. 带或领（戏剧公司及其制片等）从一个城市到另一个城市。

10. 带领（某人）游览，例如：他带我们参观了卢瓦尔河城堡。

在以上这一系列定义中，时间概念是很宽泛的，不仅包括短期旅行，也包括长期旅行，从某个地点到另一地点的移动不仅包括路线行程中参观多个景点，也包括移动过程中仅参观或考察一个地点。但是，这样的理解使得我们忽略了作为旅游者的一个核心概念，即以愉悦为目的。而词典中“holiday”（假期）一词的定义对理解愉悦对于旅游者的意义则显得更加重要。

“Holiday”指无须上班或上学，可以用来放松或旅行的公众假日。“Holiday”的词根是“holy”和“day”，也即宗教礼拜的日子，或是可用来游憩的一段时间。据词源字典记录，圣乔治宗教节从1222年以来即为英格兰的传统假日。拉丁语“Vacare”（后来在早期法语中变为“Vacation”）从14世纪起即意为从各种职责义务中解放出来并自由放松的时间，但该单词仅指逃离学校或法院事务的自由，其现代含义直到19世纪晚期才与英文单词“holiday”代表的含义相同。

综上所述，“tourist”（旅游者）可以通过以下几个要素来定义。首先是旅行行为，即在同一个地点开始和结束某段旅程。这里并没有强调旅行开始和结束的地方必须为家，因为在其他类型的旅行体验中，人们也可以成为“旅游者”。例如：一个旅居到其他国家学习深造的留学生在旅居过程中进行的区域内或国际性旅游。这些旅行者也会被看作旅游者，并包括在目的地的旅游卫星账户里（如图2.1）。这一点凸显了该定义在用于统计这类活动时存在的内在问题。其次是旅游者的目的或体验的性质。例如愉悦型、兴趣型、文化型、度假型、休闲型等。然而，以上所有定义所存在的通病是它们没有包括旅游者所期望的多重体验。因此对旅游者体验方面的文献分析会给“旅游者”定义提供更丰富的内涵。

旅游者体验

在过去的论文（McCabe，2005）中，作者曾经提到过，对旅游者行为的体验层面的关注使得人们无法意识到这一概念在意识形态上的非中立性，以及其通常在实践的推理（日常对话中）和更广泛的文化背景下（文化类谈话中）的贬义使用。忽略研究者和研究对象对"旅游者"这一概念的意识形态和哲学层面的看法使得我们无法了解人们是如何定位自己相对于其他人的行为，以及如何解释自己对于这些行为背后的文化含义的理解的。本节将会简单回顾旅游者体验方面的研究，并解释旅游者体验研究是如何与社会认同感相联系的。

对旅游者体验的理论探索始于艾里克·科恩（Erik Cohen）。科恩最早提出并定义了旅游者体验。科恩的关于国际旅游社会学的研究基于四种旅游者体验类型，即有组织的跟团大众旅游者、个人大众旅游者、探索性旅游者和流浪型旅游者（Cohen，1972）。而在此之前，旅游者经常被认为是同质群体，没有具体细分。科恩认为可以用旅游者所追寻的从熟悉到陌生的程度来区分不同特性的体验（Cohen，1972：177）。此后，科恩分析了旅游者体验的可变性，并追问"谁才是旅游者"（Cohen，1974：527）？他发现当时的旅游研究中对旅游者不加思考且常识化的理解广泛存在，于是在戈夫曼（Goffman）的研究基础上，科恩直接将体验的类型与旅游者这一角色的类型相联系，提出了一系列有共同特性的旅游者角色：永久型、志愿型、方向型、距离型、反复型和旅行目的型（Cohen，1974）。科恩之后的研究（1979：180）借鉴了特纳（Turner）将旅游者体验与旅游者日常生活"中心"相联系的观点，即旅游被认作是日常活动的反转，是从日常活动"中心"脱离出来的短暂休息。这一观点也被贯彻在各项分类中。

之后，旅游者体验的类型又在原真性追寻的理论框架中被讨论［Wang（1999）对这个观点各个方面做了很好的总结］。王宁指出，不应该使用活动的本质以及体验的类型来作为定义旅游者的要素，而应该以成为旅游者这一行为来定义体验，以一种自我参考的不可分割的方式。霍姆·卡里（Hom Cary，2004）分享了这一观点并进一步提出需要区分"旅游者"作为"主体”与“旅游者”代表更为广泛的旅游者体验的观点。在游客讲述语境中框定其分析时，霍姆·卡里在以下两者之间建立了根本性联系：把“旅游者”理解为一个明确的主题和旅游者作为文化构建产物的文化论述。

旅游者体验的特性也经常与科恩定义的各个细分旅游者类型的行为和旅游期望相联系。皮尔斯（Pearce，2005）阐述了大众旅游者和背包客行为的不同。乌列等（Uriely *et al.*，2002）认为，尽管对背包客行为的研究已经将其作为一个区分于其他大众旅游者类型的单独群体，但是这种分类是不正确的，因为在背包客群体中依然存在不同形式的旅游者。因此，即使是进行相同旅游活动的旅游者群体，其中依然会有不同的形式，他们不能被一概而论地认为是一种类型的旅游者。

以上这种定义方法与向后现代主义思想转变的趋势一致。后现代主义强调个人体验的主观性、多样性和对话性，而非之前所重视的简化性和严格的概念性。该观点也渗透到了实证研究中，更加深入地聚焦于大量的旅游者类型、体验和意义、态度。雅各布森（Jacobsen，2000）在戈夫曼的角色理论的基础上对地中海包价度假者进行了研究，调查了他们基于自己对其他度假者态度的自我认知。该研究关注旅游者自己表达的旅游态度以及对旅游体验的描述，是从纯理论角度讨论旅游者到旅游者自我表述的转变的一个重要节点。这让我们注意到一个哲学问题，即我们可以在多大程度上基于旅游者对他人旅游行为的看法来将旅游者体验的本质理论化。

例如，雅各布森提出“反旅游者”（anti-tourist）态度，这种态度排斥在传统旅游中被期望或感知到的对目的地的肤浅旅游体验，该观点的提出也表现了一种趋势，即谴责以在多个地方进行短暂停留为代表的旅游者体验的肤浅性。这也正是雅各布森所定义的“旅游者角色”。反旅游者角色或角色距离（role distance）这一概念，被用来描述个体被赋予某项角色却宁可让自身远离该角色应有的特性（Goffman，1961：110）。在这个观念中，角色似乎挑战了个体的身份感和个性感，因此，角色距离成为了可以保持自身体验区别于其他角色参与者体验的方式。角色距离“构成了一道夹在个体与角色、活动与存在之间的鸿沟”（Jacobsen，2000：286）。雅各布森认为将自己的行为区别并远离他人的意图也许与个人身份地位相关，即类似于布迪厄

(Bourdieu) 提出的“差别”(distinction) 的概念;“人们通常会假设,许多反旅游者认为是否能够体验目的地原真性和典型性往往与目的地旅游者数量成反比”(Jacobsen, 2000: 287)。雅各布森的分析虽然很有用,却在解释上述态度方面有一定局限性,同时无法超越简单的定义进而为旅游者身份的特性找到一个理论的立足点。雅各布森本可以更多地借鉴戈夫曼(1959)提出的自我表现的思想,以及自我表现向个人提出的去创造和维持其社会角色或“身份”的要求。后者是通过所有社会互动——在戈夫曼称之为日常生活戏剧化的生产中——来实现的,包括回答旅游研究问题。有人认为,日常生活的剧场是为社会中的他人创造的,且指向他们。这构成了“自我”与社会的直接联系:

> 当我们允许有人在他人之前为某种情况进行定义时,我们也必须认识到,不管其他人的角色看上去多么被动,他们自身仍会有效地通过对他人及其行为的反应来对该情况进行定义。(Goffman, 1959: 20)

戈夫曼认为,所有的参与者可以共同制定一个定义,但是这个定义的形成并非基于真正的共识,而基于谁的主张会被暂时性地得到更多尊重,也即戈夫曼所指的“工作共识”(working consensus)。在不同的社会环境中,社会行动者根据其能力、权力关系以及互动的环境来呈现自我。戈夫曼用“表现”这一概念来描述个体通过外表(front)这一表意装置(expressive equipment)来呈现自我,以保证其表现符合不同的环境对个体的期望。外表包括性别、年龄、种族、服装、面部表情、姿势等。在这种情况下,身份这一概念是易变的,因为个体会根据所处的互动环境在不同的协商式自我(negotiated selves)之间转变。之后,戈夫曼(1979)又提出了在社会接触中“自我”塑造的互动秩序观点。这些被戈夫曼称为“立足点”(footings)的互动关系与身份角色意义相同。

因此,旅游者将自己/他人的活动定义为旅游活动和将自己/他人定义为旅游者的行为更应该被理解为是一种自然的语言表达过程,而非基于旅游者体验本质的意义。麦凯布(McCabe)和斯托科(Stokoe)(2004)指出,旅游者叙述的一个特点是,旅游者在构建自己的旅游体验时趋向于把自己的体验与他人的相联系、对比或区分。这种“对比工作”是行为叙述的自然和固有的本质。如果我们不要求人们去解释他们自己的行为，那我们也可以假设人们没有必要去解释他人的体验。

乌列等（Uriely *et al.*，2002）的研究提供了一个很好的例子。在对背包客的研究中他们发现，被调查者大多数以积极的角度描述他人的旅游活动和旅游体验。但是他们的研究同时发现了背包客体验是如何与大众旅游者进行对比的，以及遵循哪些特征的行为才会被归为背包旅游行为：

> 具体来说，背包客们形成了一种态度，即对完全遵循能够表示其身份特性的人的认同和尊重……另一方面，对于不能遵循这些规范的人，则被称为“虚假的”或“不严肃的”背包客。这种方法一个很有趣的迹象就是，很多背包客倾向于淡化他们在旅途中某些与背包客“准则”不相符合的部分。这个现象清晰地体现在被访者对其在热门景点参观的叙述中。在这种情况下，几乎所有的被访者都强调了他们尽可能回避过于游客化的目的地的想法。（Uriely *et al.*，2002：534）

在雅各布森（2000）、乌列等（2002）、麦凯布和斯托科（2004）的研究中，类似的“反旅游者”建构也被提及。被访问者往往会淡化其旅游行为或体验中某些他们认为是不恰当的或是与其所希望展现给研究者的正面道德形象不相符合的部分。这是这些叙述中最重要和最吸引人的部分，但是这种存在于访谈数据中的被访者与采访者之间固有的反身性（inherent reflexivity）常常被忽视（McCabe，2005）。

因此，旅游者活动的体验维度虽然为体验的类型和形式提供了额外的细节，但是该维度对于在理论层面理解成为旅游者的意义是不够的。受访旅游者将“旅游者”一词贬义地应用到对比自己与其他人的活动现象中，使得我们可以认为旅游者更多地是一种修辞手法，一种意识形态上和政治上的建构，而非可以囊括体验维度的概念。这是个哲学观点，因为所有我们可以知道的关于旅游者的理解来自于人们在受访和日常对话中所谈论的他们自身。这种将“旅游者”这一术语作为在其使用情景中为达到某种社会秩序的语言工具的立场，来源于维特根斯坦（Wittgenstein，1965）对语言游戏的分析。用这种方法来理论化（theorise）“旅游者”这一术语，可以避免社会学中常见的过于简化以及后现代主义中无法调和的相对性的问题。本章最后一节将会讨论如何通过将旅游者作为一个成员类别策略来实现这种方法。

旅游者作为成员类别

成员类别分析（membership categorization analysis，MCA）是对日常互动中常用的术语和知识的研究。正如弗朗西斯和赫斯特（Francis & Hester，2004）认为的：MCA“关注成员通过谈话完成他们的活动所使用的类别，来对常识知识进行组织”（Francis & Hester，2004：21）。成员类别分析经常与定性社会学研究中的对话分析（conversation analysis）相关联，虽然两者有不同的侧重点，然而却指向一个共同的常人方法论（ethnomethodological）立场。常人方法论是社会学的一个分支，通过研究普通人的实践活动和推理将社会中某些现象理论化（详见 McCabe，2007）。与传统的涂尔干式（Durkheimian）社会学理论相比，常人社会学的立场较为激进，关注的是社会普通成员如何在“制造和维护社会生活的秩序感和可理解性”的行动中建立社会秩序（ten Have，2004：14）。因此，对话分析和成员类别分析分别侧重于话题的顺序组织和日常对话中产生的类别，并以此为经验数据来源，来构建关于社会秩序是如何被制造和维护的理论。然而，斯托科（Stokoe，2006）指出，成员类别分析也同时被用于研究不同类型的话语中，包括报纸新闻、电视、电台辩论和访谈等（Stokoe，2006：3；Baker，1997）。

斯托科（Stokoe，2006）为萨克（Sack）的《关于交谈的讲座》（*Lectures on Conversation*，1992）中列出的成员类别分析的起源提供了详细且有用的总结，萨克关注说者（speakers）如何对自己及他人进行分类。他提出的理论是，在某一文化中，说者使用不需要过多解释和说明的类别（成员类别策略，membership categorization devices，MCD），因为使用这些类别使听者能够用符合当地社会秩序产生的方式将类别与概念连接起来。换句话讲，在日常对话中，说者有目的地使用类别，而其含义则通过常识性知识被理解或被认为是理所当然的。成员类别策略因而是一组根据应用规则组织起来的类别集合。斯托科（又见 McCabe & Stokoe，2004）重述了萨克的成员类别策略的例子“家庭”，它在儿童故事的一句话中为“妈妈”与“孩子”这两个类别提供了一个可听到的联系：“孩子哭了。妈妈将孩子抱起来。”在这里，两个类别通过动作（分类活动）和特征（自然谓语）联系起来，从而产生对与类别成员相联的标准行为的期望，并弥补了解释的缺失。

当然，分类在不同场合也可以有不同的诠释，所以他们使用时的语境和背景非常重要。正如斯托科认为的：“类别与其所指的事物相连的实践推理不是严格意义上语言学或逻辑上的需要，相反，这些推断所指的事物或含义是在实际的谈话中产生和管理的，与特定情势或叙事描述相关。”（Stokoe，2006：5）斯托科进一步认为，因为任何人都可以任何数量的方式被分类，我们可以对在特定场合或互动中所选择的类别做非常丰富的推断分析。

使用该方法，“旅游者”这一类别可以与“旅行者”、“度假者”、“朝圣客”等共同归为“休闲旅行”这一分类策略，同时伴有无限种分类的可能。这些分类也许与实际某次旅程中的具体活动如“潜水”、“山地自行车运动”、“攀登”毫无关系，从而验证了旅游活动是使得某些行为构成旅行的必要条件。斯托科认为，这些分类含有丰富的推论，因为它们本身蕴含了大量的文化知识。

作者认为，“旅游者”这一类别蕴含了一系列的特征或“自然谓语”，麦凯布和斯托科（McCabe & Stokoe，2004）指出“旅游者”可以与一系列标准动作相关联，如一大群人蜂拥而至某个目的地，对某个地方不做深入了解地完成任务式的游览，不尊重、不爱护旅游目的地，等等。因此“旅游者”这一概念充满了“……对组成这一类别的活动、活动的现有的组成和活动发生的典型场所的含蓄的道德评价”（McCabe & Stokoe，2004：617）。当然，上述分析是基于对一个访谈数据的反思。在峰区国家公园（英格兰）进行一日游的旅游者在接受访谈时使用了这些分类。在那样的时间和背景下，受访者也许会很自然地选择这些类别及其所蕴含的特性来描述与其自身行为相比的他人的行为。但作者的另一篇文章（McCabe，2005）基于对网络博客的数据分析，发现了类似的分类行为。前文引用过的乌列（Uriely，2002）和雅各布森（Jacobsen，2002）的研究也表明，在不同的文化背景下，不同类别的研究对象（背包客和团队客）也对“旅游者”一词的特点进行了带有贬义的阐述。这从而证明了，正如爱德华兹（Edwards，1997）指出的，旅游者这一分类更倾向于在管理与行为相关的叙述时被激活，因此是功能性的语义特征，而非固定的或特有的，更多的是一种在使用时有特定目的的修辞概念。对类别的选择也常常与身份相关，因为人们的休闲旅游及目的地的选择是与地位和身份相关的。

结语

本章旨在批判性地回顾“旅游者”这一概念及其在旅游研究知识发展中的哲学价值。作者探究了“旅游者”一词在辞典中的定义及其词源基础，以及业界和学界对该词的定义。之后，本章提出关于旅游者体验研究效用这一哲学问题，用以进一步阐明旅游者概念的理论化。本章同时讨论了将旅游者作为一个修辞工具来理解这一概念。作者认为，作为一个在政治上和道德上具有含蓄贬义用法的词语，“旅游者”这个概念本身就具有跨文化和跨语境的意识形态上的重要性。因此，这给旅游领域的社会科学研究者们提出了问题并带来了研究机遇。旅游者作为分类策略这一观点可以使用社会科学方法进行分析。本章同时认为，有一系列可能的研究策略和学派可以用来进一步发展“旅游者”作为分类策略这一观点。

同时需要承认的是，从旅游卫星账户的宏观层面来看，旅游者的分类不太可能变动。但值得注意的是，为涵盖更宽泛的旅游体验的类型和目的，以及大规模地将旅游业提高到国家经济层面，同时提升该行业的形象，旅游者作为休闲享乐的旅游者的原始定义已得到扩展和延伸。旅游业正在向更加细分的市场发展，因而“旅游者”这一整体性概念已很少使用。然而，业界依然可以从对“旅游者”这一术语的非专业使用的分析中获益，从而更好地进行产品开发、产品展示和与消费者沟通。旅游者是以同一地方为起点和终点的自由休闲旅行者。但当“旅游者”一词被有目的地用作一个非专业的哲学概念，一个有丰富的身份联想的、有既定特点和含义的与人相关的类别的时候，就会为我们提供用更细致入微的方式来探索旅行体验和现代社会及个体生活的关系的机会，进而影响行业实践和行业政策的机会。

参考文献

Appadurai, A. (1996) *Modernity at Large: Cultural Dimensions of Globalization*. Minneapolis, MN: University of Minnesota Press.

Baker, C. (1997) Membership categorisation and interview accounts. In D. Silverman (ed.) *Qualitative Research: Theory, Method and Practice* (pp. 162-176). London: Sage.

Berger, P. L. and Luckmann, T. (1966) *The Social Construction of Reality*. New York: Doubleday.

Bruner, E. M. (1994) Abraham Lincoln as authentic reproduction: A critique of postmodernism. *American Anthropologist* 96, 397-415.

Cohen, E. (1972) Toward a sociology of international tourism. *Social Research* 39, 164-189.

Cohen, E. (1974) Who is a tourist? A conceptual review. *Sociological Review* 22, 27-53.

Cohen, E. (1979) A phenomenology of tourist experiences. *Sociology* 13, 179-201.

Cohen, E. (1984) The sociology of tourism: Approaches, issues, and findings. *Annual Review of Sociology* 10, 373-392.

Dann, G. (1999) Writing out the tourist in space and time. *Annals of Tourism Research* 26 (1), 159-187.

Desforges, L. (2000) Travelling the world: Identity and travel biography. *Annals of Tourism Research* 27 (4), 929-945.

Elsrud, T. (2001) Risk creation in traveling: Backpacker adventure narration. *Annals of Tourism Research* 28 (3), 597-617.

Erb, M. (2000) Understanding tourists: Interpretations from Indonesia. *Annals of Tourism Research* 27 (3), 709-736.

Goffman, E. (1959) *The Presentation of Self in Everyday Life*. London: Penguin.

Goffman, E. (1961) *Encounters: Two Studies in the Sociology of Interaction*. Harmondsworth: Penguin.

Goffman, E. (1979) Footing. *Semiotica* 25, 1-29.

Graburn, N. (2002) The ethnographic tourist. In G. M. S. Dann (ed.) *The Tourist as a Metaphor of the Social World* (pp. 19-40). Wallingford: CAB International.

Hom Cary, S. (2004) The tourist moment. *Annals of Tourism Research* 31 (1), 61-77.

Jack, G. and Phipps, A. (2005) *Tourism and Intercultural Exchange: Why Tourism Matters*. Clevedon: Channel View Publications.

Jacobsen, J. K. S. (2000) Anti-tourist attitudes: Mediterranean charter tourism. *Annals of Tourism Research* 27 (2), 284-300.

Jaworski, A. and Pritchard, A. (eds) (2005) *Discourse, Communication and Tourism*. Clevedon: Channel View Publications.

MacCannell, D. (1976) *The Tourist: A New Theory of the Leisure Class*. London: Macmillan.

Mathieson, A. and Wall, G. (1982) *Tourism: Economic, Physical and Social Impacts*. Harlow: Longman.

McCabe, S. (2007) The beauty in the form: Ethnomethodology and tourism studies. In I. Ateljevic, A. Pritchard and N. Morgan (eds) *The Critical Turn in Tourism Studies: Innovative Research Methodologies* (pp. 227-244). Oxford: Elsevier (Advances in Tourism Research Series).

McCabe, S. (2005) Who is a tourist? A critical review. *Tourism Studies* 5 (1), 85-106.

McCabe, S. and Stokoe, E. H. (2004). Place and identity in tourist accounts. *Annals of Tourism Research* 31 (3), 601-622.

Moore, K. (2002) The discursive tourist. In G. M. S. Dann (ed.) *The Tourist as a Metaphor of the Social World* (pp. 41-60). Wallingford: CAB International.

Morgan, N. and Pritchard, A. (1998) *Tourism Promotion and Power: Creating Images, Creating Identities*. Chichester: John Wiley.

Pearce, P. L. (2005) *Tourist Behaviour: Themes and Conceptual Schemes*. Clevedon: Channel View Publications.

Pickett, J. P. (2000) *The American Heritage Dictionary of the English Language* (4th edn). Boston, MA: Houghton Mifflin Co.

Potter, J. (2005) Making psychology relevant. *Discourse and Society* 16 (5), 739-747.

Potter, J. and Wetherell, M. (1987) *Discourse and Social Psychology. Beyond Attitudes and Behaviour*. London: Sage.

Random House (2006) *Random House Webster's Unabridged Dictionary*. London: Random House Reference Publishing.

Rojek, C. (1995) *Decentring Leisure: Rethinking Leisure Theory*. London: Routledge.

Rojek, C. and Urry, J. (eds) (1997) *Touring Cultures*. London: Routledge.

Sacks, H. (1992) *Lectures on Conversation*. G. Jefferson (ed.). Oxford: Blackwell.

Schegloff, E. A. (1997) Whose text? Whose context? *Discourse and Society* 8 (2), 165-187.

Schegloff, E. A. (1998) Reply to Wetherell. *Discourse and Society* 9 (3), 413-416.

Schutz, A. (1972) *The Phenomenology of the Social World*. London: Heinemann (first published 1938).

Schutz, A. and Luckmann, T. (1974) *The Structures of the Life-World*. London: Heinemann.

Selwyn, T. (1996) Introduction. In T. Selwyn (ed.) *The Tourist Image: Myths and Myth Making in Tourism* (pp. 1-31). New York: John Wiley.

Silverman, D. (1993) *Interpreting Qualitative Data: Methods for Analysing Talk, Text and Interaction*. London: Sage.

Silverman, D. (ed.) (1997) *Qualitative Research: Theory, Method and Practice*. London: Sage.

Stokoe, E. (2006) On ethnomethodology, feminism, and the analysis of categorical reference to gender in talk-in-interaction. *Sociological Review* 54 (3), 467-494. (Special issue 'New Horizons in Ethnomethodology').

Turner, V. (1973) The center out there: Pilgrim's goal. *History of Religion* 12, 191-230.

UNWTO (2004) *World Tourism Statistics*. Madrid: WTO.

Uriely, N. (2005) The tourist experience: Conceptual developments. *Annals of Tourism Research* 32 (1), 199-216.

Uriely, N., Yonay, Y. and Simchai, D. (2002) Backpacking experiences: A type and form analysis. *Annals of Tourism Research* 29 (2), 520-538.

Urry, J. (1994) Cultural change and contemporary tourism. *Leisure Studies* 13, 233-238.

Urry, J. (2002) *The Tourist Gaze* (2nd edn). London: Sage.

Urry, J. and Sheller, M. (eds) (2004) *Tourism Mobilities: Places to Stay, Places in Play*. London: Routledge.

Wang, N. (1999) Rethinking authenticity in tourism experience. *Annals of Tourism Research* 26 (2), 349-370.

Wearing, S. (2001) *Volunteer Tourism: Experiences that Make a Difference*. Oxford: CABI Publishing.

Wearing, S. and Wearing, B. (2001) Conceptualising the selves of tourism. *Leisure Studies* 20 (2), 143-159.

Wetherell, M. (1998) Positioning and interpretive repertoires: Conversation analysis and post-structuralism in dialogue. *Discourse and Society* 9 (3), 387-412.

Wickens, E. (2002) The sacred and the profane: A tourist typology. *Annals of Tourism Research* 29 (3), 834-851.

Wittgenstein, L. (1965) *Philosophical Investigations*. New York: Macmillan.

Yeoman, I., Brass, D. and McMahon-Beattie, U. (2007) Current issue in tourism: The authentic tourist. *Tourism Management* 28 (4), 1128-1138.

第三章 什么是旅游？定义、理论阶段与原则

亚历山大·帕诺索·内托

译者导读：本章主要探讨旅游的定义，分为三个部分。在第一部分，作者从达成旅游概念一致性的困难着手，展示并分析了由一些组织和研究者提供的旅游解释。在第二部分，作者在库恩的科学范式理论的基础上，将对旅游的概念的学术思考过程分为了三个阶段，分别是前范式阶段、系统论阶段以及新路径阶段。在最后一个部分，作者重点强调了旅游的基础原则和理想原则，并对旅游的概念提出了一个新定义。需要注意的是，本章中作者涉及的参考文献以西班牙语为主，而对旅游定义探讨的多数文献均为英语，因此作者的观点可能无法完全代表目前国际学术界对旅游定义探讨的深度和广度。

引言

与旅游相关的主要概念包括休闲、娱乐、接待和游憩。其中“旅游”是最难被定义的词，至今研究者对旅游的定义仍未达成共识。一些旅游研究者，如福斯特（Fuster，1971）、雷珀（Leiper，1979）、塞萨（Sessa，1985）、莫利纳（Molina，1991）、帕洛莫（Palomo，1991）、阿斯卡尼奥（Ascânio，1992）、贾法里（Jafari，1995）、贝尼（Beni，1988）和布永（Boullón，2002）等，并非毕业于旅游专业，而是毕业于其他专业，例如行政学、建筑学、生物学、通信学等。他们对旅游的解释往往局限于自身的专

业学科。每个研究者都会从自己毕业学科的范式和假设出发，造成了大家对旅游概念的互不认同。换言之，旅游的定义可以从不同的角度和方法来研究。

本章从达成旅游概念的一致性的困难着手，展示并分析了由一些组织和研究者提供的对旅游的解释。本章讨论基于库恩（Kuhn，2001）理论的一些理论模型，并对发展至今的旅游理论提出一种学术划分。本章末尾将会重点强调旅游的基础原则和理想原则，并对“旅游”这一概念提出一个新的定义。

旅游的定义

在开端部分，我们有必要回答一个问题：理解旅游的定义有什么意义？伯卡特和梅德里克（Burkart & Medlik，1974：39）这样回答该问题：

> ……探索精确的旅游的概念有以下几个用途。第一，有利于研究：为了更系统地研究某一现象，了解该现象涵盖哪些要素是必须的。第二，有利于统计：当需要测量某一现象时，首先要定义该现象；在实践中，现有的测量技术会频繁定义其测量目标。第三，有利于规范和管理：有些规范只适用于某些活动。第四，有利于行业实践：某些经济活动具有市场研究价值，并为行业组织的产生奠定基础。

尽管存在这样的需求，学者和专业实践人员之间始终没有达成统一的旅游的定义（即使世界旅游组织给出的定义也并未得到统一认可：www. unwto. org）。它所提出的定义或受到批判，或被建议继续完善，这正体现了旅游现象本身的复杂性。福斯特（Fuster，1971）指出，《简短牛津英语词典》于1800年首次发布了“tourist”（旅游者）一词：“参与某次或多次游览的人，特别以游憩为目的；以愉悦和文化为目的旅行，为感兴趣的事情或风景等游览多个目的地的人。”1881年，“tourism”（旅游）这个词被定义为“关于游览的理论和实践；为愉悦而去旅行”。根据豪洛特（Haulot，转引自Fuster，1971），“tour”（游览）一词来源于希伯来语，并起源于圣经的《民数记》（13∶17），与探索、旅程、认同和探险的概念相呼应。

沃布（Wahab，1977）认为旅游的第一个学术概念是1911年由舒勒（Herman von Schullern）在其著作《旅游与经济》（*Fremdenverkehr und Volkswirkschaft*）中提到的“各种运作的集合，主要是与外地（国）人进入、居留以及离开某一区域（包括国家、城市）相关的经济运作”（Wahab，1977：3）。

世界旅游组织在定义旅游时主要考虑政治的、商业的和规范性的原理，而不涉及概念性层面来定义旅游。世界旅游组织所提出的旅游概念被一些国家和机构采用，被认为是“官方的”旅游概念。该概念也是技术层面的一个定义：

> “旅游”是指人们出于休闲、商务和其他需要（其主要目的不是在所访问的地区内获取收入），离开其惯常居住所在地不超过连续一年，在异地的活动的统称。（www. unwto. org）

某些旅游定义不包括以工作及获取收入为目的而离开某地的行为。对于这种情况，我们不能称之为“商务旅游”。但是为了工作而旅行的行为应为旅游的一部分，因为他们使用了当地的基础设施和旅游服务。另外，在商务旅行过程中，也会包括一些休闲和娱乐活动。然而，当前“旅游”这个词主要与休闲出游相联系，在很多情况下，人们不愿承认自己是旅游者。

沃布（Wahab，1977：26）把旅游界定为：

> 一个人有意识的活动，并将其视为与他人交流互动的方式，该活动可发生在国家内或外。它包括人们为了满足日常需要（不包括获取报酬的需要），暂时性地从一个区域到另外的区域、国家，甚至大洲的流动。对于被访国，旅游是一个行业，该行业提供的产品是在本地消费的，从而产生无形出口。

以上是对旅游最完整的概念，但是该概念依然没有包括为获取报酬而产生的旅行。贾法里（Jafari，1995：5）以下的定义也受到了一些批评：

> 旅游是关于人类（旅游者）脱离日常居住地的研究，是关于旅游设施和网络的研究，是关于日常（非旅游）和非日常（旅游）两个世

界和它们辩证关系的研究。

贾法里的定义与一个关键元素相关：研究。在该定义里，旅游成为关于以下三个方面的研究：（1）旅游者迁移的研究，（2）旅游企业的研究，（3）因为人口流动所带来影响的研究。在这方面作者认同特赖布（Tribe，1997）提出的质疑，即区分旅游现象和旅游研究的重要性，而贾法里混淆了该现象与对其的研究。特赖布（1997：640）也提出了他的定义：

> 旅游本质上是人类参与的活动，其最基本的特质包括从一个地方到另一个地方的旅行活动，有一系列旅行动机（不包括工作通勤），在目的地有一系列的活动。

库珀等（Cooper *et al.*，1993：4）在雷珀（Leiper，1979）提出的旅游系统说的基础上将旅游定义为：

> 旅游可以被认为是一系列的人、商业、机构和地点共同提供的旅行体验。旅游作为一个多维多面的活动，涉及许多人和不同的经济活动。

尽管关于旅游的概念有疑惑和困难，依然有很多研究者热衷于探索该主题。有些研究者通过探究的理论基础（基于知识论），有些借助科学哲学家——如托马斯·库恩（Thomas Kuhn）、卡尔·波普尔（Karl Popper）、埃德蒙德·胡塞尔（Edmund Husserl）、马里奥·本格（Mario Bunge）和伊姆雷·拉卡托斯（Imre Lakatos）的思想——来定义旅游。

为了克服定义上所存在的争议，世界旅游组织于1991年组织了“国际旅游统计大会”并对旅游的概念进行了修订，但是该概念依然存在争议。然而，近几年来旅游的概念被进一步修订，关于旅游的定义和内涵也逐渐趋向一致。

旅游模型与概念化

旅游的理论阶段

经过讨论关于定义的各种问题之后，我们会发现定义与解释是不同的。在这种情况下，深入了解与该主题相关的理论是很重要的。三组研究者采用了库恩（2001）的科学范式理论来理解旅游。在具体解释这些学派之前，有必要先对科学范式理论进行一个简单的介绍。

每种科学都有其自己的模式（范式、模型、理论基础和原则）为研究群体提供方向。库恩意识到，科学是以一种跳跃式或断裂式的方式进步的。如果某个科学家不满足于当前的范式，可以寻找另一理论来更好地解释研究对象。范式即那些被研究群体所接受并用于研究的理论和价值概念。范式是某一领域中被广泛接受的可以用于验证学科发展的法则。

库恩（Kuhn，2001）认为，在某一科学范式形成之前，存在一段前范式阶段时期。这一阶段形成的理论会受到挑战和竞争，如一些新问题的新兴解决办法往往会缺少公信力和考验。在该阶段，只有那些活跃在该新理论领域的研究者能够感知到理论进展。

如果套用库恩的理论，系统理论则可以被看作是旅游学研究界目前最广为接受的范式（根据研究者 Leiper，1979；Cardenas，1981；Bernardi，1985；Krippendorf，1985；Laine，1985；Sessa，1985；Beni，1988；Boullón，1995；Cooper *et al.*，1993；Acerenza，2002，等等）。然而，在旅游研究领域，并没有一个唯一的理论可以联合同一研究方法中的研究者。为证明该观点，本章将会介绍几种研究旅游的不同路径。

将各种路径分成几个理论研究阶段有以下几个理由。首先，它可以使研究者在该方面有更宽阔和更全面的视野。其次，它可以使任何理论和任何研究者依据其使用的路径被分类。再次，对那些希望全面理解理论的学生来说，这样做是一种有用的办法。最后，它有助于对旅游中的理论进行归类。

第一个阶段被称为“前范式”阶段。该阶段是在第一批呼吁理论地分析旅游的研究者的推动下形成的。这些研究者包括亨齐克和克拉伯夫（Hunziker & Krapf，1942）、福斯特（Fuster，1971）、伯卡特和梅德里克（Burkart & Medlik，1974）以及贾法里和瑞奇（Jafari & Ritchie，1981）等。第二个阶段被称为“旅游系统”阶段，是由一批研究者将一般系统理论引入到旅游研究当中形成的。这些研究者包括奎尔沃（Cuervo，1967）、沃布（Wahab，1977）、雷珀（Leiper，1979）、塞萨（Sessa，1985）、贝尼（Beni，1988）、布永（Boullón，1995）和马丁内斯（Martinez，2005）等。

"旅游系统"之所以成为旅游者研究中的一个范式，是因为系统的观点涵盖范围大，能广泛涉及和应用于旅游研究。这也是目前为止能够最好解释旅游这一动态现象的范式，虽然该范式里依然存在一些很难理解的元素。

从系统学理论的角度，有一些研究者处于第二阶段到第三阶段之间的过渡阶段。这些研究者包括克里彭多夫（Krippendorf，1985 & 1989）、莫利纳（Molina，2003）、阿斯卡尼奥（Ascânio，1992）和加西亚（Garcia，2005）等，他们将研究建立在系统学的普遍原理基础之上，但引入了一些全新的路径。

第三个理论阶段被称为"新路径"。与第一阶段的不同是，它提出了多样和创新的分析。研究该阶段的一些学者提出了新的方案（scheme）和解释，以克服"旅游系统"范式中的不足。此类研究者包括厄里（Urry，1996）、特赖布（Tribe，1997）、特里戈（Trigo，1998，2003）和内卡尔（Nechar，2005）等。图 3.1 展示了该观点。还有许多其他研究者也可被归至以上三个阶段之中，但这并不是本章的目的。我只列出每个阶段有代表性的一些学者，并分析每个阶段中的两个理论。

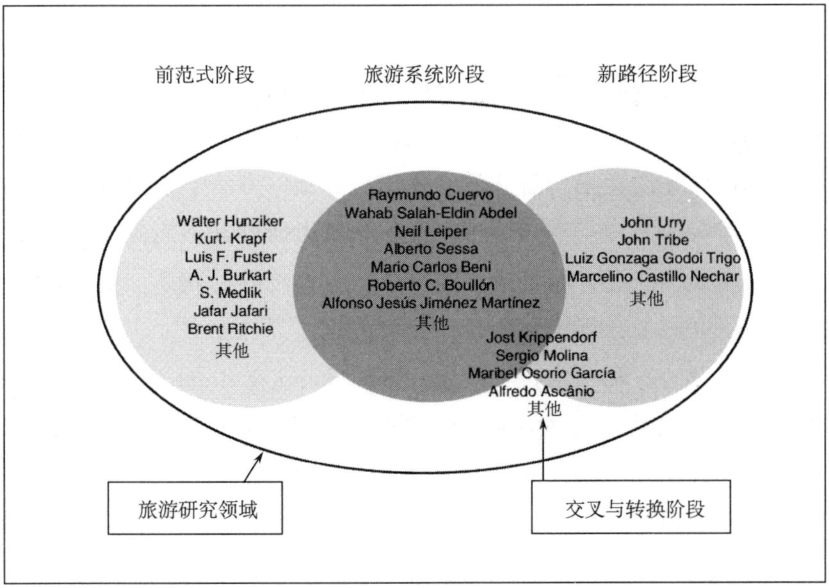

图 3.1 基于库恩科学范式理论的旅游理论阶段［出处：基于帕诺索·内托（2005）］

前范式阶段

路易斯·费尔南德斯·福斯特(*Luis Fernandez Fuster*)：福斯特（1971）将他的方法分为理论部分和实践部分。他认为，拥有技术理论并不表示旅游的概念应该被看作科学，只有当建立系统的、有逻辑的和有效的理论（doctrine）之后，旅游才能被看作是一门独立学科。福特斯认为，旅游的概念应该被看作是某一科学领域的专业分支："很明显，当前我们对旅游现象的一系列知识足以使其成为科学专业分支中的一类"。(Fuster，1971：21)

福斯特指出，"旅游"这个概念应该被看成是一种科学，但是并不是一门独立于其他领域的科学，"因为从逻辑上来讲，对旅游者的一系列研究是在其他学科的辅助下完成的，例如经济学、统计学和社会科学等"(Fuster，1971：21)。从这个层面上出发，福斯特认为旅游学［或旅游者科学（tourist science)］的系统研究取决于所采用的研究方法，但是他同时指出：

> 在旅游研究中，还没有一个单独的方法可以被通用。这也是即使在大量文献存在的情况下，旅游依然仅被看作是一个研究对象的唯一原因。(Fuster，1971：21)

福斯特认为，旅游研究方法的选择取决于所研究的内容。如果研究对象为个体，那么可以采用心理学。相应地，研究所采用的方法将会是心理学的理论方法。也就是说，福斯特并没有提出一种新的方法学来研究旅游，而是采用了其他学科的方法。对福斯特来说，旅游者研究并不能仅仅局限于单纯的人、政治或经济研究，而是应该建立这些方法之间的联系。福斯特反对用片面的方法研究旅游，倡议采用整体分析方法。

贾法尔·贾法里和布伦特·瑞奇（Jafar Jafari & Brent Ritchie)。贾法里和瑞奇（1981）的目标是为旅游领域的教育提供分析和讨论的基准，他们起初考虑采用超学科（transdisciplinary）的方法来研究旅游学。但是因为超学科路径存在的固有的局限，他们建议采用多学科（multidisciplinary）或跨学科（interdisciplinary）路径（Jafari & Ritchie，1981：26)。他们的跨学科方法研究详见图 3. 2。

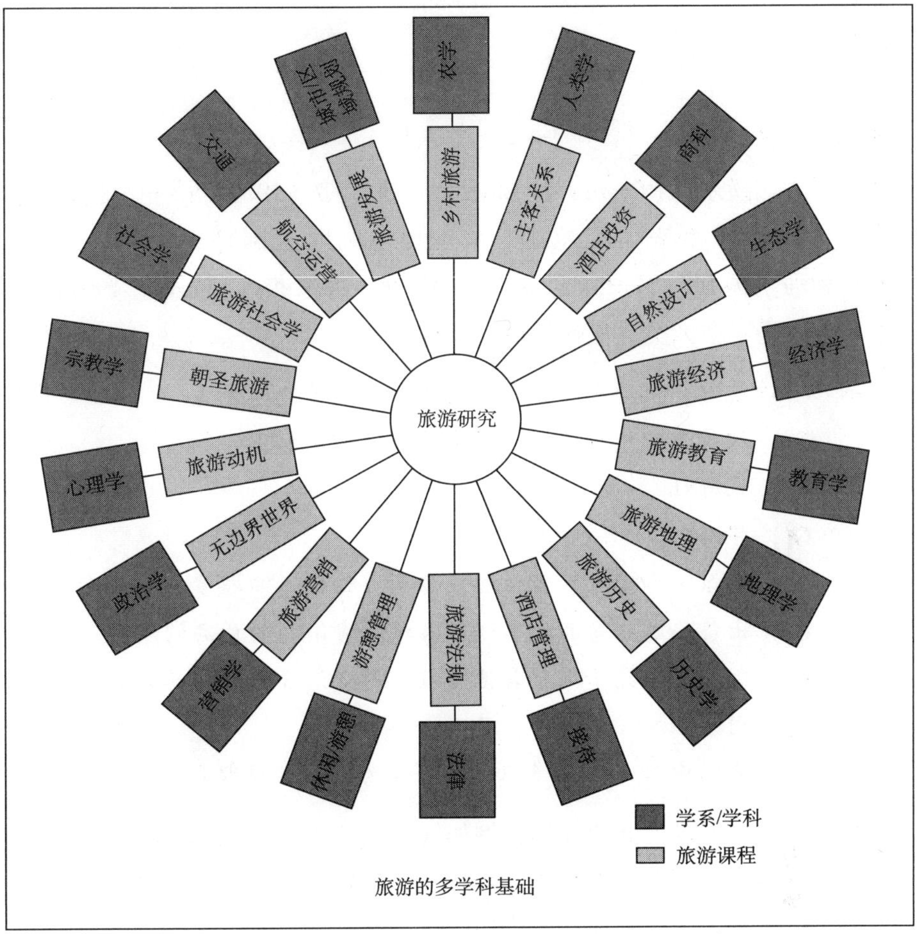

图 3.2　贾法尔·贾法里的旅游知识生产模型

（出处：最初由贾法里于 1981 年提出，2005 年修改）

依据图中模型，“旅游”作为研究领域处于讨论的中心，可位于旅游学系。用来研究旅游这一现象的其他学科围绕在该模型的外圈，并来自其他相关学系。例如，旅游地理学隶属于地理学系，为旅游地理学方面的研究提供基础。

该方法在当时具有创新性并为阿根廷、巴西、墨西哥和委内瑞拉等国家的学科设置和组合提供了基础。尽管该方法有其积极的作用，但仍然被特赖布（Tribe，1997）和帕诺索·内托（Panosso Netto，2003）等研究者批判地加以分析。

旅游的系统论阶段

雷蒙多·凯尔弗（*Raymundo Cuervo*）：凯尔弗（1967）第一个提议并采用系统论参考模型来研究旅游。该观点也同时被阿切伦扎（Acerenza，2002）和马丁内斯（Martinez，2005）认同。凯尔弗（Cuervo，1967：29）认为，旅游是一个大类，可包括以下子类：

> C_1）航空、机动车、铁路、海运和河运等交通方式
> C_2）招待住宿例如酒店、汽车旅馆、旅社和民宿等
> C_3）旅行社
> C_4）导游
> C_5）餐馆、咖啡厅和其他餐饮场所（流动人口接受服务和食品）
> C_6）出售旅游纪念品及其他可被旅游者消费的商品的设施
> C_7）制造旅游纪念品及其他可被旅游者消费的商品的设施
> C_8）用于旅游设施的手工品
> C_9）休闲中心（顾客多以流动人口为重要组成部分）

每个分支又可以被继续细分，例如（Cuervo，1967：29-30）：$C_1 = \{A_1, A_2, A_3, \cdots, A_n\}$，其中 C_1 为交通大类，A_1 为国内航空，A_2 为国际航空，A_3 为国内汽车交通，A_n 为其他类型交通。

该分析基于沟通功能的假设，如下文所述：

> 如果我承认旅程中会发生沟通，那么我就承认旅游是一个“系统”的假设；我同时可以假设旅游系统的功能为沟通。（Cuervo，1967：33）

最终，凯尔弗提议，旅游是关于沟通的系统，它可以为世界和平传播积极有用的信息，但是旅游也会给人类的和谐关系带来负面影响。这为旅游系统进行或保持正面沟通带来了挑战。

萨拉赫·埃尔丹·阿卜杜勒·沃布（*Salah-Eldin Abdel Wahab*）：沃布（1977：34）认为人类是旅游中的主要因素之一：

> 对旅游者现象的剖析主要包括三个方面：人类（人类是旅游者行为的主体）、空间（为旅游者行为提供空间支持的物理元素）和时间（为旅行和目的地停留提供时间支持的时间元素）。

沃布的观点是旅游是一种关于人类移动的现象（在当时是学术研究的新词语）。他认为："行为方法是研究旅游者现象最适当的方法，因为该方法强调了旅游现象中人的方面，及其在形成各国人民交流联系中的作用。"（Wahab，1977：3）

> 旅游目前的态势代表了社会学领域的一个系统基础。因为旅游本身的各个组成部分相互依赖和互动，这也是"更健康的"旅游业的核心所在。

之后沃布提到："所有的系统包括两个方面，在某一时间点上对其'静态'的描述和对其在空间和时间上连续状态的'动态'描述。通过动态系统以及'对时间—空间连续体模式感知'的分析，（使得）未来情境的形成成为可能，从而能够基于现在的行为为未来做出决定。"（Wahab，1977：16）

沃布并没有在其观点上提出模型，但通过沃布的描述，本章推断其模型如图 3.3。

旅游系统阶段到新路径阶段的过渡

塞尔吉奥·莫利纳（*Sérgio Molina*）：莫利纳（2003）提出后旅游（post-tourism）的观点，该观点的提出基于旅游现象的三个进化阶段，即前旅游时期、旅游时期、后旅游时期。正是在后旅游时期产生了最大的旅游学术研究贡献。

前旅游时期指泛欧旅行（Grand Tourism）时期的旅游行为，也即 17 世纪和 18 世纪间，英国贵族或富有家庭的长子在欧洲各主要城市游历，作为其教育的一部分。在这段时期，科学技术尚不发达，管理和会计系统缺乏，仅有最基本的旅游设施。最近，有公司推出了具有前旅游时期特色的旅游吸引物，但是"前旅游时期的存在并不带有贬义色彩"（Molina，2003：23）。

第二个阶段是旅游时期，细分为以下三个阶段：

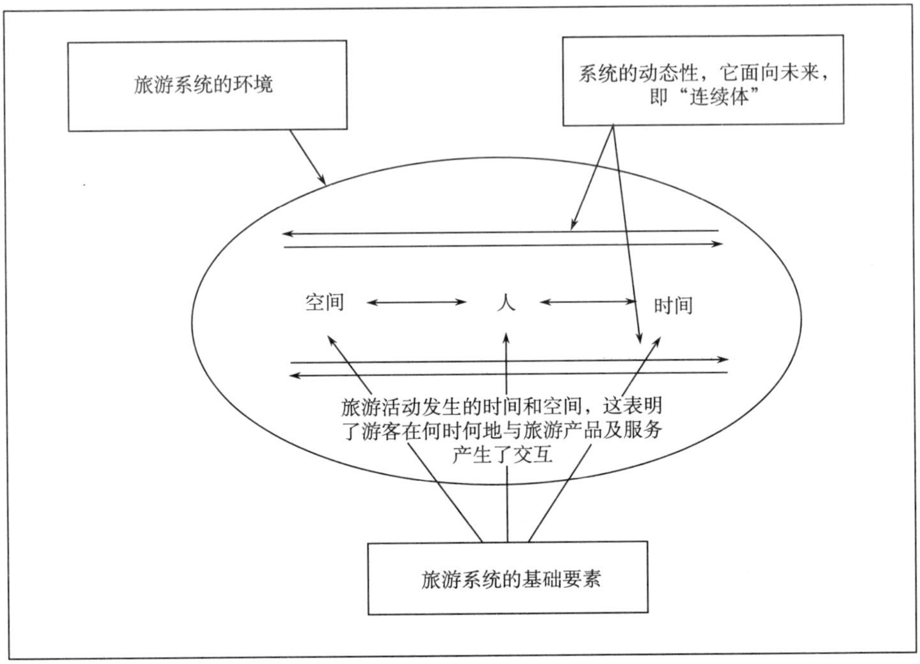

图 3.3　沃布的系统模型

［出处：根据沃布（1977）的主张，引自帕诺索·内托（2005）］

1）19 世纪的工业化初期到第二次世界大战。

2）工业化的成熟时期，从 20 世纪 50 年代到 20 世纪 90 年代。

3）起源于 20 世纪 80 年代中期的后工业化时代。

最后是起源于 1990 年的后现代旅游时期：

> 该时期产生了新的范式。一个具有历史性的归类改变了对旅游起源的基本思考。20 世纪 90 年代高效的科学技术和社会文化现象在与改变旅游工业类型的连续性的原理对比的基础上，解释了后旅游的发展。（Molina，2003：27）

莫利纳通过归类进行分析，借用学科外的定义解释了自己的方法。当莫利纳提到后旅游以游乐场应用的科技为特征时，他其实是借用科技这一类别来解释自己的方法。后旅游可以被看作是与历史分析中的后现代性相联系的分析类别。

阿尔弗雷多·阿斯卡尼奥（Alfredo Ascânio）：他提出创立一门关于旅游者研究的新的科学学科，即旅行社会科学（Social Science of Travels）。阿斯卡尼奥认为该新学科指所有类型的旅行及其发生的各种情景。“该学科以跨学科的方式，有意识地研究旅行者倾向和旅游接待者行为、他们之间的关系及其发生的地理空间和情景。”（Ascânio，1992：188）旅行社会科学的目的在于“探索并解释旅行方式的各个方面的内外在，旅行目的和作用，以及研究该学科的各种方法”（Ascânio，1992：189）。

阿斯卡尼奥同时认为在其他学科（例如地理学、心理学和经济学）领域内部，总会有旅行社会科学的存在。他认为旅游是一门科学：

> 旅游是一门科学，它关注的现象是：以接待游客为主的确定性社区的质量与生活方式是否提升。其最基本的问题是要清楚旅游活动所带来的利弊，最终目标应为该社区得到的收益高于成本。（Ascânio，2007）

对阿斯卡尼奥来说，旅游研究即为探索旅游者、东道主以及所带来影响之间的关系，也就是说研究旅游目的地社区与来往旅游者间的相互依赖关系。阿斯卡尼奥的观点和提议具有一定创新性，然而接待研究（hospitality）、社会学和人类学可能会更好地探索旅游者与目的地社区的关系，同时阿斯卡尼奥并没有科学地验证其把旅游看作一个学科的提案。

新路径阶段

马塞利诺·卡斯蒂略·内卡尔（Marcelino Castillo Nechar）：内卡尔（2005）提出“批判性认识论”的观点。该观点的目的在于通过对旅游进行反思性和诠释性的批判，从而构建批判性内容而非内容的批判。它是一种探究在构建知识时可能涉及的所有内容的原因、衡量方式及诠释。与判断性概念相关的是诠释的概念。诠释本身远远超出某一个简单的描述，指的是基本的理论，即单纯的思想构建。解释就是构建的过程，是将原因用抽象方式构建的过程。解释暗含着对交流观念的稳固性的洞察，而对观念的追寻是抽

象的。

内卡尔（Nechar，2005）认为，“我”不仅在科学知识的危机中，而且在哲学知识的危机中，因此“我”处于基础思考方式的危机之中。他提出复兴演绎—归纳的思维过程，它暗示一种对严谨的旅游学知识的构建。这种知识的严谨与“传统上的科学理念”无关，甚至也不涉及那些支配逻辑“科学”的种种准则或者是否坚持科学知识判断标准的合理性。这种严谨关注的是语言对现实的蒙蔽方式。在这种蒙蔽中，语言设定了人们的思考，阐述了现实，并使得各种话语产生关联。这种新的观点在后现代主义的框架下运用解释学、现象学和方言学对“旅游者现实”进行了新的诠释和理解，使得对旅游者现实的批判性提案成为可能。

该批判性提议强调了已成为学术生活某些领域中的习惯的特定逻辑步骤（logical moves）。它同时让我们看到在那些依赖既定方法规律的“正确使用”而忽视构建的知识所暗示的逻辑、内涵的研究中，对旅游者知识的确定性、严谨性和可测量性的评价方面的逻辑的缺失。该批判性、反思性且具有解释性的关于旅游学认识论的观点，构造了一个独特的知识矩阵，并伴随着一套奠定新的内涵和操作的系统。

路易斯·贡扎加·哥多伊·特里戈（Luiz Gonzaga Godoi Trigo）。在特里戈（1998）的分析将旅游置于后现代主义的情境之中。他研究了20世纪末的服务行业，将现代社会中——由于新技术、劳动力市场变化、教育革新和大众旅游兴起而引致——的时空概念改变这一系列新情况所带来的问题进行综合考虑。

他还对什么在后现代社会中能构成从业者专业技能的教育理念进行了探讨。基于市场需要“会思考的人”这一原则，他认为该理念有助于提升服务专业化程度。

他分析了由于世界环境变化所形成的国际新秩序，进而提出旅游和休闲在新型社会模式中属基础性要素：

> 后现代的社会环境产生了一种新的以舒适和幸福为基础的生活方式。发达国家的高科技和经济实力使得对旅游和休闲领域的重大投资成为可能。（Trigo，1998：65）

特里戈分析认为，旅游是一种推动当代世界变革的力量，并证明了这种力量如何起作用并且不断发展自身。他使用的研究方法是哲学式的，因为哲学有助于人们对其在社会中的活动和角色进行更多的反思。哲学式研究方法是一种能够揭示该领域矛盾、悖论以及误解的工具。这种批评在分析过程中因为展示阴暗面（消极影响、经济和性剥削、存在主义式的相对主义等）而会导致痛苦。然而，这种批判却能够激励更多的反思性研究，促进信息和科学知识的传递，增进对社会的理解，并回归到作为基本层面的哲学，以将文化重塑为更具社会性及可自我持续的实践。

旅游的原则

“原则”这个词被认为是一个基础的命题，用以支撑知识、定律、理论和概念的发展。当我们提到原则，我们同时指事情的本源。什么是旅游的本质？什么是恒久的？旅游所具有的必要特性是什么？这些问题无解的情况也给我们的概念带来了瑕疵，让我们对一些知识范畴产生了怀疑。这也同时揭示了旅游的认识论基础缺乏科学性。

因此，建立相关原则是基础性的，它划定了什么是旅游、什么不是旅游的界限。根据之前分析的定义和路径，本章提出两大原则：基础原则和理想原则。

基础原则

主体

只要有旅游的存在，就必定有旅游者的存在。然而，旅游者在旅游过程中与东道主互动。东道主可以指目的地或客源地的服务供应商，也可以指主人，即接待他人的人。

位移

位移可以分为两类：客源国内部和外部的位移。因自然或人为灾害而导致迁移的难民和移民以及外交人员的迁移不能被包括在旅游位移的分类中。

返回原则

离开家或居住地的活动意味着将会返回原地。该概念从“tourism”的词根“tour”可以看出，旅行为一个循环，旅行者出发并回归出发地。

动机原则

总有一个明确的或是暗含的动机支撑旅游者的旅行行为。

接待原则

接待是一种社会文化现象，包括为旅游者提供食物、饮品和住宿等。它同时也是延续千年植根于人类生存问题中的行为。接待是旅游业发展的基础，因为它与在家里、公众场合和商业环境下接待别人或被别人接待这个行为相联系。

家庭内的接待是其他类型接待的源头。家庭接待是一种在家中接受或提供住宿，提供餐饮或娱乐他人的行为。

商业性接待指在商业环境下以金钱为报酬提供服务，例如酒店、客栈、饭店、旅行社或旅游公司等。最后，公共接待指在公共场合接待他人，例如城市公园、广场，以及诸如巴士站、地铁、机场、游客中心、公共办公室之类的人流集散地。

体验原则

因为感知和心理体验的存在（无论好坏），旅游包括一系列非物质的无形的服务，因此制造体验成为了旅游者旅行过程中的主要标记。人们同时会为了追求新的体验而旅行。

沟通原则

旅游也是沟通的行为。旅游者在旅游过程中与他人互动的同时与其他文化互动。在旅行过程中不与他人沟通是不可能的。

科技

所有的旅游类型都需要运用科技，即使是在自然区或居民区展开的旅游。通信和交通技术是该原则里最重要的两项技术。

理想原则

可持续性

可持续旅游指在保证旅游资源可持续性的前提下使用旅游资源。包括社会、文化、经济及环境的可持续性。另外，政治和心理的可持续性也应该被包括在内，虽然这两点已暗含在前四项中。

平等原则

无论社会地位、经济状况、信仰、肤色和种族的差异，根据旅游法则（laws of tourism），所有人在人际和工作关系中以及空间和地方中都应被平等对待。

公共与私人权力原则

公共意志应该高于个人权力和兴趣。当游客个人的意愿负面影响了社会秩序或群体意愿时，游客的个人意愿需要被禁止。

相异性原则

相异性指尊重差异的存在。这种差异普遍存在于旅游者与目的地接待方之间、旅游者之间和接待方之间。

伦理原则

伦理被认为是关于道德和习俗的科学。它也指正确的行为方式。该原则可应用于四个主体：（a）旅游专家，（b）旅游者，（c）目的地居民以及（d）政府机构。

以上原则可能会带来一些争议，因为还有其他原则并没有涉及，例如自由市场原则、非物质产品原则、不可侵犯原则和二级活动原则（principle of the secondary activity）。然而，本章的目的在于解释有助于深入了解旅游的主题性基本知识。如前文所述，旅游的定义是复杂的，而讨论情境化、特征化和理解性会相对简单，因为从这个词语被定义的那一刻起，就会产生一些边界，从而限定研究的方法。即使如此，基于前面所讨论的理论和原则，本章对旅游进行如下定义：

> 旅游是人们出于可知的或不可知的原因，离开并返回其常住地的现象。它包含接待、人际交流和沟通，以及为出行这一活动成为可能而提供服务和技术的公司。它同时产生感知和心理体验，并带来经济、政治、环境和社会文化的积极或消极影响。

结语

正如之前所讨论的，旅游理论基础的建立和界定是研究者关注的议题。然而，任何有用的理论都需要被验证并经过同行评议。本章认为，单独一个学者无法构建一个完整的理论模型来解释旅游的各个方面。除此之外，还存在概念商品化的问题，即强调旅游的经济影响而忽视了旅游的本质特征。社会面临着价值观、行为和人类本身的商业化。对于大型企业来说，旅游单纯被理解为经济或商业实践，它提供舒适、安全和卫生的体验。然而，旅游远不止于此。在旅行过程中，有一些参与因素在初始阶段并未出现，例如旅游者的愿望和渴望、对新事物的追寻以及新体验的必要性等。旅游研究有助于帮助人们理解他们在旅行过程中所扮演的角色，并且为老问题提供新的解决方案。例如，旅游中的主客关系经常被讨论，但在实践中的进展却很有限。我们有必要继续尝试建立新的范式，因为只有当我们激励自身离开惯常环境时，我们才有机会用不同的方式看待自身及其所处环境。

参考文献

Acerenza, M. (2002) *Administração do turismo*. Bauru-SP: Edusc.

Ascânio, A. (1992) Turismo: La ciencia social de los viajes. *Estudios y Perspectivas en Turismo* 1 (3), 185-197.

Asçânio, A. (2007) *El objeto del turismo: ¿Una posible ciencia social de los viajes?* On WWW at http://servicios. universia. edu. ve/webprofesor/prf-rsc. php. Accessed 20. 5. 08.

Beni, M. C. (1988) Sistema de turismo: Construçâo de um modelo teórico referencial para aplicaçâo na pesquisa em turismo. PhD thesis, Universidade de São Paulo.

Beni, M. C. (1998) *Análise estrutural do turismo*. São Paulo: Senac.

Bernardi, R. (1985) Le dicisioni di investimento nel quadro di un approccio sitemico del fenômeno turístico. In A. Sessa (ed.) *La scienza dei sistemi per lo sviluppo del turismo* (pp. 195-211). Roma: Agnesotti.

Boullón, R. C. (1995) *Las actividades turísticas y recreacionales*. México: Trillas.

Boullón, R. C. (2002) *Planejamento do espaço turistico*. Bauru-SP: EDUSC.

Burkart, A. J. and Medlik, S. (1974) *Tourism: Past, Present and Future*. London: Heinemann.

Cardenas, F. (1981) *Comercialización del turísmo*. México: Trillas.

Cooper, C. *et. al*. (1993) *Tourism, Principles and Practice*. London: Pitman Publishing.

Cuervo, R. (1967) El turismo como medio de comunicación. In R. Cuervo (ed.) *El turismo como medio de comunicación humana* (pp. 27-40). México: Departamento de Turismo del Gobierno de México.

Fuster, L. F. (1971) *Teoría y técnica del turismo*. Madrid: Nacional, Tomo I.

Garcia, M. O. (2005) Elanálisis del turismo desde la perspectiva de los sistemas funcionales. PhD thesis, Universidad Iberoamericana.

Hunziker, W. and Krapf, K. (1942) *Algemeine frendenverkehrslehre*. Berna University: Zurique.

Jafari, J. (1995) Structure of tourism: Three integrated models. In S. F. Witt and L. Moutinho (eds) *Tourism Marketing and Management Handbook* (pp. 5-17). London: Prentice Hall International.

Jafari, J. (2005) Tourism research: Revamping old challenges for *integrative* paradigms. *Anais*: VII Congreso Nacional y I Internacional de Investigación Turística. Guadalajara, México.

Jafari, J. and Ritchie, J. R. B. (1981) Toward a framework for tourism education problems and prospects. *Annals of Tourism Research* 8 (1), 13-34.

Krippendorf, J. (1985) Le tourime dans le systeme de la societe industrielle. In A. Sessa (ed.) *La scienza dei sistemi per lo sviluppo del turismo* (pp. 167-184). Roma: Agnesotti.

Krippendorf, J. (1989) *Sociologia do turismo: Para uma nova compreensão do lazer e das viagens*. Rio de Janeiro: Civilização Brasileira.

Kuhn, T. S. (2001) *A estrutura das revoluções científicas*. São Paulo: Perspectiva.

Laine, P. (1985) Utilisation de la théorie des systèmes pour l' amenegement touristique. In A. Sessa (ed.) *La scienza dei sistemi per lo sviluppo del turismo* (pp. 185-194). Roma: Agnesotti.

Leiper, N. (1979) The framework of tourism: Towards a definition of tourism, tourist, and the tourist industry. *Annals of Tourism Research* 6, 390-407.

Martínez, A. J. J. (2005) *Una aproximación a la conceptualización del turismo desde la Teoria General de Sistemas*. México: Universidad del Caribe.

Molina, S. (1991) *Conceptualización del turismo*. México: Limusa.

Molina, S. (2003) *O pós-turismo*. São Paulo: Aleph.

Nechar, M. C. (2005) *La modernización de la política turística. Retos y perspectivas*. México: Centro de Investigación y Docencia en Humanidades del Estado de Morelos.

Nechar, M. C. and Cortés, M. L. (2006) *Notas a la investigación turística*. México: Universidad de Quintana Roo.

Palomo, M. F. (1991) *Elementos para el estudio de la economía de la empresa turística*.

Madrid: Síntesis.

Panosso Netto, A. (2003) Jafar Jafari x John Tribe: Um diálogo de teorias. *Boletim de Estudos em Hotelaria e Turismo* 1 (1), 1-9.

Panosso Netto, A. (2005) *Filosofia do turismo: Teoria e epistemologia*. São Paulo: Aleph.

Sessa, A. (1985) La scienza dei sistemi per i piani regionali di sviluppo turistico. In A. Sessa (ed.) *La scienza dei sistemi per lo sviluppo del turismo* (pp. 53-107). Roma: Agnesotti.

Tribe, J. (1997) The indiscipline of tourism. *Annals of Tourism Research* 24 (3), 638-657.

Trigo, L. G. G. (1998) A Sociedade pós-industrial e o profissional em turismo. Campinas: Papirus.

Trigo, L. G. G. (2003) *Entretenimento: Uma crítica aberta*. São Paulo: Senac São Paulo.

Urry, J. (1996) *O olhar do turista. Lazer e viagens nas sociedades contemporâneas*. São Paulo: Studio Nobel/Sesc.

Wahab, S-E. A. (1977) *Introdução à administração do turismo*. São Paulo: Pioneira.

第四章 知识论、本体论和旅游

莫琳·艾伊克鲁

译者导读：本章首先指出旅游知识生产中研究范式所起到的重要作用，并指出旅游学术界在研究范式反思中的滞后状态。然后在对研究范式这一概念进行评述性解释之后，阐述了两类主要研究范式——科学（后）实证主义和阐释哲学。本章进一步阐明了实证主义来源于自然科学研究的经验主义，即"在任何现象领域那些被认为可靠知识的都是可通过感觉来体验到的"，而旅游研究中的实证主义就是把这种思想直接运用于人类和社会研究的一种情形；这种实证主义本体论和知识论思想不仅受到来自于其内部的批判而形成后实证主义，而且还受到阐释哲学中的建构主义哲学的激烈批判。建构主义在本体论方面否认实证主义坚持的客观实在论，否认在人类和社会中存在实证主义者理解的客观知识和真理，建构主义者认为这些方面是视角化的，因而是由心灵创造而非发现的。最后本章还对批判理论范式做了评述。

引言

本章专门解释旅游知识生产中的本体论和知识论问题。本体论是指研究现实事物本质的哲学分支（Jennings，2001）。而知识论，即关于知识的理论，则概括了诸如"感觉的本质"、"知识和信念的关系"、"真理的各种理论"等问题（Cahn，1971：10）。本章旨在探讨一些知识生产的强度问题，以及对本体论和知识论的理解应如何拓宽旅游知识生产的视野。

本章分成三个主要部分。第一部分是引言，提出一些概要观点和背景；第二部分，即本章主体部分，包含以下子标题的内容："旅游和知识生产"（简要评述那些凸显本章内容所包含基本原理的精要文献以及旅游知识生产的强度问题）和"旅游知识生产中的本体论和知识论问题"（概述社会科学当中共同的哲学范式观点，以及这些哲学范式的核心观点如何能够帮助我们在旅游问题探索的知识生产中选择最合适的研究视角打下基础）；第三部分是结论性述评。

旅游和知识生产

直到最近，旅游知识生产还在应对（有时是强迫的）关于（后）学科地位的争辩以及在学术体系当中的身份识别（例如 Coles *et al.*, 2006；Echtner & Jamal, 1997；Leiper, 1981；Tribe, 1997）。不过，有许多研究工作通过把旅游研究及知识生产描述为正在趋于成熟的研究领域而触及到了其核心问题（Ryan *et al.*, 2007）。我们不是要解释一长串的此领域的观点，而用三个例子就可对这些争辩的重要转变提供合理见解。第一个关于具体方法层次（即定性与定量之分），而第二个是第一个的扩展，即关于旅游研究范式的基础。这两个方面在莱利和拉夫（Riley & Love, 2000）的论文《定性旅游研究现状》以及菲利莫尔和古德森（Phillimore & Goodson, 2004）编辑的论文集《旅游定性研究：本体论、知识论和方法论》中都有清楚的阐述。第三个是对那些把关于旅游的知识生产说得缠绕不清的权力政治演说进行解构性释读（Hall, 2004；Page, 2005；Pritchard & Morgan, 2007；Tribe, 2004）。

前两个例子运用了邓津和林肯（Denzin & Lincoln, 1998）把社会科学定性研究史划分为五个演进阶段的解释（2005 年他们又修改为八个阶段，即传统流派、现代主义派、模糊流派、表述危机派、后现代时期、后实验研究期、目前的方法论争辩期以及未来的分化期）作为基础来分析 1996 年前后的旅游研究态势。从这些研究中得出的两个基本问题值得本章关注。首先是认识到大多数旅游知识生产是运用定量的、实证主义的方法来实现的（Riley & Love, 2000；参阅 Zahra & Ryan, 2005）。其次是菲利莫尔和古德森的观察（2004：4；参阅 Jamal & Hollinshead，2001），即“旅游学者通常更加迟疑于改进他们自己对支撑知识生产和实践的哲学和理论过程的理解”。

对最后这个观察认识的一般回应在菲利莫尔和古德森编辑的论文集第一部分里有所阐述。其中，霍林谢德（Hollinshead，2004）解释了在社会学（旅游学）研究行为之前必须考虑的本体论假定（参阅 Zahra & Ryan，2005）。在存在、意义和身份等复杂问题以及为整个旅游研究提出了一些关键本体论问题的基础上，霍林谢德（2004：84）认为“本体论问题应该总是要先于特定研究方法的选择”。在同一论文集中，特赖布（Tribe，2004）对旅游研究的认识论问题做了令人信服的分析，他先强调了旅游的学科地位或非学科特征，然后从知识社会学视角提出了旅游知识存在的问题。值得注意的是，特赖布的观察（2004：59）认为：旅游知识不一定是与利益无关的社会政治建构，社会政治力量在旅游知识生产中起到了使某些旅游解释合理化的同时抛弃其他理解的作用。

第三个例子强调协同努力去解构那些看似稳定的权力政治结构，据此旅游知识得以被创造并且在旅游知识中学者自省的重要地位得以确立。艾奇逊（Aitchison，1996）从女性主义的视角揭示了一些途径和方法以展露在旅游休闲（可看 Swain，2004；Yule，2007）、研究运用和咨询、出版和教育管理以及教学等方面的家长制权力控制。艾奇逊进一步指出，这些问题与知识构建和传播、知识如何合法地复制等紧密相关。类似地，普里查德和摩根（Pritchard & Morgan，2007）在其“去中心化旅游智识世界”的章节中对有关旅游知识生产的谈论提出了批评，他们提炼了旅游学术作为守门人的关键角色（参考 Tribe，2004）。他们重申艾奇逊（Aitchison，1996）之前的观察，认为 21 世纪初旅游学术界仍会保持高度家长制以及继续优先于其第一代学者的知识系统，而这第一代学者中的许多人不认为他们作为白人中产阶级的身份是需要解决的问题（Pritchard & Morgan，2007：16）。他们郑重提出亟须去详查这些男权的、盎格鲁撒克逊的、商业为中心的旅游界操控是如何铸成了旅游知识大厦的（Pritchard & Morgan，2007：17）。

与第三个例子紧密相关的是关于愈来愈紧迫地推动旅游学术界反思问题

的声音。肇始于人类学研究的反思意识正越来越被运用于其他社会科学中，特别是那些非实证主义的研究（Seale，1999）。这些反思性解释（Seale，1999）包含：研究者据所选择的方法论深思熟虑地去努力反思其本身在研究中的角色地位；研究问题的类别；研究者的背景（人种、性别、阶层、种族、国籍、意识形态等）；研究者带来的各种偏误；研究者所遗漏的和在研究过程中他们所代言的东西（Lincoln & Guba，2003；Phillimore & Goodson，2004）。

在旅游文献中，迈克尔·霍尔（Michael Hall，2004：143）在讨论“反思性和旅游研究”的章节中注意到：

> 在旅游研究中，很少有人讨论守门人（我可能被算作其中一个）在决定旅游知识范围和方向中的角色……旅游研究领域已经部分地受到旅游学术圈内的人际关系的影响，而不是只取决于所谓客观学术价值。

在对反思性和旅游研究的含义做详尽阐述时，威廉·菲戈理（William Feighery，2006：269）批评了旅游学者极力回避的他们研究和汇报行为中的主观性问题。菲戈理（2006：279）提出一个问题作为结尾：“当旅游研究和探索渐趋成熟之时，不正需要去讲述一个我们自身的故事吗？”在概述了一些有关本章基本要旨的现存文献之后，我们现在就可以转向旅游研究中的本体论和知识论问题了。

旅游知识生产中的本体论和知识论问题

在本章直接谈论本体论和知识论问题之前，必须先阐明范式的概念。“范式”这个术语通常与托马斯·库恩有关，他用这个概念来挑战认为在不同（科学）理论之间选择是存在合理基础的那种观点（Lazar，1998）。对库恩（Kuhn，1970：175）来说，范式犹如“学术共同体所有成员所共有的信念、价值、技术的汇集”一般。库恩在其名著《科学革命的结构》（1970）一书中宣称，常规科学的范式并非总是可以清楚界定的。他认为，如果存在理论和事实之间的不符（暗含后面要讨论的波普尔证伪假说），那么就需要去重新解释事实。

古巴（Guba，1990：18）描绘了范式的基本特征。他将其表述成三个主要问题，即本体论的、知识论的和方法论的问题：本体论问题为“可认识事物的本质是什么?”或者“现实的本质是什么?”；知识论问题为“认识者与认识事物之间关系的本质是什么?”；方法论问题为“研究者应该怎样发现知识?”（参阅 Lazar，1998；Lincoln & Guba，1998，2003）。古巴补充，对这些基本问题的回答等同于范式或基本信念体系，而这些范式和信念也就塑造了研究的起点、研究本身以及研究过程（参阅 Hollinshead，2004；Zahra & Ryan，2005）。这部分内容通过评价科学（后）实证主义和阐释哲学的核心假说来讨论本体论和知识论的关键问题。

科学（后）实证主义哲学

凯里尔和凯米斯（Carrier & Kemmis，1996）注意到，实证主义是一个未被系统阐述清楚的学说，并且通常与 19 世纪下半叶在西方思想界最强有力知识分子中流行的一般哲学思想具有紧密联系。尽管实证主义思想的渊源可追溯到弗朗西斯·培根和 18、19 世纪英国的经验主义者，但还是由法国作者奥古斯特·孔德（Auguste Comte）创造了“实证的”这个词语（Turner，2001；Halfpenny，2001）。后者文献的争辩旨在传递一种反对任何形而上学的或神学的信条——一些不依赖感觉领会的体验能够形成合理知识的基础（Carr & Kemmis，1986：61）。下面的讨论依据其本体论和知识论信念来解释（后）实证主义哲学。

实证主义传统是基于这样一个原理——在任何现象领域，那些被认为可靠知识的都是可通过感觉来体验到的（Carr & Kemmis，1986；Habermas，1987；Harré，1981）。这个原理支撑了这样一个世界观——通过建立因果关系，法则的确能够解释可观察现象的行为（Jennings，2001）。因此对古巴（1990：19）来说，实证主义受到了实在主义本体论的支配影响，其认为：

> 存在着一个受永恒不变的自然法则驱动的现实世界……而科学的任务就是要去发现这个现实世界的“真实”本质及其“真正”运作的方式……科学的最终目标是预测和控制自然现象。

哈勒（Harré，1981：3）进一步认为，在这个传统里面，定律被认为是“知觉形态的概率性归纳”……它们的唯一目的就是去提高对未来感觉体验的预测。在对实证主义原理进行了令人信服的阐述之后，哈贝马斯（Habermas，1987：74）认为：

> 实证主义采纳了经验主义流派的基本法则，即所有知识都必须通过系统观察的感觉确定性来证明其自身，以确保这种知识具有主体间性（inter-subjectivity）。唯有知觉能够宣称对实在物的证据……感觉经验限定了通向事实的范围。对实在物做出解释的科学通常是经验科学。

尽管创立于自然科学，实证主义范式把社会世界（旅游是其一个部分）看作是由宇宙法则和真理组织起来的（Phillimore & Goodson，2004）。这被认为主要是继承了孔德（Comte）的思想，其著作《实证哲学》致力于运用启蒙运动时期的科学进步（特别是牛顿万有引力定律的发现）来理解社会现象（Turner，2001）。在这个认识下，可以认为实证主义者相信能够预测社会行为，甚至只要因果关系能够得到确认，还能够控制这种行为（参阅Halfpenny，2001；Turner，2001）。但是，必须认识到，与自然界行为相反的社会行为深陷于一个价值、信念和态度的复杂系统当中，从而使得总体上的预测很成问题。

这个观点不仅强调了把人类社会行为的解释归于决定自然现象解释的法则之中的不恰当，并且指出了人类社会情境下的认识行为如何地与其在自然界中的不同。换言之，实证主义本体论视角必然导致客观主义知识论，却不一定能完全转换到对社会现象的理解上来。这种实证主义知识论是基于以下原理：

> 如果一个真实世界按照自然规律运行，那么探究者必须如此行事——直接向自然界提出问题并且允许自然界直接给予回复。客观性在“阿基米德点”中允许探索者抓住自然界的秘密并且不做任何改变。（Guba，1990：19）

这里强调的客观性起源于启蒙运动对物质世界知识的描述，认为物质世界是与探索者分开并且不同的（Polkinghorne，1989；Turner，2001）。根据波尔金霍恩（Polkinghorne，1989）的观点，客观性概念的核心是试图去超越“一般认识行为”以获得纯粹客观知识。一般人类认识行为被认为是易于犯错的，因而难以用于提供对现实的精确理解（Polkinghorne，1989）。人们普遍认为一般知识基于与个人知识有关的观点和视角（Polkinghorne，1989）。为此，客观性的支持者宣称：

> 真理知识必须描述现实世界……并且独立于认识者的视角。超越个人和文化观念局限的策略是建立一种认识方法以使得所有遵从者都将能得到相同的真理观点。（Polkinghorne，1989：22）

但是，如果关于社会世界（相对于物质世界）的知识深陷于认识主体的社会、思想和语言世界的含义建立机制的影响，那么知识就不能与认识者分离开。相反，知识就会脱胎于认识者对被认识世界的心灵的和语言的理解（Polkinghorne，1989）。但哈贝马斯（1987）争辩说，学术共同体创造了知识，并且以那些证明命题和理论的程序（可能是一些规则或习惯或规范）为基础（Kuhn，1970）。这些程序具体体现了关于人类在控制、理解和免于教条等方面的三个深层的人类学兴趣。他认为能够区分三种形式的知识，其中一种（经验分析科学）涉及实证主义认为的所有真正知识的明确性（Geuss，1981；Keat，1981）。哈贝马斯认为经验分析科学包含并且以技术兴趣为前提，以便这类科学提出的理论能够被用于特定形式的实践中（Habermas，1987）。这正是对自然和社会过程的工具性控制（Habermas，1987）。

哈贝马斯认为，那些运用对物质环境控制的评判标准建立起来的关于知识的论说，使得所有可能知识都置于了实证主义的学说之下。这种状态正是著名的科学主义，即只有科学包含了一种真实的人类知识形式（Carr & Kemmis，1986；Geuss，1981；Halfpenny，2001；Keat，1981）。“科学主义意味着其中的科学信念；就是说，我们不能再把科学理解为一种可能知识的形式，而是必须以科学来识别知识。”（Habermas，1987：4；参阅 Foucault，1980：27）。必须注意到，科学主义不仅只是关乎科学和非科学之间的不同（Keat，1981）。而且那些所有被认为是非科学的学科，比如宗教、形而上学、意识形态、政治学和伦理学，甚至旅游学，都是低等的、无认知意义的，甚至是荒谬的。正如哈夫潘尼（Halfpenny，2001：373）尖锐地如下描述的那样：

> 恰当科学化的命题都是符合事实的或逻辑的，而所有其他表述都是无意义的，即荒谬的……既然这些表述无意义，支持或反对它们的辩解都是不可判定的和不得要领的。必须把这些清除出实证科学。这样，道德论说就可删除了，因为关于应该如何的表述无法从扎根于经验的、关于是什么的表述中逻辑地推导出来。

但是，基特（Keat，1981）认为科学主义和实证主义关于科学的观点并不总是一致的。基特认为人们能够接受可判定为科学知识的实证主义观点，而不一定认为科学是真正知识的唯一形式。

到目前为止阐述的是实证主义哲学的缩影，特指根据序言里解释的范式的两个主要特征来说。所以谓之缩影，乃因为实证主义哲学不仅复杂，而且正如基特（1981）所言，实证主义哲学有许多变体，以至于单从某一角度来阐述实证主义是不恰当的。但这个缩影把哈贝马斯（1987）对经验分析科学的分类刻画为实证主义者认为的所有真正知识的决定标准。因此，前述讨论涉及从总体上评估在自然/物质科学中建立的实证主义范式对社会和人类研究的运用。

由实证主义者构想和主持的研究在诸如市场细分和需求预测等领域尤为普遍（Crouch，1994；Song & Li，2008）。比如江等（Jang *et al.*，2002）的研究运用聚类分析把日本人到美国和加拿大的出境游市场细分为三类。同样，马赞尼克（Mazanec，1992）运用人工神经网络分析方法对奥地利游客进行了细分市场分析。再例如，有研究运用谱分析法对从英国到法国、比利时和荷兰的航空和航海旅游流动建立了时间序列之内和之间的循环圈。

实证主义哲学受到了来自其内部传统的批评，并且形成了后来被称为“后实证主义”的流派（Guba & Lincoln，1994；Lincoln & Guba，1998）。后实证主义通常与卡尔·波普尔的研究有关，特别是他于1957年发表的《科学发现的逻辑》认为，理论的真理价值不能最终从其演绎出来的推论数量来辨识（Hetherington，2003；Lazar，1998）。根据前述的古巴对范式特征的阐述，林肯和古巴（1998，2003）认为，后实证主义是支持批判实在论的本体论观点的。就像实证主义者一样，后者相信存在着“真实”的现实。但与实证主义认为现实是完全可理解的观点不同，后实证主义认为现实是在“不完全和概率意义上可理解的”（Guba & Lincoln，2005：258）。可是这种与实证主义本体论观点的偏差，并没有转化为后实证主义知识论中的类似趋势，因为后实证主义知识论被认为是修正的二元论或客观主义。借助批评，批评人士在后实证主义知识论中扮演着重要角色。

阐释性哲学

舒瓦德（Schwandt，1998）注意到“阐释的”（interpretive）、“阐释主义”、“建构主义的”和“建构主义”等术语通常可在社会科学方法论主义者及哲学家的辞典中看到，并且其特定含义取决于使用者的意图。然后他解释了这两对词语之间的共同点，其中一点是两对词语都有共同目的，即从居住于其间者的有利位置来理解其生活经验的复杂世界。这个共同目的常常根据对生活世界、主位（*emic*）视角、含义理解、行动者对某个情形的界定的把握以及领会（*verstehen*）等方面的迫切关注而被描述为各式各样的（Schwandt，1998，2003；参阅 Walle，1997；Wang，1999）。这里主要强调的是：个人经历的事实和某种场合下的特定含义及其由此而形成的社会研究目标，也就描绘了这些人关于建构事实的观点（Hetherington，2003）。这些术语的另一个共同特征是都相信理解世界内在含义的唯一方法就是通过阐释。

因此，邓津和林肯（Denzin & Lincoln，1998：26）在描述阐释范式时认为“所有研究都是阐释性的，并受到一组关于世界及应如何理解和认识世界的信念和感情的指引”。这不应被逐字解释为任何情形下都同质的阐释性方法。相反，古巴和林肯（1994：2005）依据三个范式问题清楚地解释了这些术语的异质性。下面就两个主要的阐释哲学，即建构主义和批判理论，分别对其核心特征做简要讨论［Zahra & Ryan（2005）也做过类似讨论，但在不同研究语境下］。

社会研究的建构主义方法

有许多阐述这种方法的方式，但没有哪一种特定解释方式提供了为什么此方法的拥护者会谈论建构主义范式（如 Lincoln & Guba 在他们的综合研究范式论中宣称的那样）或建构主义者/建构主义（如这些学者的观点：Burr，1995；Gergen，1985；Schwandt，1998，2003）。有学者认为，建构主义产生于反对（后）实证主义，并且不仅类似于后现代主义，而且是从后现代主义引申出来的（Hemmingway，1999；Hetherington，2003）。林肯和古巴（1998：206）也暗示建构主义以相对主义本体论世界观作为基础，认为现实事物以下面形式存在着：

> 多重的无形的心理建构是以社会和经验为基础的，本质上是地方的和特定的（尽管其社会个体间甚至跨文化之间有共同的元素），并且其内涵因建构它们的个体或群体而变。

实际上，建构主义者反对他们认为的幼稚的实在论世界观，以至于否认对实证主义者专注的本体论问题有任何形式的兴趣（Laclau & Mouffe，1985）。建构主义者进一步区别了他们的本体论观点与其他范式的不同，认为来自于各个体理解的多重现实事物的建构不遵从于绝对真理（Hetherington，2003；Lincoln & Guba，1998；Wang，1999）。这样的一些建构都或多或少地更加博闻多识或更加精巧（同上）。这些建构本质上是变化的，且与相关现实事物的变化程度一致（同上）。不同于实证主义者理解客观知识和真理的观点，建构主义者认为这些方面是基于视角的，因而由头脑创造而不是发现的（Schwandt，1998）。视角主义有这么一个观点，即所有宣称的真理及相应的评价真理的标准都产生于一个概念框架之中，而这个概念框架也就充当了观察描述和解释所研究现象的透视镜（Schwandt，2000）。

建构主义者争辩说现实事物是多元的，因为现实事物能够以许多不同的语言符号系统来描述，并且由于它可以被拓展和塑造成反映有计划的社会组织的目的明确的行为，使其可塑性很强（Schwandt，2000）。从某种程度上说，受到建构主义哲学忠实支持的所有这些本体论观点都倾向于提出一个包含一切的思想：

> 人类发现或揭示的知识不如我们建构的那么多。相反，我们发明概念、模型和方案来理解经历到的东西，并且我们不断地根据新的经验来验证和修正这些建构……（这些建构）与历史的和社会文化的影响复杂地缠绕在一起，而（所有这些影响）都产生于共同的理解、实践和语言等方面的背景之下。（Schwandt，2000：197）

到目前为止，所有的阐述都区分了建构主义本体论的世界观与实证主义的差异。建构主义知识论通常被描述为交互的和主观主义的（Lincoln & Guba，1998），因为研究者与被研究物之间存在着紧密的相互作用关系（同上）。研究中的发现被看作是研究过程中的创造（Lincoln & Guba，1998）。这在某种程度上消解了本体论和知识论之间的传统边界，而且把建构主义的知识论和客观主义的实证主义知识论区别开来（前面已讨论）。

与这种建构主义知识论紧密相联的是，它拒斥任何形式的本质主义论（essentialism）或那种假定世界的某些方面是不证自明（诸如男人、女人、自身、真理之类的）的倾向（参阅 Benhabib，1992；Hooks，1993）。这意味着建构主义者认为，社会世界是社会且散漫地，而不是以任何形式的自然前定方式建构的。最后，建构主义哲学不赞同把认识者和被认识对象分离开来的观念，而这种观念正是实证主义的共同特征。换言之，建构主义的方法论挑战了实证主义方法论普遍把研究过程的客观性当作获得价值无涉的知识论断之手段的观念。因此，古巴和林肯（1989）宣称，在知识创造过程中无法把研究者与研究对象无障碍地分离开来。研究发现不仅反映了研究过程的字面上的创造或建构，且建构本身就存在于建构者思想当中了。

一个在旅游知识生产中运用建构主义方法的范例是王宁试图对旅游体验的原真性含义提出一种概念澄清。王宁（1999）探讨了原真性概念，认为在提出现在的原真性概念解释方法之前，原真性是通过客观主义的方法、建构主义的方法和后现代主义的方法被感知的，这些都表明了各种视角在讨论是否有旅游吸引物被体验为真实以及其被体验的方式。

批判（理论）范式

批判理论通常与“法兰克福学派”（Frankfurt School）密切关联，这个学派是指1923年在德国法兰克福创立的社会科学研究所（第一个正式的、独立的以马克思主义为导向的欧洲研究中心）的成员的研究成果（Best & Kellner，1991；Bronner & Kellner，1989；Keat，1981）。哈贝马斯被一些人认为是第二代法兰克福学派中最著名的理论家（Bronner & Kellner，1989），他的研究支持“社会批判理论是具有马克思大多著作中被人解读为不同的知识论特征”的观点（Keat，1981：1）。因此，批判社会理论的社会科学概念既不同于实证主义传统，也不同于有别于实证主义的那些主要历史传统，即诠释学（hermeneutic）或解释学（interpretive）（Keat，1981）。但是，金彻柯和麦克拉伦（Kinchekoe & Mclaren，2005：303）指出：

> 有许多的批判理论，而不止一个。批判的理论传统总是在变化和演进的，而批判理论试图避免过于明确以便给不同批判理论之间的争辩留下空间。

批判主义理论反对任何给理论状态设定一些固化特征的做法，否则将会意味着“是社会政治和知识论观点蓝图的产物”（Kinchekoe & Mclaren，2005），这一思想很关键。尽管如此，批判理论作为一种范式，赞同历史实在论的本体论概念，认为真实存在物是可以理解的，但受到诸如社会、政治、经济、性别、道德等方面因素的综合影响和限定（Guba & Lincoln，2005；Lincoln & Guba，1998，2000，2003）。这些种种因素的影响最终会清晰化于一系列的组织和制度以支持其内在价值，但由于某些原因，它们假定“实在物”的状态是自然的与不可改变的。因为实践的缘故，“这些组织是‘实在物’，是虚拟的或历史的事实”（Lincoln & Guba，1998：205）。历史实在论既不同于幼稚实在论，也异于批判实在论，正是因其认识到目前被认为不可改变的自然实在物实际上对构成和塑造了这些事物的综合历史因素来说是很清楚的。因此，批判理论的历史实在论意识容许对建立决定社会现象的普适法则的企图进行批判，认为这种法则会导致“讹传为永久的自然法则，而实际上是历史特定的且可变的”（Keat，1981：2；参阅 Burr，1995；Gergen，1985）。

因此，批判理论的一个主要关注点是公开支持挑战现状，并做出道德的或政治的判断，认为有能力揭穿把世界表述成是不变的或自然的谬误。金彻柯和麦克拉伦（Kinchekoe & Mclaren，2005：308）形容这种情形为在他们所谓重新概念化的批判理论下的关键思想解放，他们认为：

> 那些寻求解放的人试图去获得力量来与公平导向的社会组织团结一致地去掌控他们自己的生活。在这方面，批判性研究试图去揭穿那些阻止个人和团体做出对他们生活有关键影响的决策的势力。

这些都是批判社会科学的要务（Bronner & Kellner，1989；Geuss，1981；Keat，1981）。在旅游研究方面，特赖布的研究（Tribe，2000，2002）表现出对一些思想解放形式的兴趣，他试图把占绝对主导地位的旅游职业高等教育课程扩展到自由主义思想①的领域。类似地，艾奇逊（Aitchison，1996）、普里查德和摩根（Pritchard & Morgan，2007）、霍林谢德（Hollinshead，1999）和霍尔（Hall，2004）等人的解释尤其如此，居于支配地位的、充满权力的论说是旅游学术界固有的，这些论说不仅性别麻木，而且倾向于给旅游领域的知识构建和学术设定界限和方向。

正如建构主义范式，批判理论根植于一种本质上是交互式的、主观主义的知识论（Guba & Lincoln，2005；Lincoln & Guba，1998，2000）。这种情况下，研究者和研究对象都互动地参与到研究环境之中，而研究者作为“具有变化力的知识分子”的价值观不可避免地会影响研究本身（Guba & Lincoln，2005；Lincoln & Guba，1998，2000）。这正是批判性研究的发现总被打上调和价值的标签的原因，从而消解了像实证主义科学那样的本体论和知识论之间的传统差异（Guba & Lincoln，2005；Lincoln & Guba，1998，2000）。批判理论同样采取了这样的情形来强调价值、判断和人类兴趣以及它们的整合在社会研究中的重要角色（Carr & Kemmis，1986）。

---

① 此处原文是“liberal ideology”，直译为“自由主义思想”。根据上下文，我们认为其实际含义可能是通识教育（liberal arts）。（译者注）

结论性述评

在本章，我们阐释了三个研究哲学，即科学（后）实证主义哲学、建构主义哲学和批判理论哲学。这些讨论以古巴（1990）阐述的范式的那些主要特征为中心，表明一个范式就是一组指导学科研究并能够以三组问题来理解的学说。这三组问题为：现实事物的本质（本体论问题）、认识者和被认识对象之间关系的本质（知识论问题）以及研究者用以获得关于世界的知识的方法（方法论问题）。在像传统研究那样聚焦于选择和发展研究方法和技术之前，以对哲学问题的深广理解来夯实社会科学研究的基础，其重要性已被一些学者反复重申（参阅 Hollinshead，2004；Phillimore & Goodson，2004；Zahra & Ryan，2005）。

本章的基本内容阐述了对各种本体论和知识论视角的彻底反思是如何能够使得社会研究在知识创建过程中居于恰当的哲学视野之中的。这对旅游学术界尤为重要，因为旅游学在各种研究环境下经受的对其主体性问题的挑战并不鲜见。尽管现有研究表明我们对可供使用的各种智力资源[①]已经非常熟悉，本章仍然提醒我们需要对在知识生产过程中的各种本体论和知识论争论保持清醒的认识和探寻的心理。当我们学术立足点的基础受到学术内外批评而动摇之时，可以设想，与正确运用广泛接受的知识生产的标准相比，这是一种更好地进行自我辩护的方式。

参考文献

Aitchison, C. (1996) Patriarchal paradigms and the politics of pedagogy: A framework for a feminist analysis of leisure and tourism studies. *World Leisure and Recreation* 38 (4), 38-40.

Benhabib, S. (1992) *Situating the Self: Gender, Community and Post Modernism in Contemporary Ethics*. New York: Routledge.

Best, S. and Kellner, D. (1991) *Postmodern Theory: Critical Interrogations*. London: The Macmillan Press.

① 按上下文，可能指具体的研究方法与技术。（译者注）

Bronner, S. and Kellner, D. (1989) *Critical Theory and Society: A Reader*. London: Routledge.

Burr, V. (1995) *An Introduction to Social Constructivism*. London: Routledge.

Cahn, S. M. (1971) *A New Introduction to Philosophy*. New York, Evanston, San Francisco, London: Harper & Row.

Carr, W. and Kemmis, S. (1986) *Becoming Critical: Education, Knowledge and Action Research*. London: RoutledgeFalmer.

Coles, T., Hall, C. M. and Duval, D. T. (2006) Tourism and post-disciplinary enquiry. *Current Issues in Tourism* 9 (4 & 5), 293-319.

Coshall, J. T. (2000) Spectral analysis of international tourism flows. *Annals of Tourism Research* 39 (1), 85-89.

Crouch, G. I. (1994) The study of international tourism demand: A review of practice. *Journal of Travel Research* 33, 41-54.

Denzin, N. K. and Lincoln, Y. S. (eds) (1998) *The Landscape of Qualitative Research: Theories and Issues* (1st edn). Thousand Oaks, CA: Sage.

Echtner, C. M. and Jamal, T. B. (1997) The disciplinary dilemma of tourism studies. *Annals of Tourism Research* 24 (4), 868-883.

Feighery, W. (2006) Reflexivity and tourism research: Telling an (other) story. *Current Issues in Tourism* 9 (3), 269-282.

Foucault, M. (1972) *The Archaeology of Knowledge*. London: Tavistock.

Foucault, M. (1980) Power/knowledge. Selected interviews and other writings 1972-1979. In C. Gordon (ed.) *Michel Foucault. Power/Knowledge. Selected Interviews and Other Writings 1972-1979*. London: Harvester Press.

Gergen, K. (1985) The social constructionist movement in modern social psychology. *American Psychologist* 40 (3), 266-275.

Gergen, K. J. and Gergen, M. M. (1991) Toward reflexive methodologies. In F. Steier (ed.) *Research and Reflexivity* (pp. 76-95). London: Sage.

Geuss, R. (1981) *Idea of a Critical Theory: Habermas and the Frankfurt School*. Cambridge: Cambridge University Press.

Guba, E. G. (1990) *The Alternative Paradigm Dialog*. Thousand Oaks, CA: Sage.

Guba, E. G. and Lincoln, Y. S. (1989) *Fourth Generation Evaluation*. London: Sage.

Guba, E. G. and Lincoln, Y. S. (1994) Competing paradigms in qualitative research. In N. K. Denzin and Y. S. Lincoln (eds) *Handbook of Qualitative Research* (1st edn, pp. 105-117). Thousand Oaks, CA: Sage.

Guba, E. G. and Lincoln, Y. S. (2005) Paradigmatic controversies, contradictions, and emerging confluences. In N. K. Denzin and Y. S. Lincoln (eds) *The Sage Handbook of Qualitative Research* (3rd edn, pp. 191-215). Thousand Oaks, CA: Sage.

Habermas, J. (1987) *Knowledge and Human Interests* (J. Shapiro, trans.). Cambridge: Polity Press.

Halfpenny, P. (2001) Positivism in the twentieth century. In G. Ritzer and B. Smart (eds) *Handbook of Social Theory* (pp. 371-385). London: Sage.

Hall, M. (2004) Reflexivity and tourism research: Situating myself and/with others. In J. Phillimore and L. Goodson (eds) *Qualitative Research in Tourism: Ontologies, Epistemologies and Methodologies* (pp. 137-155). London: Routledge.

Harré, R. (1981) The positivist-empiricist approach and its alternative. In P. Reason and R. Rowan (eds) *Human Inquiry* (pp. 3-17). Milton, Sydney, Melbourne: John Wiley & Sons.

Hemmingway, J. L. (1999) Critique and emancipation: Toward a critical theory of leisure. In E. L. Jackson and T. L. Burton (eds) *Leisure Studies. Prospects for the Twenty-first Century* (pp. 487-506). State College, PA: Venture Publishing, Inc.

Hetherington, S. (2003) *Reality? Knowledge? Philosophy! An Introduction to Metaphysics and Epistemology*. Edinburgh: Edinburgh University Press.

Hollinshead, K. (1999) Surveillance of the worlds of tourism: Foucault and the eye-of power. *Tourism Management* 17 (2), 133-139.

Hollinshead, K. (2004) A primer in ontological craft: The creative capture of people and places through qualitative research. In J. Phillimore and L. Goodson (eds) *Qualitative Research in Tourism: Ontologies, Epistemologies and Methodologies* (pp. 63-82). London: Routledge.

Hooks, B. (1993) *Sisters of the Yam: Black Women in Self-Recovery*. Boston, MA: South-End Press.

Jamal, T. and Hollinshead, K. (2001) Tourism and the forbidden zone: The underserved power of qualitative inquiry. *Tourism Management* 22, 63-82.

Jang, S. C., Morrison, A. M. and O'Leary, J. T. (2002) Benefit segmentation of Japanese pleasure travellers to the USA and Canada: Selecting target markets based on the profitability and risk of individual market segments. *Tourism Management* 23 (4), 367-378.

Jennings, G. (2001) *Tourism Research*. Milton, QLD: John Wiley & Sons.

Keat, R. (1981) *The Politics of Social Theory: Habermas, Freud and the Critique of Positivism*. Oxford: Basil Blackwell.

Kincheloe, J. L. and McLaren, P. L. (2005) Rethinking critical theory and qualitative research. In N. K. Denzin and Y. S. Lincoln (eds) *The Sage Handbook of Qualitative Research* (3rd edn, pp. 303-342). Thousand Oaks, CA: Sage.

Kuhn, T. (1970) *The Structure of Scientific Revolutions* (2nd edn, enlarged). Chicago, IL: University of Chicago Press.

Laclau, E. and Mouffe, C. (1985) *Hegemony and Socialist Strategy*. London: Verso.

Lazar, D. (1998) Selected issues in the philosophy of social science. In C. Seale (ed.) *Researching Society and Culture* (pp. 7-22). London: Sage.

Leiper, N. (1981) Towards a cohesive curriculum in tourism: The case for a distinct discipline. *Annals of Tourism Research* 8 (1), 69-84.

Lincoln, Y. S. and Guba, E. G. (1998) Competing paradigms in qualitative research. In N. K. Denzin and Y. S. Lincoln (eds) *The Landscape of Qualitative Research: Theories and Issues* (pp. 195-220). Thousand Oaks, CA: Sage.

Lincoln, Y. S. and Guba, E. G. (2000) *The Sage Handbook for Research in Education: Engaging Ideas and Enriching Enquiry*. Thousand Oaks, CA: Sage.

Lincoln, Y. S. and Guba, E. G. (2003) Paradigmatic controversies, contradictions and emerging confluences. In N. K. Denzin and Y. S. Lincoln (eds) *The Landscape of Qualitative Research: Theories and Issues* (2nd edn, pp. 253-291). Thousand Oaks, CA: Sage.

Mazanec, J. A. (1992) Classifying tourists into market segments: A neural network approach. *Journal of Travel and Tourism Marketing* 1 (1), 39-59.

Page, S. J. (2005) Academic ranking exercises: Do they achieve anything meaningful? —A personal view. *Tourism Management* 26, 663-666.

Phillimore, J. and Goodson, L. (eds) (2004) *Qualitative Research in Tourism: Ontologies, Epistemologies and Methodologies*. London: Routledge.

Polkinghorne, D. (1989) Changing conversations about human science. In S. Kvale (ed.) *Issues of Validity in Qualitative Research* (pp. 13-45). Lund: Studentlitteratur.

Pritchard, A. and Morgan, N. (2007) De-centring tourism's intellectual universe, or traversing the dialogue between change and tradition. In I. Ateljevic, A. Pritchard and N. Morgan (eds) *The Critical Turn in Tourism Studies: Innovative Research Methodologies* (pp. 11-28). Oxford: Elsevier.

Riley, R. and Love, R. R. (2000) The state of qualitative tourism research. *Annals of Tourism Research* 27 (1), 164-187.

Ryan, C., Page, S. and Roche, T. (2007) New development for the journal. *Tourism Management* 28 (5), 1167.

Schwandt, T. A. (1998) Constructivist and interpretivist approaches to human inquiry. In N. K. Denzin and Y. S. Lincoln (eds) *The Landscape of Qualitative Research: Theories and Issues* (pp. 221-259). Thousand Oaks, CA: Sage.

Schwandt, T. A. (2000) Three epistemological stances for qualitative inquiry: Interpretivism, hermeneutics, and social constructionism. In N. K. Denzin and Y. S. Lincoln (eds) *Handbook of Qualitative Research* (2nd edn, pp. 189-213). Thousand Oaks, CA: Sage.

Schwandt, T. A. (2003) Three epistemological stances for qualitative inquiry: Interpretivism, hermeneutics, and social constructionism. In N. K. Denzin and Y. S. Lincoln (eds) *The*

Landscape of Qualitative Research: Theories and Issues (2nd edn, pp. 222-331). Thousand Oaks, CA: Sage.

Seale, C. (1999) *The Quality of Qualitative Research*. London: Sage.

Song, H. and Li, G. (2008) Tourism demand modelling and forecasting —A review of recent research. *Tourism Management* 29 (2), 203-220.

Swain, M. (2004) (Dis) embodied experience and power dynamics in tourism research. In J. Phillimore and L. Goodson (eds) *Qualitative Research in Tourism: Ontologies, Epistemologies and Methodologies* (pp. 102-118). London: Routledge.

Tribe, J. (1997) The indiscipline of tourism. *Annals of Tourism Research* 24 (3), 638-657.

Tribe, J. (2000) Balancing the vocational: Theory and practice of liberal education in tourism. *Tourism and Hospitality Research* 2 (2), 9-25.

Tribe, J. (2002) The philosophic practitioner. *Annals of Tourism Research* 29 (2), 338-357.

Tribe, J. (2004) Knowing about tourism: Epistemological issues. In J. Phillimore and L. Goodson (eds) *Qualitative Research in Tourism: Ontologies, Epistemologies and Methodologies* (pp. 46-62). London: Routledge.

Turner, J. H. (2001) The origins of positivism: The contributions of Auguste Comte and Herbert Spencer. In G. Ritzer and B. Smart (eds) *Handbook of Social Theory* (pp. 30-42). London, Thousand Oaks, New Delhi: Sage.

Walle, A. H. (1997) Quantitative versus qualitative tourism research. *Annals of Tourism Research* 24 (3), 524-536.

Wang, N. (1999) Rethinking authenticity in tourism experience. *Annals of Tourism Research* 26 (2), 349-370.

Yule, J. (1997) Engendered ideologies and gender policy in the UK Part 1: Gender ideologies. *Leisure Studies* 16 (2), 61-84.

Zahra, A. and Ryan, C. (2005) Reflections on the research process: The researcheras actor and audience in the world of regional tourist organisations. *Current Issues in Tourism* 8 (1), 1-21.

第五章 后学科旅游

蒂姆·科尔斯，C. 迈克尔·霍尔，
大卫·蒂莫西·杜瓦尔

译者导读：本章旨在提出并论证一种“后学科”旅游研究路径的观点。第一节首先介绍了该观点提出的背景、目的与意义。第二、三节谈及旅游的学科困境，暗示在应对这个困境时，“多学科”，尤其是“跨学科”优于“单一学科”路径，但同时也表明，即便是跨学科路径也存在其自身的问题。第四节顺理成章地提出了另外一个解决方案，即后学科路径，并简要分析了该路径的合理性、特征与指导原则。第五节拓展了第四节的思想，展示了后学科旅游研究可能的图景。结论部分再次重申后学科旅游研究路径的典型特征与重要意义，同时也告诫我们：虽然从理性分析的角度来看，我们应该拥抱后学科路径，但是旅游研究的学科路径与思维仍然有其存在的现实基础，学科概念并未过时。通过本章，读者可以认识到旅游研究与学科之间复杂且微妙的关系，并激发对此的进一步思考。建议大家对本章多读几遍，以形成整体认识。理解的关键是找到单一学科、多学科、跨学科和后学科这四个概念的区别与联系。

引言：知识生产与学科

有人批评对旅游研究感兴趣的学者，因为这些学者对其著作的本体论和认识论（并自然也包括了方法论）基础缺乏兴趣。其遭诟病的原因有：一些旅游知识仅仅出于旅游知识本身，是以一种碎片化、非连贯和非系统性的方式被制造的（Tribe，2006；Weed，2006）。但是，对该指责还可做进一步解读：由此，旅游研究在推动社会理论及其概念发展和获得对现象更深入的理解上，难以做出重大贡献（Franklin & Crang，2001；Ioannides，2007）。

这些指责构成了关于旅游知识如何能够和实际上应该怎样被生产的争论的一个部分（见 Coles *et al.*，2006）。该争论的一个更为突出的特征是：是否存在一种条理分明和清晰可辨的学科，它以旅游为中心且被对旅游的兴趣所定义？或者，从另外一种可能来看，关于旅游作为一个研究领域的知识是由不同学科内部和跨越（其他已经建立起来的）学科的学者们制造的吗？这个争议进入了一个死胡同，学者们的矛盾立场主要以其定义学科的不同路径为特征（如 Tribe，1997，2000；Leiper，2000；Hall *et al.*，2004）。然而从根本上看，对学科的需要和学科的存在性，在还有必要讨论的情况下却被认为无须再议了（Klein，1996）。在本章中，我们探索以“超越学科”的方式来研究旅游，即后学科旅游研究（又见 Coles *et al.*，2005，2006）的机遇和可能性。我们考虑近来尤其是在社会科学中对知识生产的讨论，这种知识生产以摆脱已确立的和正统的学科边界与教条束缚而享有更多合理性、弹性和自由为特征（Sayer，1999；Massey，1999；Toulmin，2001；Hellström *et al.*，2003）。我们知道的好几个学科源自 19 世纪晚期和 20 世纪早期[①]。因此，不像学术劳动分工在过去那样，这些学科不一定反映当前的议题、主题和规则。所以，我们发现这里存在这样一个危险，即我们可能是在用过时的和老化的学术活动和管理框架来对待当代的研究主题（如旅游）。

基于这个背景，我们给旅游学者提出两组相互关联的启示。首先，我们需要重塑和重新评估关于旅游学科属性（或者没有）的讨论。其次，很多当今的研究焦点需要一种在智力上不被学科前置所限制的知识生产。例如，我们已经提出，后学科路径尤其适用于关于旅游流动（tourism mobilities）——作为当代旅游研究一个更恰当的中心概念——的新兴研究（Coles *et al.*，2005，2006；Hall，2005a，2005b），尽管较之本书的讨论（第六章），该概念更倾向于空间导向。但是流动不是唯一的潜在受益者。我们考

① 比如，社会学出现于 19 世纪末。（译者注）

虑了几个新的分析的可能性，特别是涉及旅游与“气候变迁”（就像它在流行论述中被贴上的更加通常的标签）之间关系的分析。多年以来，我们听到这样一种呼吁：关于旅游中环境的角色，自然和社会科学家应该进行更多的对话。就如何建立一种关于全球环境变化——当前最为紧迫的全球议题（Stern，2007）——及其与旅游关联的有效知识而言，学者之间更少的区隔和更多的沟通是唯一可行的战略选择。

旅游的难题：在学科地图上定位旅游

旅游已经变成一个流行的学习和研究主题。一项最近的估计显示，仅仅在英国，旅游本科生数量大约为 10,500 人，有 700 人进行研究生学习，其中大约 90 人是为了获得研究学位的（Tribe，2004a：69）[①]。关于研究活动的最新普查（Research Assessment Exercise，简称 RAE）证明旅游已经成为一个相对普遍的焦点（见 Tribe，2003，2004a；Coles，2008）。虽然商业管理与体育相关研究领域的学者似乎最经常开展旅游方面的研究，旅游研究也出现在地理学、经济学、社会学以及城镇与国家规划的学术雷达区内（Tribe，2003：228）。

这些数据暗示，把旅游置于已经确定的学科地图上是困难的，并且（我们认为）不同学科在旅游研究中产生了有益的、多元化的智力影响。这种局面显示，学术主管人员是多么愿意出于管理的简洁而非基于智力上令人信服的原因对某个特殊主题的知识做出类别上的划分。比如，在新西兰，基于绩效的研究基金（Performance Based Research Fund，简称 PBRF）把旅游研究与营销研究放在一起加以考虑。在澳大利亚，研究质量框架（Research Quality Framework，简称 RQF）将旅游主要放在“经济、商业、管理和信息管理”评估小组中。在这两个案例中，显然不是所有的旅游研究（即关于旅游和全球环境变化的研究，见下文）都符合这些机构就旅游研究类属的共同指定。

一些学者已经试图将旅游学术的发展放在具体的学科中进行描绘（见 Coles *et al.*，2006）。这是一个困难的任务，特别是在社会科学中进行的时候

① 在英国，很多高校提供一年制的硕士文凭，它不是学位。（译者注）

(Holden，2005)，因为它要求一种关于诸多学科编纂史（historiography）的近乎百科全书式的知识。这样一种解读所提示的是，社会科学和人文学科中的学科与旅游之间的结合程度是非常不同的。比如，地理学家更清楚地知道旅游学在他们的学科中发展，用地理方法研究旅游的可比较国际差异，以及地理视角对旅游研究的更广泛的贡献（Butler，2004；Coles，2004；Kreisel，2004；Hall & Page，2006；Ioannides，2007）。相反，塞门斯（Semmens，2005：2-3）——对其学科的了解很准确——发现“与经济学家、生态学家、人类学家、社会学家、符号学家和地理学家不同，历史学家只是最近才转向旅游”，并且“强烈感受到一种经过仔细研究的、真正的学术综合的缺乏”。不管是否如此，它预设学者愿意进行互相整合，尤其是与那些在他们通常的学科视野之外的人（见 Weed，2006）。一些学者为了建立其学科和/或著作的最高权威（并由此获得研究机构的和经济上的支持），似乎不愿整合（Holden，2005：2；Coles *et al.*，2006：296）。这种孤立的态度导致碎片化的知识生产，人为构建的“真实”也随之出现（Botterill，2001；Tribe，2006；Weed，2006）。

一些评论家提出这样的疑问：旅游知识生产是否通过排他性的单一学科路径得到了最佳的发展（见 Holden，2005：1）？格拉伯恩和贾法里（Graburn & Jafari，1991：7-8）认为“没有一个单一学科可以容纳、处理或理解旅游；只有当学科边界被跨越、多学科视角被找到并形成，它才能被研究”。埃希特纳和贾马尔（Echtner & Jamal，1997：878）对多学科和跨学科路径的潜能和可能性做了区分（又见 Jamal & Kim，2005）。多学科路径识别并包括源于其他学科的信息，学者不需要跨越他们自身的边界。但是这种路径在一定程度上具有工具性，因为它只承认来自其他学科的知识具有某种价值或目的，未必介入其他地方的知识生产过程与实践。相反，为了推动知识生产，跨学科路径要求学者在“本”学科边界之外做（暂时性的）冒险。埃希特纳和贾马尔（Echtner & Jamal，1997）效仿雷珀（Leiper，1981：72）早期的作品，把跨学科性视为“在学科**之间**展开工作，**混合**各种哲学和技术，以至于特殊学科不会被分割开来，而是被有意地和明确地放到一起，找到一种综合”（Echtner & Jamal，1997：878-879，原文强调）。

学科难题：知识生产的恰当框架是什么？

前述立场排除了一种可能性，即或许存在一种以旅游为中心的独立学科。然而，不同的受众（即潜在的学生、赞助商和客户、资助委员会、同行和高等教育管理者）已经被灌输了一种立场，即“旅游研究”或“旅游管理”已经是明白无误且文字上已做界定的知识生产领域（Hall *et al.*, 2004；Hall & Page, 2006；Leiper, 1981, 2000；Tribe, 2003, 2004b）。对雷珀而言，这种实用主义立场是非常明智和必要的，因为“与旅游相关的现象太复杂，有很多含义，支持一个（社会科学确立的）学科的专家难以充分地建立关于旅游的知识”（Leiper，2000：5）。在这种观点中，学科的出现是为了反映时代的主题和需要，就像“地理学”和“政治科学”这样的学科一样（Skole，2004；Pielke，2004）。旅游作为当代主要经济、社会、文化、政治和环境现象的重要性，表明一个围绕该主题的独特学科的出现是明显的和真实的。

确实，如果你赞同图尔敏（Toulmin，2001）的观点，即学科是智力上和体制上的人为劳动分工，那么你可以基于三个实践标准来证明旅游研究存在的合法性，就像霍尔等（Hall *et al.*, 2004）主张的那样。通过该学科的一种牢固确立的存在，包括职业职位、正式组织机构（包括协会、大学系别）以及学术出版的渠道，约翰斯顿（Johnston，1991）证实了地理作为一个学科在英美世界中是存在的。像旅游知识 ATLAS 团体（ATLAS Body of Tourism Knowledge）（Hall，2005a）或联合国世界旅游组织质量教育项目（UNWTO，2006）这样的机构，它们有效地为全球旅游研究项目的内容和关注点制定了蓝图。

特赖布（Tribe，1997，2000）捍卫了一个不同的观点，他认为学科属性应该通过学术探究的哲学和社会学的双重标准来衡量。既然如此，旅游研究不符合学科必须具备的条件（Tribe，1997，2004b：47-48）。对他而言，把旅游描述为一个学科在逻辑上不成立，也不一定是一个可取的企图。他指出了一个令我们感同身受的观点：“学科不是知识生产的必要条件。”（Tribe，1997：646）尽管特赖布的评价没有阻止将来对该议题的再思考（Hall，2005a），但他认为现在旅游最好被理解为两个相关的研究领域：一个是他在后来的出版物中称作"多学科商业旅游研究"的；另一个是"旅游相关的非商业研究"，由于关注点和起源太多而更加难以命名（Tribe，2004b：50）。

为了发现旅游知识生产的两种模式，特赖布（Tribe，2004a：51）阐述了吉本斯等（Gibbons *et al.*，1994）提出的一个在社会科学领域得到广泛讨论的框架。简言之，在模式 1（Mode 1）中"知识在一个学科——主要是认知情境——之内被生产"（吉本斯等，1994：1），并据其本质可以延伸到包括多学科和跨学科的策略。模式 2（Mode 2）对此进行了补充，他将其描述为"外学科"（extra-disciplinary）（见 Tribe，2004b：51）。在这种模式中，知识来自"应用的情境，它具有自己独特的理论结构、研究方法和实践模式，可能无法在主流的学科地图中找到"（Gibbons *et al.*，1994：168）。模式 1 作为"传统的知识生产中心"（Tribe，2004b：51）似乎是今天的高等教育的主要类型（见 Coles，2008）；而模式 2，据最初预测，是发生在大学体系之外的（Gibbons *et al.*，1994：vii）。模式 2 通常是在公有和私有部门中出于实践的目的（比如服务业中的咨询工作）而被执行的。在旅游研究中，有人对商业视角研究的主导性提出批评。有人指出该视角妨碍了更大的理论构建和概念化（Franklin & Crang，2001）。总体上，这些研究视角来源于模式 2 的知识生产，但是它不一定会否定更高水平的知识生产（Grabher，2004；Coles，2007a）。

对有些人而言，此类讨论或许显得枯燥乏味，甚至是不相关的。但是，对于我们如何构建和处理旅游知识、旅游学者如何在本体论意义上与世界相连而言，这种讨论是极为重要的。此外，随着英国（以及澳大利亚、新西兰和世界其他地方）高等教育机构的学者被迫更多地寻找政府之外其他的研究资助来源，在应用情境中产生的基于模式 2 的研究发现，在未来的学术知识生产和理论构建中可能会扮演越来越重要的角色（Coles，2008）。至关重要的是，这种争议暴露和体现了旅游学术中的活跃分子所面临的诸多两难选择、困境和冲突。当哲学和社会学学术中的某些关于学科的指标被采用，当像 RAE、PBRE 和 RQF 这样研究评估架构不能提供相关行政合法性的时候，将"旅游研究"视为一个学科显然是尴尬的（Tribe，2004a；Coles，2008）。尽管如此，简单的事实是，很多学系、学院、中心和学校——作为学术劳动分工——是围绕旅游作为一个科目（subject）来运作的，它们基于其特定的主题来吸引大量的学生和资助。与这种僵局类似，跨学科旅游研究路径远不是没有问题的，因为科学和跨学科的本质都存在争议。

模式 1 知识生产（以及由此而来的当代跨学科性）认定存在很多在形式和功能上与当代（即 21 世纪早期）状况相关的学科。当我们同意做出暂时性跨越以进入其他学科领域的时候，我们假定这些其他学科是合适的、有意义的、是能够提供一致的知识的（就像我们自己的学科之“家”一样）（Klein，1996）。一些学科——就今天我们对它们的大致认识和理解而言——体现的是智力探究（intellectual enquiry）在 19 世纪和 20 世纪的合理性（见 Coles *et al.*，2006：300）。在具体学科名号之下，把理论、概念和方法捆绑到一起的做法一度是合理的。或许更多出于行政的而非纯粹智力的原因，同样（程度）的合理性在今天可以继续存在。比如，看看自然地理和人文地理学者之间的一个当前分歧：他们以迥然不同的方式理解和生产关于他们共同的焦点——环境——的知识（Harrison *et al.*，2004）。几个历史报告证明，我们今天所理解的学科（和子学科）（Butler，2004）随着时间的推移，已经在形式、范式和路径上产生了变异，尤其是由于最有影响力的思想家和/或倡导者的代际更替（Sayer，1999；Toulmin，2001；Jessop & Sum，2001；Bainbridge，2003；Pielke，2004；Pelletier，2004）。

马赛（Massey，1999）已经讨论过跨学科性在推动知识生产上的局限性，而塞耶（Sayer，1999）则强调操作性问题如何不利于学者跨越他们自己惯常的学科边界。为了生存，学科必须被监管、规范和推动，并且很多手段（比如研究评估）可以实现这个目标（Tribe，2003；Coles *et al.*，2006；Coles，2008）。监管不仅仅确定哪些具体的主题、探究模式和关键研究问题可以被一个学科中的人所研究，更重要的是它还规定了被排除的人群（又见 Markham，2005）。有时出于为自己获得（更多）资源或否定他人的实际原因，学者们承认有些领域处在他们自己学科允许的范围之外（Coles，2008）。尽管在理论上跨越不同学科之间的间隙似乎是跨学科研究的通常智力优点，但是在现实中，学者们可能会采取行动以保护自己的资源获取和“智力地盘”。因此，来自不同学科的不同视角终究不太能够如此轻易地就被协调起来（Keyfitz，1995；Turner，2002）。

在其他方面，现实也压倒了理论。学者倾向于将自己的关注限定在他们自己的智力“舒服区”之内的东西上。这种倾向性给我们的暗示是，他们忽视那些跨越学科区隔之后才存在的事物，并且规避那些探索未知领域可能产生的风险。正如塞耶（Sayer，1999：5）主张的那样，很多跨学科合作实际上无异于一种假装。在合作有效期之外，学者对超越他们学科之“家”的知识生产几乎不承担任何义务。如果学者真的致力于跨学科交流，那么他们应该熟悉那些他们想要对话的学科的传统；此外，他们应该认识到其他学科相对于他们自己学科的任何本体论、知识论和方法论上的差异，并具备克服这些差异的技能。在这方面，我们注意到旅游学者似乎缺少这种必要的技能，对于做跨学科研究也缺乏敏感性（见 Coles *et al.*，2006：299-300；Coles & Church，2007）。

后学科知识生产

如果充分混合产生于一组学科和（显然的）跨学科知识生产过程的洞见，我们便可以使旅游学术兴趣走向繁荣。然而，重申以下状况是有帮助的：跨学科和多学科探究的本质是有争议的；对该本质我们不能做想当然的理解，对学科的存在也是如此。赫尔斯特伦等（Hellström *et al.*，2003：251-252）认为学科性和学科内的范式监督（paradigmatic policing）已经在传统上把研究者引导到具体的问题上去了，对于自然科学尤其如此。赫尔斯特伦等以吉本斯等的模式 2 知识生产所预见的方式，提出对更大弹性和忍耐度的需要（又见 Toulmin，2001）。当代的、为相关性驱动的各种研究议程正在扩大合法学术活动的范围。很多当前的研究主题较之以往范围更大，并因此本质上是“跨学科的”。它们呼吁更多的由扩大的同行实践社群在“应用情境”中详细制定的知识生产，而这挑战并动摇了关于科学性“已被接受的观点”（又见 Beier & Arnold，2005）。这被称为一种“后学科”路径，其基本的价值如塞耶（Sayer，1999：5）所讲就在于：其中“学者忘记学科以及观念是否与一个特定学科相关；它们与研究而非学科相连”。

后学科性的一个优势在于它使学者得以从科学监督的智力镣铐中解脱出来。这种自由使我们肯定产生于他处的知识的价值。它使得观念和联系与其逻辑结论保持一致，而不是与虚假的学科约束所决定的人为性和预定性终点（例子 1）相一致（Coles *et al.*，2006）。根据马赛（Massey，1999：6），在这种情境中，学术认同应该在一种相对的意义上——突出学术性交互的复杂网络中的特殊性——被确定。就像赫尔斯特伦等（Hellström *et al.*，2003）主张的一样，后学科知识生产鼓励学者在其选定专业领域之内的更大的专门化。严格的学科路径暗示，学者需要在技术、方法和仪器、理论发展、主题知识的每个方面都建立相关的能力。相反，后学科模式研究鼓励学者致力于一个方面，在此过程中进一步发展他们的专长，变得能够在更多情境中做出贡献（Hellström *et al.*，2003：254）。类似地，未经证实的和人为的作为控制措施的范式区隔被拒斥了，这是跨学科和后学科研究之间的重要区别（Smith，1998：311；Jessop & Sum，2001；Rosamond，2005）。库恩（Kuhn，1969）关于范式的确定性和主导性看法被驳回了，因为“要么它本身作为一种分析工具是如此地不具体，要么其特异性和歧视太令人窒息，以至于它压根儿就没有留下什么可加以分析的东西”（Hellström *et al.*，2003：254）。

例子 1：不要只拯救鲸鱼：论以更为弹性的方式思考旅游研究问题的需要

在 2007 年，“三网”（Trinet）① 上有一个关于当年晚些时候将在挪威召开的全球生态旅游会议的讨论。一些讨论指向学者支持或参加这个会议是否符合伦理这个议题。据说，挪威的声誉不好，因为它支持捕鲸，与关于捕鲸的主流全球话语形成反差。对该议题更加有趣的贡献之一是斯蒂芬·戈斯林（Stefan Gössling）——一个德国公民——所发表的文章。他现在是瑞典伦德大学服务管理系的副教授，并担任西挪威研究院可持续和地质旅游中心的研究协调人。斯蒂芬在德国明斯特研究地理学和生物学，并拥有伦德大学人类生态学的博士学位。他的回复强调一种需要，即讨论参与者应该仔细协调该议题所涉及的相关学术维度的细微差别与多重关联性并追溯它们，直到得到几个逻辑性结论；而不是简单地把讨论限定在一种关于捕鲸对鲸鱼是“对”或“错”的简化和缩短的交流之上。

① Trinet 的全称为 Tourism Research Information Technology（旅游研究信息网络），发起人是鲍林·谢尔登（Paulin Sheldon）和贾法尔·贾法里（Jafar Jafari），其网址是 http://www.tim.hawaii.edu/timlistserv/about-trinet.aspx。感兴趣的研究者都可申请成为会员，以便和同行分享信息。不过遗憾的是，在国内由于网络管制，我们可能无法直接登录 Trinet。因此，有识之士建立了一个国内版 Trinet，叫作“旅雁群”（C-trinet），网址为 http://ctrinet.cotsa.com/。（译者注）

斯蒂芬写道："如果你跟踪挪威或冰岛就捕鲸的争论（在很多鲸鱼观赏区域，如冰岛的胡萨维克，也是本地人关于鲸鱼观赏与捕鲸业之间的分歧），你将很快意识到捕鲸不仅仅涉及经济价值。捕鲸更多是关于文化价值尤其是文化依赖性的，必须在挪威和冰岛历史的背景中加以理解。两个国家获得独立都较晚（挪威于1905年独立于瑞典）或非常晚（冰岛在1944年独立于丹麦），且两个国家都被侵略过（二战期间，挪威被德国在1940年侵略）或卷入势力更强大的国家带给它们的冲突中（冰岛与英国之间的鳕鱼战争）。我认为，任何关于捕鲸的争论必须从这个背景来审视：不管你在奥斯陆'支持'什么，小心不要使它不被理解成就好像你是在附加你的价值观一样，因为这可能会产生一种与你想要获得的东西相反的效果。
此时此刻，我会说我反对捕鲸；但是，我看不出鲸鱼和其他由我们导致灭绝的为数众多的物种之间有什么显著差别。你有可能认为这有些牵强，但是你提及你将来希望做长途旅行，造访冰岛或日本（一旦他们停止捕鲸）。在此我看到一个与气候变迁有关的环节，气候变迁是造成物种灭绝的主要原因之一。比如，托马斯等（Thomas *et al.*, 2004）写道，到2050年，由于气候变化，15%至37%属于不同种类的物种，如鸟类和蝴蝶，有可能会消失。如果这还不够，另外还很清楚的是，这个世界最贫穷人群的生计将格外受气候变化影响。因此对你们所有人而言，有这样一个具有挑战性的问题：任何超过10,000公里（往返距离）的飞行旅程将排放超过3.5吨的二氧化碳对等物，它被认为是21世纪第一个十年中全球可持续发展所允许的人均年排放总量。注意，这个人均排放量在未来会大幅减少——因为减排规定（如《京都议定书》）和世界人口的增加。就像你们多数人可能认为的那样，技术变革将会解决这个问题，而事实却是航空业将面临如下情形：燃料使用的绝对（净）值以每年大于3%（尽管使用效率提高了）的速度增长。生物燃料作为一个潜在的解决方案需要大量的陆地才能被生产出来，它是生物多样性的另一个潜在威胁。
基于这个背景：长途旅行的道德原则何在？"
来源：根据斯蒂芬·戈斯林于2007年8月5日就国际生态旅游年发在"三网"上的文章改编。

后学科提倡新的杂糅和更具弹性的知识生产形式，但是这些形式不是要成为智力上的"秩序混乱"。后学科路径为两组指导原则所塑造：它们被之前的东西以及四个要素——（共享的）兴趣、能力、世界观（即关于现实的一般假定）和展望（即关于一个领域应该包括什么的假设）——所框定（见 Hellström *et al.*, 2003：255）。就前一原则而言，对后学科路径的需要只

有在我们对前学科和学科基础路径的价值做批判性考虑之后才能被发现（Jessop & Sum，2001，2001）。对于后一原则，那四个要素旨在成为塑造学术性合作和对话的更富弹性的参考范围。后学科知识生产可能拒绝对学科的需要，但是它要求一定程度的自我调节。

一些学科领域已经尝试说明更为弹性的研究路径如何有助于未来几年的学术探究。政治经济学已经讨论了对其他研究路径的需要问题（Goodwin，2004；Hay & March，1999；Jessop & Sum，2001；Painter，2003；Rosamond，2005）。例如，海与马什（Hay & March，1999）从几个可能的新方向中发现三种可以用来研究国际政治经济关系的方向（见 Coles *et al.*，2006：306-308）：

- “旧问题，新路径”——政治与经济的本质没有性质上的变化。然而，若要提高对过去、现在和过程转换的分析，我们需要一种新的视角。
- “新问题，旧路径”——资本主义的当前状况在性质上是不同的。然而，过去的研究模式在分析和方法上仍然有效，但存在一个挑战：如何使它们得到恰当的重新部署，以确保它们能够解释当前状况。
- “新时代，新政治经济”——资本主义的当前状况在形式上是不同的，这些状况无法被现有的分析模式和理论体系单独解释。

后学科性与旅游

尽管海与马什（Hay & Marsh，1999）的著作想表现出煽动性，但是它从两个方面为更具一般性的社会科学和更具体的旅游研究呈现了一些有趣的可能性。首先，就像古德温（Goodwin，2004：72）强调的那样，在旧的政治经济的局限性被认识到的地方，研究工作者需要超越当前的、确定的学科边界，以便开发新的知识生产模式。在效果上，海与马什的第一和第三种路径承认对政治经济的理解不能（也不该）仅仅由那些接受过政治经济方面正规训练——以其正统和当代的方式——的学者来推动。沿着这方面的思考，我们已经在其他地方提出过一种主张，即通过流动（mobility）概念

（做更宽泛的理解）——作为一个中心的统摄概念——对旅游研究进行重新定位（Coles *et al.*，2004，2005，2006；Hall，2005a，2005b）。联合国世界旅游组织的标准旅游定义源于 20 世纪 70 年代，它作为分类工具是迟钝的（但在实践中仍广泛使用），不能反映尤其是过去十年旅游流动的变化、差别和创新。全球化条件下人和非人移动的增加——旅游流动只是其中一个独特构成——不能被处在一个单一学科，如地理学或社会学的人所把握和理解（又见 Sheller & Urry，2006；Hannam *et al.*，2006）。现有的分析框架不能应对人口、货物、资本、数据、思想和生物体的普遍且复杂的相互交错性流动。学者之间更具弹性和特色的研究社区正在形成，以便推动主要是基于主题而非学科的知识。服务于流动的博客、邮件清单管理程序和会议的存在和流行，证明这种状况已经走得相当远了。

第二点是，在对下一个单一的“元路径”（meta-approach）误入歧途的找寻中，上述三条路径没有一条是拥有特权的（不同于过去范式的可能暗示相反）。相反，这三条路径都提供重要的分析机会。这可能是幸运的，因为有时很难将具体的主题归结于某个特殊类别。以当前的医疗旅游为例。它是一个需要通过新的分析路径来复兴的已经存在（即一个仍处于进展中的长期研究课题）的研究主题吗（即 Hay & Marsh 的第一条路径）？或者，当前的医疗旅游就其性质而言有别于过去的时代（过去与现在的形式之间存在显著分裂）并因此需要全新的分析路径（即 Hay & Marsh 的第三条路径）吗？

在旅游研究中，我们可以找到这三条路径都具有重要分析潜能的例子（Coles *et al.*，2006：309-312）。比如，就医疗旅游来说，我们可能会认为已经存在且长久相关的研究问题需要新的研究路径（即 Hay & Marsh 的第一条路径），尽管关键点是我们需要新的分析动力的注入。伴随早期游客造访矿泉疗养地以享受它们的恢复性属性的情况，健康与医疗原因早已被当作旅行的动机了。基于更广泛的对医学治疗的需求，随着时间推移，现在一个数十亿美元的全球医疗旅游产业部门已经出现（TRAM，2006）。曾经，这个部门可能只为呼吸性疾病提供矿泉治疗或者气候治疗。而现在，它包括从服务于常规性疾病的标准程序（比如丰臀、白内障摘除、牙科医术和整容）到更为精细和更具参与度的针对癌症、艾滋病、不孕和外部移植（把非人细胞或组织移植到人体）的治疗疗程（Coles，2007b）。旅游研究（特赖布可能会将其称为“商业跨学科性的”）的标准路径使我们能发现医疗旅游流动的巨大容量和价值，以及它们对旅游目的地和国民经济的重要性。如果不融合医学、生物伦理和政治科学的洞见，我们将不能发展出对于这些游客流动——就作为关键旅游推拉因素的公民身份、健康供给和生物管制这些议题而言——的完整理解（Hall，2007；Coles，2007b）。

由于过去十年对航空管制的放松，航空交通获得了增长。在这个方面，旧的路径对于解决新的研究问题仍然没有过时（即 Hay & Marsh 的第二条路径）。连接性和流动或许是当前时代的标志（Urry，2000）。但是对在探索网络方面有更久远和更丰富遗产的领域或由此对国际关系（通过国际航空政策和国际交通和可进入性的复杂规定）领域的更多和更大的渗透，拓宽和深化了我们关于双向旅游流动和旅游活动产生的知识（Goodman，2006；Michael *et al.*，2007；Duval，2007）。几十年以来，在社会学、人类学、人文地理学、移民研究和政治科学中，网络已经成为一个引起广泛关注的研究主题，通过发展出独特的理论与概念、方法和技术而达到巅峰。但是到目前为止，它们只是部分地进入到旅游研究中来。

然而，或许是在第三条路径（“新时代，新旅游研究”）中，我们才开始发现我们对知识生产的弹性具有最强烈的需求。社会科学的学者以及他们的自然科学同行，已经开始把他们的注意力转向下一个的可以说更大的、更紧迫的后学科主题：“气候变化”和与气候相关的一连串更大的环境变化（Gössling & Hall，2006）。如同几个评论家已经注意到的一样，我们可以利用自然和社会科学的学者来处理一个具体的知识生产任务，但是收获由此产生的智力回报却不总是直截了当的（Kinzig，1996；Redman *et al.*，2004；Roux *et al.*，2006）。《斯特恩评论》（*The Stern Review*）发布于 2006 年，出版于 2007 年，它探索了气候变化的经济影响，目前已经成为被行业、实践者和学术圈广泛阅读和引用的著作。随着大量证据的收集和内部整合，该报告明确一个事实：学科区隔在该议题的研究上没有用处。实际上，报告的开始段落指出：

> 气候变化的经济学是由科学塑造的，是它决定了经济分析和制度的结构。因此，我们从科学开始。(Stern，2007：xiii)

说到“科学”，该报告在这里所指的是自然科学，主要是气候学、气象学和古环境研究（palaeo-environmental studies）。确实，古环境研究——关注过去环境的性质——本质上当然是跨学科的，还可以说是后学科的，因为它确实被包括自然地理学者、地球物理学者、地球化学学者、地质学者和生物学者在内的很多学者所研究。

该报告反复提到经济学——与科学合作——“指导旨在减缓并最终停止人为导致的气候变化政策”的能力（见 Stern，2007：319）。这是可以理解的，因为其主要的作者是一位杰出的实践经济学家。以经济导向的做法可能会提供一种与商人、政治家和普通大众有联系的实际内容（factual substance）和参考标准。但是，这种信心放错了地方，因为——就像报告的内容表明的那样——像气候变化伦理、全球环境变迁中赢家与输家的辨别、适应和迁移方面的行为这样的议题，不总是可通过经济分析来获得令人信服的理解或全面揭示的。人类行为及其环境影响是非常复杂、混乱和不确定的（Law，2004），因此超越了《斯特恩报告》（*Stern Report*[①]）中很多实证主义和理性主义阐释所提供的智力视野。

在这个方面，那些经济学背景之外的学者可以做出重要贡献。比如，关于气候变化的“科学”和具体关于全球温度进一步变化的轨迹和影响，仍然存在一些遗留的不确定性（Stern，2007）。话语分析（discourse analysis）是一种已经确立的技术，它在经济学之外的人文和社会科学中被采用。就像给英国公共政策研究学院（Institute for Public Policy Research，简称 IPPR）做的（模式 2）研究表明的那样，被科学家视为健康争论的东西在进入公共领域之后会被以非常不同的方式加以理解，有时被视为含混和歧义。埃罗和赛格尼特（Ereaut & Segnit，2006：7-8）检查了 2006 年英国关于气候变化的媒体报道，其结果揭示了一组立场的存在：从完全悲观的“危言耸听”到更积极一些的“虚无主义和调停派”（即气候变化会好起来的）和“微小

---

① 应该就是 *The Stern Review*，下同。(译者注)

举措”（即气候变化会好起来的，只要我们真正去做一些事情）。他们指出，公众需要做出必要贡献，以便减少气候变化的危险后果。但是，不是每一个人都采纳一样的讯息。埃罗和赛格尼特的分析证明，由于科学的争议性质，它几乎不能传达一种有力的或一致的单一讯息，无法使公众确信他们需要改变其行为以适应气候变化。

实际上，除去科学和经济学的所有所谓解释力，《斯特恩报告》几乎未涉及旅游，这是其令人沮丧的特征之一。在这本有 692 页的报告中，“旅游”或“旅行”这两个词没有被编入索引，尽管“旅游”在报告的正文中被提到 19 次（Stern，2007）。阿尔卑斯山降雪模式的变化和澳大利亚大堡礁的退化被简要提及（Stern，2007：144）。总体上，虽然一些评论员或许喜欢把旅游描述为“世界的最大产业”——不管是不是流行的套话——但是该报告的作者基本上无视旅游的存在。这是对旅游，尤其是国际旅游对全球环境变化可能造成影响的蔑视。最近汇编给联合国世界旅游组织的数据（UNWTO/UNEP/WMO，2007）显示，从最佳估计来看，旅游业产生约 5% 的全球二氧化碳排放量。可以说这是一个保守的估计，因为它似乎排除了其他京都温室气体[①]（Kyoto Greenhouse Gases，简称 GHGs）及其在辐射强制力[②]中的角色（Stern，2007：389）。

《斯特恩报告》提出了很多关于气候变化的政策性解决方案，从改造现有的时空行为以便反映新的环境状况，到通过碳补偿计划和碳排放配额（以及配额交易计划）这样的措施来缓和现在和未来行为对环境造成的破坏。这些提案旨在推动所谓“稳定楔子”（Stabilisation Wedge）[③] 战略，认为很多更小的、更加适中的行为改变应该对减少碳排放做出贡献，这些减少的排放量本身并不明显，但加总之后就比较可观了，是阻止全球变暖所需要的（Stern，2007：235）。旅游研究受到来自几个不同学科领域［如地理学、生物学、心理学、（环境）经济学甚至工程学］的思想和方法的影响，但这

---

① 主要是水蒸气、甲烷、氮气和臭氧。（译者注）

② 气候科学术语，指地球吸收的阳光与反射回太空的能量之差。大气中温室气体可能会减少能量反射，从而导致地球温度上升。（译者注）

③ “Wedge”直译为“楔形物”，比喻可以逐渐扩大作用的开端。（译者注）

种旅游研究暗示把这个“更大的图景”应用到旅游业存在很多固有的困难。比如，戈斯林等（Gössling *et al.*，2008）指出，自愿性碳抵消计划在范围、成本和效率上存在差异，而这对消费者对其可靠性的感知提出了挑战。贝肯（Becken，2004）发现，虽然很多游客认识到植树在碳抵消——作为一种缓和措施——中的重要性，但是有一个重要的差距需要弥合，因为他们参与碳排放量极高的长距离旅行。克服这种游客的碳抵消意图与旅行行为之间的差距是一个方面；但是，就像戈斯林和皮特尔斯（Gössling & Peeters，2007）主张的那样，改变航空旅行业却是一项总体上更加困难和紧迫的任务。他们发现，航空公司（就减少长距离旅行而言）存在一种被他们称为强烈的“心理抵制”现象，并且航空公司的实际表现与其宣传话语之间存在差距。这两者导致公众忽视航空旅行的环境后果，并且缺少通过行为改变来做出回应的意愿（又见 Hall & Higham，2005；Gössling & Hall，2006；Becken & Hay，2007）。

结论

学科是高等教育机构中知识生产内长期存在、完全确立的组织特征（Klein，1996）。学科仍然没有过时，但更多是就这样的意义而言的，即学科是大多数学术管理者、官员和监管者对智力劳动分工和资源分配的理解方式（Tribe，2003；Hall *et al.*，2004；Coles，2008）。很多时候，对新兴主题展开研究的学者希望把他们的研究领域上升到学科的地位，将其作为一种手段，以证明其学术合法性和学术地位并潜在地获得更多资源。关于旅游是否获得了这样的地位的争议仍然未消除，我们认为，关于旅游知识生产的讨论应该向前迈进。这样做，我们不是说跨学科旅游研究或其他基于学科的洞见代表了唯一合适或可接受的替代性方案。跨学科性不是一个没有分歧的概念，不应该被当作关于学科争议的一个没有问题、总是默认的解决方案。相反，考虑超越限制性的学科教条与区隔的旅游知识生产的时候到了，尽管对旅游的行政和管理限制的考虑是另外一个话题。目前的状况已经产生了几个跨越传统学科边界和旨趣的研究主题，它们只能通过更加合理、弹性和包容性的知识生产路径才能被充分地加以研究。涉及旅游的后学科研究不意味着是一种智力的混乱；相反，它强调一种需要，即对旅游相关议题或问题的研究应该到达它们的逻辑结论，而非以学科监督或跨学科合作的实际限制所决定的那些预先或人为设定的终点为目标。

从管理的视角来看，后面五到十年的全球高等教育就学科定位及其自然（或人为）的渗透性而言将是有趣的。通过引入一种考虑研究实际影响的机构内研究绩效评估系统，澳大利亚的高等教育系统正竭力想加入新西兰、南非和英国的行列。但是澳大利亚的案例是否会或多或少赞同超越传统学科边界的努力，仍有待观察。澳大利亚和英国的高等教育系统都已经聘请了学科专家来评估个人（新西兰的做法）或团体（英国的做法）所提交的研究申请。因此，它们巩固了这样一种观念，即那些被任命来监督高等教育基础之上的研究的人，看不到太多超越学科边界之外的东西。这个边界是我们很多人想竭力跨越甚至废除的。因此，就像文中几次提到的那样，尽管旅游的智力边界可以被拓展，但是其相关的行政边界可能是远缺乏弹性的。

致谢

我们希望感谢频道观点出版社（Channel View Publications）允许我们复制、提炼和改造我们发表于《旅游当前研究议题》（*Current Issues in Tourism*）期刊中的论文（Coles *et al.*，2006）。我们要感谢斯蒂芬·戈斯林（Stefan Gössling）同意我们复制例子1中的评述文字。

参考文献

Bainbridge, W. S. (2003) The future of the social sciences. *Futures* 35, 633-650.

Becken, S. (2004) How tourists and tourism experts perceive climate change and carbon-offsetting schemes. *Journal of Sustainable Tourism* 12 (4), 332-345.

Becken, S. and Hay, J. E. (2007) *Tourism and Climate Change. Risks and Opportunities*. Clevedon: Channel View Publications.

Beier, J. M. and Arnold, S. L. (2005) Becoming undisciplined: Towards the supradisciplinary study of security. *International Studies Review* 7 (1), 41-62.

Botterill, D. (2001) The epistemology of a set of tourism studies. *Leisure Studies* 20, 199-214.

Butler, R. (1999) Sustainable tourism: A state-of-the-art review. *Tourism Geographies* 1 (1),

7-25.

Butler, R. W. (2004) Geographical research on tourism, recreation and leisure: Origins, eras and directions. *Tourism Geographies* 6 (2), 143-162.

Coles, T. E. (2007a) The implementation of sustainable tourism: A project-based approach. Unpublished conference paper. Presented at Achieving Sustainable Tourism, Helsingborg, September.

Coles, T. E. (2007b) Citizenship and the state: Hidden features in the internationalization of tourism. InT. E. Coles and C. M. Hall (eds) *International Business and Tourism. Global Issues, Contemporary Interactions* (pp. 5569). London: Routledge.

Coles, T. E. (2008) Tourism studies and the governance of higher education in the United Kingdom. *Tourism Geographies* (in press).

Coles, T. E., Duval, D. T. and Hall, C. M. (2004) Tourism, mobility and global communities: New approaches to theorising tourism and tourist spaces. In W. Theobold (ed.) *Global Tourism* (pp. 463-481). Oxford: Butterworth Heinemann.

Coles, T. E., Hall, C. M. and Duval, D. T. (2005) Mobilising tourism: A postdisciplinary critique. *Tourism Recreation Research* 30 (2), 53-63.

Coles, T. E., Hall, C. M. and Duval, D. T. (2006) Tourism and post-disciplinary enquiry. *Current Issues in Tourism* 9 (4 & 5), 293-319.

Duval, D. T. (2007) Aeropolitics, global aviation networks and the regulation of international visitor flows. In T. E. Coles and C. M. Hall (eds) *International Business and Tourism: Global Issues, Contemporary Interactions* (pp. 91-105). London: Routledge.

Echtner, C. and Jamal, T. (1997) The disciplinary dilemma of tourism studies. *Annals of Tourism Research* 24 (4), 868-883.

Ereaut, G. and Segnit, N. (2006) *Warm Words. How Are We Telling the Climate Story and Can We Tell It Better?* London: Institute for Public Policy Research.

Franklin, A. and Crang, M. (2001) The trouble with tourism and travel theory? *Tourist Studies* 1 (1), 5-22.

Gibbons, M., Limoges, C., Nowotny, H., Schwartzmann, C., Scott, P. and Trow, M. (1994) *The New Production of Knowledge: The Dynamics of Science and Research in Contemporary Society*. London: Sage.

Gössling, S., Broderick, J., Upham, P., Ceron, J-P., Dubois, G., Peeters, P. and Strasdas, W. (2007) Voluntary carbon offsetting schemes for aviation: Efficiency, credibility and sustainable tourism. *Journal of Sustainable Tourism* 15 (3), 223-248.

Gössling, S. and Hall, C. M. (eds) (2006) *Tourism and Global Environmental Change*. London: Routledge.

Gössling, S. and Peeters, P. (2007) 'It does not harm the environment!' An analysis of industry discourses on tourism, air travel and the environment. *Journal of Sustainable Tourism* 15 (4), 402-417.

Goodman (2006) Tourism development on the Island of Koh Chang, Thailand: The applications and limitations of a social network theory perspective. Unpublished PhD thesis, University of Exeter.

Goodwin, M. (2004) Recovering the future: A post-disciplinary perspective on geography and political economy. In P. Cloke, M. Goodwin and P. Crang (eds) *Envisioning Human Geography* (pp. 65-80). London: Arnold.

Grabher, G. (2004) Learning in projects, remembering in networks? Communality, sociality, and connectivity in project ecologies. *European Urban and Regional Studies* 11 (2), 103-123.

Graburn, N. and Jafari, J. (1991) Introduction. Tourism social science. *Annals of Tourism Research* 18, 1-11.

Hall, C. M. (2005a) Tourism: Rethinking the Social Science of Mobility. Harlow: Pearson Education.

Hall, C. M. (2005b) Time, space, tourism and social physics. *Tourism Recreation Research* 30 (1), 93-98.

Hall, C. M. (2007) Regulating the international trade in tourism services. In T. E. Coles and C. M. Hall (eds) *International Business and Tourism: Global Issues, Contemporary Interactions* (pp. 33-54). London: Routledge.

Hall, C. M. and Higham, J. (eds) (2005) *Tourism, Recreation and Climate Change*. Clevedon: Channel View Publications.

Hall, C. M. and Page, S. J. (2006) *The Geography of Tourism and Recreation* (3rd ed). London: Routledge.

Hall, C. M., Williams, A. M. and Lew, A. (2004) Tourism: Conceptualisations, institutions and issues. In A. Lew, C. M. Hall and A. M. Williams (eds) *Companion to Tourism* (pp. 3-21). Oxford: Blackwell.

Hannam, K., Sheller, M. and Urry, J. (2006) Editorial: Mobilities, immobilities and moorings. *Mobilities* 1 (1), 1-22.

Harrison, S., Massey, D., Richards, K., Magilligan, F. J., Thrift, N. and Bender, B. (2004) Thinking across the divide: Perspectives on the conversations between physical and human geography. *Area* 36 (4), 435-442.

Hay, C. and Marsh, D. (1999) Introduction: Towards a new (international) political economy. *New Political Economy* 4 (1), 5-22.

Hellstro¨m, T., Jacob, M. and Wenneberg, S. (2003) The 'discipline' of postacademic science: Reconstructing paradigmatic foundations of a virtual research institute. *Science and*

Public Policy 30 (4), 251-260.

Holden, A. (2005) *Tourism Studies and the Social Sciences*. London: Routledge.

Ioannides, D. (2006) Commentary: The economic geography of the tourist industry: Ten years of progress in research and an agenda for the future. *Tourism Geographies* 8 (1), 76-86.

Jamal, T. and Kim, H. (2005) Bridging the interdisciplinary divide: Towards an integrated framework for heritage tourism research. *Tourist Studies* 5 (1), 55-83.

Jessop, B. and Sum, N-L. (2001) Pre-disciplinary and post-disciplinary perspectives. *New Political Economy* 6 (1), 89-101.

Johnston, R. J. (1991) *Geography and Geographers: Anglo-American Human Geography Since* 1945 (4th ed). London: Edward Arnold.

Keyfitz, N. (1995) Inter-disciplinary contradictions and the influence of science on policy. *Policy Sciences* 28, 21-38.

Kinzig, A. P. (2001) Bridging disciplinary divides to address environmental and intellectual challenges. *Ecosystems* 4 (8), 709-715.

Klein, J. T. (1996) *Crossing Boundaries: Knowledge, Disciplinarities and Interdisciplinarities*. Charlottesville, VA: University of Virginia Press.

Kreisel, W. (2004) Geography of leisure and tourism in the German-speaking world: Three pillars toprogress. *Tourism Geographies* 6 (2), 163-185.

Kuhn, T. (1969) *The Structure of Scientific Revolutions* (2nd edn). Chicago, IL: University of Chicago Press.

Law, J. (2004) *After Method: Mess in Social Science Research*. London: Routledge.

Leiper, N. (1981) Towards a cohesive curriculum in tourism: The case for a distinct discipline. *Annals of Tourism Research* 8, 69-83.

Leiper, N. (2000) An emerging discipline. *Annals of Tourism Research* 27 (3), 805-809.

Markham, A. N. (2005) Disciplining the future: A critical organization of analysis of internet studies. *The Information Society* 21, 257-267.

Massey, D. (1999) Negotiating disciplinary boundaries. *Current Sociology* 47 (4), 5-12.

Michael, E., Gibson, L., Hall, C. M., Lynch, P., Mitchell, R., Morrison, A. and Schreiber, C. (2007) *Micro-clusters and Networks: The Growth of Tourism*. London: Elsevier.

Painter, J. (2003) Towards a post-disciplinary political geography. *Political Geography* 22, 637-639.

Pielke, R. A. (2004) What future for the policy sciences? *Policy Sciences* 37, 209-225.

Pelletier, D. (2004) Sustainability of the policy sciences: Alternatives and strategies. *Policy Sciences* 34, 237-245.

Redman, C. L., Grove, J. M. and Kuby, L. H. (2004) Integrating social science into the long-term ecological research (LTER) network: Social dimensions of ecological change and ecological dimensions of social change. *Ecosystems* 7 (2), 161-171.

Rosamond, B. (2005) Globalization, the ambivalence of European integration and the possibilities for a post-disciplinary EU studies. *Innovation* 18 (1), 23-43.

Roux, D. J., Rogers, K. H., Biggs, H. C., Ashton, P. J. and Sergeant, A. (2006) Bridging the science-management divide: Moving from unidirectional knowledge transfer to knowledge interfacing and sharing. Ecology and Society 11 (1), 4. On WWW at www. ecologyandsociety. org/vol11/iss1/art4. Accessed 22. 5. 06.

Sayer, A. (1999) *Long Live Postdisciplinary Studies! Sociology and the Curse of Disciplinary Parochialism/imperialism*. Lancaster: Department of Sociology, Lancaster University. On WWW at http: //www. comp. lancs. ac. uk/sociology/papers/Sayer-Long-Live-Postdisciplinary-Studies. pdf. Accessed 15. 4. 04.

Semmens, K. (2005) *Seeing Hitler's Germany: Tourism in the Third Reich*. Basingstoke: Palgrave Macmillan.

Sheller, M. and Urry, J. (2006) The new mobilities paradigm. *Environment and Planning A* 38, 207-226.

Skole, D. L. (2004) Geography as a great intellectual melting pot and the preeminent interdisciplinary environmental discipline. *Annals of the Association of American Geographers* 94 (4), 739-743.

Smith, M. J. (1998) *Social Science in Question: Towards a Post-Disciplinary Framework*. London. Sage.

Stern, N. (2007) *The Economics of Climate Change. The Stern Review*. Cambridge: Cambridge University Press (Originally published in PDF form in 2006).

Thomas, C. D., Cameron, A., Green, R. E., Bakkenes, M., Beaumont, L. J., Collingham, Y. C., Erasmus, B. F. N., de Siqueira, M. F., Grainger, A., Hannah, L., Hughes, L., Huntley, B., Van Jaarsveld, A. S., Midgley, G. F., Miles, L., Ortega-Huerta, M. A., Townsend Peterson, A., Phillips, O. L. and Williams, S. E. (2004) Extinction risk from climate change. *Nature* 427, 145-148.

Tourism Research and Marketing (TRAM) (2006) *Medical Tourism: A Global Analysis*. London: ATLAS for Tourism Research and Marketing.

Tribe, J. (1997) The indiscipline of tourism. *Annals of Tourism Research* 24 (3), 638-657.

Tribe, J. (2000) Indisciplined and unsubstantiated. *Annals of Tourism Research* 27 (3), 809-813.

Tribe, J. (2003) The RAE-ification of tourism research in the UK. *International Journal of Tourism Research* 5, 225-234.

Tribe, J. (2004a) Extracts from the ATHE Response to the Consultation Document 'RAE 02/2004: Panel Configuration and Recruitment' for the UK Research Assessment Exercise

2008. *Journal of Hospitality, Leisure, Sport & Tourism Education* 3 (1), 71-74.

Tribe, J. (2004b) Knowing about tourism: Epistemological issues. In J. Phillimore and L. Goodson (eds) *Qualitative Research in Tourism: Ontologies, Epistemologies and Methodologies* (pp. 46-62). London: Routledge.

Tribe, J. (2006) The truth about tourism. *Annals of Tourism Research* 33 (2), 360-381.

Turner, B. II (2002) Response to thrift's 'the future of geography'. *Geoforum* 33 (4), 427-429.

Toulmin, S. (2001) (Return to Reason). Cambridge, MA: Harvard University Press.

United Nations World Tourism Organization (UNWTO) (2006) TedQual Certified Institutions. On WWW at http://www.world-tourism.org/education/tedqual.htm. Accessed 22. 5. 06.

United Nations World Tourism Organization, United Nations Environment Programme, World Meteorological Organization (UNWTO/UNEP/WMO) (2007) *Climate Change and Tourism. Responding to Global Challenges. Advanced Summary*. Madrid: UNWTO.

Urry, J. (2000) *Sociology Beyond Societies: Mobilities for the Twenty-First Century*. London: Routledge.

第六章　旅游的结束？游牧论与多重流动范式

凯文·汉纳姆

译者导读：旅游即意味着流动，然而从更深层次的哲学层面理解流动和旅游之间的关系还未得到充分重视。本章因而试图从更为根本的流动和游牧范式出发，讲述流动和游牧的意义，从而为深化旅游研究的社会理论语境及开拓旅游研究的视野奠定基础。本章的主要内容包括理解流动、游牧论以及多重流动范式，并在此基础上对流动视阈下的旅游及其新的研究话题以及流动方法论进行分析阐释。从后结构主义哲学立场出发，本章对传统哲学形式中的各种固定结构和稳定秩序提出了本体论的挑战，提出了"全球流动体"的世界本体概念，并指出只有在理解这种本体论的基础上，我们才能充分认识世界和人类行为的复杂性。从历史和社会发展的角度看，流动作为一种现代社会的隐喻、权力象征和批判视角也值得重视。流动视角下的旅游研究需要对旅游活动或移动过程中的时间和空间进行重新定义和理解，包括不同流动和社会空间下的旅游体验和实践、流动背景下更为复杂的人地关系等。最后，从方法论的角度，本章介绍了流动民族志的方法，主张以灵活和非正式的方式关注主体行动的自我语境，同时对多个地方不同空间下的超流动活动的场景、空间实践和想象进行辨别和解释。基于流动本体论语境下的旅游研究反映了新的时代背景下旅游活动、体验和意义的新方向，也拓宽了现有的研究主题和研究方法，值得后续理论和经验层面的进一步思考和探索。

引言

本章将旅游放在更为宽泛的社会理论语境下加以研究。从标题看，这一章的预设并不是提出旅游本身不再存在，而是旅游活动需要被理解为一个更为根本的本体论视域下的特殊过程，即流动或多重流动（mobility or mobilities）下的活动。因此，这一章在讨论最近出现的德勒兹式（Deleuzian-inspired）的后结构主义哲学关于“流动理论”论述的优势与劣势之前，首先将概述流动的概念。这种理论不应被视为类似实证主义范式中的“测试假设的有序系统”，而应被看成是社会建构现实以及提出新问题的一种途径（Calhoun，1995：4-5）。

在概述流动的概念之后，本章将讨论近期提出的关于新流动范式理论的不同方面。特别地，为了从本体论上对人们日常生活中的相对流动与非流动进行理解，它将关注权力的概念化是如何被使用的。本文认为，当下的多重流动形式（mobilities）既包括世界范围内人、物、资本以及信息大规模的流动，也包括更本地化的过程，包括每日的交通，以及日常生活中通过公共空间和物质移动而发生的流动（Urry，2007）。本章还将探讨新近的交通和通信基础设施的发展以及新的社会文化流动实践（包括旅游的形式）是如何带来一些新的研究话题的。最后，本章将对流动方法论进行讨论。

理解流动

在《在移动中》（*On the Move*）一书中，作者蒂姆·科瑞斯威尔（Tim Cresswell，2006）对流动的概念进行了讨论。他指出，“流动”是一个在学术研究与论文中普遍出现的词，而其批评者认为它是一个令人兴奋但又含糊不清的概念。流动是关于存在的一个基础地理学概念，它为叙事甚至意识形态能够建立或已经建立提供了丰富的场域（Cresswell，2006：1）。许多活动比如徒步、搬家、度假、移民、旅游和探险等，都在不同方面体现了流动的不同形式。然而，尽管现代西方世界流传着关于流动的多种含义，流动本身作为一种发展过程、一种自由、一种机遇，它的含义还未被清晰阐明。

流动与所有类型的“固定”（fixity）是相对的：“它是一种空白的空间，作为与地方、边界、基础和稳定等概念相对的另一种替代。”（Cresswell，2006：2）对流动的最简单的理解就是它包含一种移位（displacement），在不同场所间移动。“在考虑移动的类型、战略和社会意义之前，移动就是一个关于位移和置换的基本事实。”（Cresswell，2006：3）一个物体在不同空间和场地之间的移动需要消耗时间和穿越空间。因此，移动是由时间和空间组成的；更准确地说，它是“时间的空间化和空间的时间化”。时间和空间分别是移动的背景和结果。但更重要的是，人或物的移动往往是具有意义的，无论是对于权力的结果还是权力的生产来说。因此流动与移动相比，在科瑞斯威尔看来，是与地方概念相等同的一种动态的“地方”（place）。的确，一个“地方”并不像一个“场所”那样是个中性的概念。地方混杂着多种意义和权力，经常处于被体验中，流动也是如此：“流动就跟地方一样，是人类对世界的空间的、地理的以及核心的体验。”（Cresswell，2006：3）

在此意义上，流动可以在三个相关的层次上加以理解（Cresswell，2006）。首先，流动是可以被观察和被测量的事实，这种经验事实体现在交通规划和移民理论中。在这里，流动代表一种纯粹的动作，也是它的最抽象状态。流动的抽象概念常常涉及尺度的空间跳跃。比如说，威廉·哈维（William Harvey）在关于身体循环系统的研究中发现健康与“循环”相关。这一循环的概念随后作为新的语境出现在城市规划中。一些词，譬如“主干道”（artery）和“网络”（vein）等成为新城市规划专家的常用话语。

第二，流动也通过各种表征方式得以体现，比如电影、摄影、文学、哲学和法律等。这些关于流动的表征方式传递着高度思想化的意义。在这里，流动“成为与自由、反抗、创意和生命本身相近的同义词”（Cresswell，2006：3）。

流动的第三种使用是被实践的、被经历的、具体化的一种流动。人类的流动从本质上说，是一种深刻的象征性体验。人类流动的直接体验与流动的象征性意义相关。类似地，流动的象征意义建立在实践的、具体的流动基础之上。因此，本文认为，我们需要将流动理解为一种内在的过程。正如科瑞斯威尔（Cresswell，2006：4）所指出的，“如果既不理解流动的物质性，也不理解它的表征意义，我们就无法真正理解流动”。

科瑞斯威尔（Cresswell，2006）进一步讨论到，现代西方社会中关于流动的变化可以从历史角度来追溯。在欧洲封建社会，流动是一件奢侈的事。尽管在土地劳作中存在着持续的移动，但是流动的范围仅局限于朝拜、战争等。现代欧洲早期商业资本主义的兴起促进了与贸易相关的流动，这最终动摇了欧洲封建社会的基础。新的流动形式反过来要求新的社会监管和控制方式。欧洲民族国家的建立带来了更大的商品和劳动力市场。以往控制流动的封建权力逐步衰弱，劳动力在国家范围内流动。在欧洲，随着意识形态和世俗生活中流动的变化，人们开始在更多的地方定居。流动变成一种权利：伴随着另一种现代迁移人群即旅游者的出现，流动成为一种可以依照意愿自由在民族国家之间移动的权利。

流动因而作为一个隐喻的概念开始被使用。象征流动的各种隐喻包括流浪者、漂泊者、旅游者、换工者还有轮船和酒店。这些都构成了现代社会和空间流动的各种话语（Morris，1988；Gilroy，1993；Clifford，1997；Jokinen & Veijola，1997；Bauman，2000）。比如人类学家詹姆斯·克利福德（James Clifford，1997）就曾指出，现代社会的重要特征即：它是流浪者和旅行者带着希望旅行并建立各种联系和体验速度的一个新的流动世界。他采用酒店大堂做比喻，相对应于家作为稳定的比喻，酒店大堂为移动和不期而遇者提供了开放的平台（参见 MacCannell，1999）。因此，许多以往哲学传统形式中明显的固定性，在各种流动的隐喻下受到了挑战（Cresswell，2001）。

游牧论

在认识论层面上，流动的理论化表现出强势的特征，在这里关于久居不动（稳定）的形而上学被游牧的形而上学有争议地替代。比如在德勒兹和瓜塔里（Deleuze & Guattari，1988：52）的哲学著作中，他们使用流浪者的形象作为一个连续流动空间的主题，也作为社会去疆域化（deterritorialisation）的象征：“他们没有中心、路线或土地……之所以流浪者可以被称作标准的去疆域化典型，正是因为他们在去疆域化之后没有像移民那样再疆域化。”科瑞斯威尔（Cresswell，2006：49）对此解释说，“当移民带着在某处定居下来的想法从一个地方走到另一个地方，流浪者只是用点和具体的场所来确定其行走路线……他们从来没有再疆域化或固定下来，不像移民那样最终回到一个有秩序的空间安定下来”。厄里（Urry，2000：240）进一步解释道，“游牧主义可以被理解为这样一种概念，即学术或政治的写作也可以被视为一段旅程。为了寻求理论，人们离开‘家’去旅行。对于理论家来说，从来没有一个可以让他们从此地出发又回到此地的‘家’或固定的点。理论家们看上去永远带着希望旅行，既不在家也没有离开”。以上这些讨论将我们带入当下关于流动的思考及其哲学上。

许多西方哲学关注对世界秩序的寻找，无论它是社会的或空间的秩序：西方哲学注重探求其中隐含的方式与过程，以及关于事物运行的理论或模型。然而与此相反，西方哲学中同时存在另一种思潮，即：不寻求对于生活秩序的理解，而是去探求生活中的一些根本的失序和复杂。后一种思潮催生了尼采对于现代西方社会和科学推理逻辑的批评。这一思潮在法国后结构主义哲学家吉尔·德勒兹和米歇尔·福柯的著作中达到顶峰，两位法国哲学家都批判了知识的生产，认为我们无法找到客观真理或秩序，所有知识都是与权力关系相关联的：“没有一种权力不与某一知识领域的构成相关，也没有一种知识不以权力为预设并构成权力关系的一部分。”（Foucault，1977：27）福柯对现代性的批评指出，现代社会的出现不是通往自由的进程，而只是新的约束性“权利—知识”制度的设置［在旅游语境中，见 Cheong & Miller（2000）］。

德勒兹的游牧论对现代性的批判采用了类似的方式。正如丹德烈亚（D'Andrea，2006：107）写到的，

> 游牧论代表一种批判思维的风格，这种批判试图指出并克服以往国家、科学和文明中稳定的逻辑……它指责了文明中的二元划分，在这种划分中，固定的居民被认为优越于流浪者，后者被看成是一种威胁、扭曲和问题……稳定优于流动——扎根优于流浪——这都源于和取决于主体性（subjectivity）的传统模式：同一性/他异性（alterity）的辩证对立延续了身份认同的模式，即将自我限定在一个严格的、排斥性的边界之内。

在《资本主义与精神分裂：千高原》（*A Thousand Plateaus*）一书中，德勒兹和他的合作者瓜塔里（1988）因此采用“树和其根的对立比喻——等级的、结构的、权威的，隐喻社会世界也必然是分层次的——与树的根茎一样，树的根总是往侧面分叉，避开所有固定区域的限制，呈现出一种杂乱且不受控制的多样性”（Callinicos，2007：333）。德勒兹和瓜塔里指出，“一个根茎不断地在符号链、各个权力组织和与艺术、科学、社会斗争相关联的环境之间建立联系”。根茎似的思考，可以类比于一个人在阿姆斯特丹的各运河之间游荡，这与许多西方哲学中结构化的、二元论的思维方式是相对立的。游牧论的思考因此使我们重新思考什么是社会身份，比如，它是“永远流动和在过程中的，部分地通过自我建构，部分地通过将自我归入其他人的类别。它部分地作为一种条件、地位、标签、武器、保护伞、记忆的储备，等等。它是由各种零散的东西汇集成的一个多元的集合”（Malkki，1992：37）。

在此基础上，德勒兹和瓜塔里进一步指出我们生活在两种基本的“时间—空间”类型中。分层的空间是过度秩序化和细分的，类似地图，给我们精确的方位和定位。而流动和平滑空间则表现出不分割的和无方向感的多样性。然而，“‘平滑—分层’的简单对立给我们更多复杂的启示、更换与重叠……这是因为两者的差异并非客观：我们可以在平滑连续的空间如沙漠、草原或海洋过有秩序的生活；我们也可以在多样的城市空间过无秩序感的‘平滑’生活，像城市流浪者那样”（Deleuze & Guattari，1988：481-482）。

这种资本、人和物的流动显示了当代世界全球范围内的超流动（hyper-mobility）特征。丹德烈亚（D'Andrea，2006：98）因此提出“游牧主义人类学和关于游牧论的哲学之间的对话是强调‘超流动’影响人们身份认同和主体形式的概念基础”。然而，这种对话的问题在于对流浪者形象潜在的浪漫化。正如科瑞斯威尔（Cresswell，2006：54）所争论的，“……对流浪者形象的使用不过是想象的新殖民主义的一种形式”。游牧论的认识论前提或许是批评西方社会及其理性抽象科学的一种有效方式，但只有在对流动和迁移的本体论理解的基础上我们才能真正前进。

因此，与其将社会看作是一个整体的、“全球集成网络般”的有组织的机构，即超越“时间—空间”限制的有可预测联系和关系的结构（比如跨国公司），厄里（Urry，2003：101）假定了一个“全球流动体”的本体概念——高度流动和黏滞的构成，其形状是不均衡的、偶然的和不可预测的，而且“随着时间的流逝，它为行动创造属于它自己的语境”。尽管如此，汉纳姆（Hannam，2006）等学者也同时承认，只有将带来当代世界复杂性（旅游是其中的一个组成部分）的流动、非流动和停泊处（平滑的或分层的地方）结合起来分析，我们才能对人类行为有一种恰当的本体论论述。

多重流动范式

以往旅游往往被认为有别于日常生活，是穿插于社会生活中的短暂性体验。而今，旅游越来越被看成是更广阔经济政治发展过程中的一个重要组成部分，甚至被认为是人们日常生活的一部分（Franklin，2003；Edensor，2007）。的确，正如富兰克林和克朗（Franklin & Crang，2001：3）所指出的，“旅游逐步从一开始的被看成现代国民生活中相对次要和短暂的仪式变成一个重要的模式，通过这个模式可以组织跨国家的现代生活”。因此，或许这里讲的并不是旅游的结束，而是我们开始理解前面已讲过的针对当代流动的观点。

瑟拉尔和厄里（Shellar & Urry，2006：1）甚至提议到：“看上去社会科学中形成了一个新的范式，即‘新的流动’范式。”广义地说，他们认为迁移的概念既与全世界范围内的人、物、资本和信息的大规模移动相关，也与每日的交通、公共空间内的移动和每日生活中物品的移动等更本地化的进程相关。的确，正如厄里（Urry，2007：18）进一步讨论到的：

> 通过迁移的“视角”来思考提供了一种可区分的社会科学的特点……由于它弥补了以往忽视人、观念等各种流动形式的不足，迁移范式不仅本质上不同于以往的社会科学，它更改变了社会科学，允许了一种替代的理论和方式论上的样式……这种范式使得以往大多隐蔽的、不被关注的理论、方法和研究模型凸显出来。

因此，从一个后学科迁移论的视角，现在单单旅游概念本身或许可说是相当过时的：

> 人和物、飞机和行李、植物和动物、形象和品牌、数据系统和卫星等的移动都可归入与旅游相关的活动（“doing” tourism）。同时，旅游也与记忆和表演、性别化和种族化的身体、情感和氛围的相关流动相联系。（Sheller & Urry，2004：1）

再者，旅游以及更为重要的旅行越来越被看成是一个过程，这个过程是社会生活的内在组成部分。这不仅仅关于第二居所（second homes）的购买以及旅游与移民之间的相互联系。相反，所有的东西看上去都在全世界范围内永久不断地移动。大部分的人在旅行：学者、恐怖分子、旅游者、军人、商人、无家可归者、名流、移民、难民、背包客、通勤者、学生、朋友等。各种人群充斥着世界的飞机、火车、轮船、公共汽车、轿车和街道。在当今世界，所有不同的政治、技术、金融和运输的改变都在围绕如何降低各种人和物移动的障碍。因此，旅游、休闲、交通、商业、旅行、移民和通信之间的界限变得模糊，我们因而需要将它们流动的相互依存性结合而不是分离开来分析（Sheller & Urry，2006；Hannam *et al.*，2006）。

从一方面看，在地方与地方之间的物理移动对一些旅游者，比如背包客来说，是一种地位和权力的来源（参见 Richards & Wilson，2004；Hannam & Ateljevic，2007）。而从另一角度，在一些被强制流动的情况下，它可以带来身份和地位的剥夺，比如全世界的难民和流浪者（参见 Indra，1998；Kofman，2002）以及旅游流动背景下一些部落原住民的被迫迁居计划（参见 Hannam，2005）。这样的流动与非流动在一些国家与国家边界处的所谓旅游“接触区”尤为突显。在这些边界或空隙处，公民身份高度受争议，多重身份认同也变得越来越具有流动性（参见 Bianchi，2000；Sparke，2006）。因此，对当今流动性的分析需要考察当今发达或不发达社会中不同族群和不同地方流动的后果。

旅游（研究）的流动议程

当我们试图继续将旅游作为更大的流动系统中的一个部分来看时，我们可以大致勾勒出流动性研究的一个粗略议程。比如说，我们需要考察旅游者什么时候以及怎样成为移民的（O'Reilly，2003）。移居、反向移居、跨国主义和旅游之间的关系需要进一步研究。当然，研究与向上或向下社会流动相关的身体移动方式也一样重要。在这一语境下，我们需要检验游客如何商定他们的身份认同以及如何在前面提到的所谓旅游接触区中商定其公民身份的。此外，或许将旅游者看成持续不断地在移动或“超移动”（hypermobile）是一个显而易见的事实。但实际上作为一个旅游者，他们常常会因为选择或花费的限制在一个地方停留，处在一个相对非流动、慢节奏的状态之中。不同的地方、不同的科技和“大门”（gates）强化了一部分人的流动，但同时也固化了另一部分人的非流动（或复员返乡）（demobilisation）。当然，这些流动或非流动也根据不同的性别和年龄而存在差异。

在本体论层面上，这种在全球人类移动的更大的语境下进行的旅游研究同时需要有更多关于“本地”的考虑，包括本地的日常交通、物质文化与空间联系，以及更多关于“科技”的考虑，包括移动信息、通信技术和新兴的涉及安全和管制的基础设施。社会生活看上去充满着跨越距离的多样的和扩展的联系，但这些联系都是通过一些特定的节点进行组织的。流动往往需要可区分的社会空间，这些空间围绕社会生活的节点合理组织出社会生活的新的形式，比如火车站、酒店、高速公路、景点、机场、休闲场所、世界性的城市、海滩、画廊、路边公园等。又或者，这些联系是通过一些不那么优越的空间来实现的，比如街角、地铁站、公共汽车、公共广场和后巷。同时，与多数交通研究相反的是，旅行中所花费的时间并不是人们努力去缩短的一些无用的“死”的时间（dead time）。许多研究交通的文献试图将旅行与活动区分开来，但新兴的流动范式视角认为人们在移动的时候活动就已经发生了，人们在移动过程中会进行一系列“偶然随意”的活动（Lyons & Urry，2005）。因此，在新的移动范式下的旅游研究需要考察表征化的自然和旅游者不同旅行模式下的体验，部分旅行模式的表现形式诸如物质或社交意义上的移动中的居住（dwelling-in-motion）、活动的场所和进行不同活动的地方（参见 Jokinen & Veijola，1994；Crouch，2000；Johnston，2001；Featherstone *et al.*，2004）。这些“活动”可以是谈话、工作或信息收集的具体形式，但也可以仅涉及与他人的一种连接，保持一种移动的存在感，这种存在感包括了各种身体存在的聚集或疏离。流动视角不仅颠覆了我们以往对于空间性和尺度的观念，它同时打破了旧有的关于暂时性和记时的线性假设，即：以往常认为人在一个时间点只能做一件事情，事情的发生是根据线性顺序进行的，一件接着一件（Hannam *et al.*, 2006）。

此外，过去我们常对地方和那些去这些地方旅行的人有一个清晰的区分。地方经常被看成是推动或吸引人们前来访问的动因，也常常被假定为相对固定的、既定的场所，与地方的访客区分开来。然而，尽管概念上看似简单，我们意识到对地方的观念是存在问题的（Shurmer-Smith & Hannam, 1994；Cresswell, 2004）。新的流动范式因而对将“人”与“地”明确区分的本体论提出质疑。流动范式认为通过活动（performances，参见 Edensor, 1998；Sheller & Urry, 2004）和操演（performativities，Knox，2001）、人与地之间有着复杂的相关性。认识流动的物质性的关键在于将人的肉体和物质的身体作为一种情感工具，我们通过这个身体感知地方和移动，同时建构情感的地理理解（Crouch，2000；Bondi *et al.*, 2005）。例如，想象的旅行就是一个人体验或参与人对于“地方氛围”的一种想象。氛围既不能简化为物质景观和设施，也不是一些表征的话语。在旅行者和他们的旅行意义之间有一种复杂的、感官上的联系（Rodaway，1994）。因此，可以说，在流动语境下，我们需要获得关于感官和情感旅游地理学的更好的地图（Hannam *et al.*, 2006）。

流动方法论

进行了哲学和概念上的关于流动的讨论后，我们现在来简要探讨流动方法论。如果我们已完全理解了当代关于流动的本体论，并且流动范式已被确认，那么我们也需要有相应的流动方法论，以“捕捉”流动的秩序/失序以及当今疆域化/去疆域化在社会生活中的嵌入性/脱嵌性。我们认为流动民族志提供了一种做研究的最好方式，但前提是它需要与传统的高度本地化的民族志方法区分开来（Appadurai，1996；Marcus，1998）。数据收集的方法需要更“灵活、非正式和关注语境、需要部分地模仿移动的主体，在主体的自我情境下进行研究”（D'Andrea，2006：113）。更进一步地讲，民族志学者“将观察和经历一个缓慢移动的主体在模糊的环境下以极快的速度穿过时的战栗”（D'Andrea，2006：114）。这样的研究因而将围绕连锁店、道路、过道、场所的连接处和并排处进行设计，在这些地方，民族志学者可以根据不同的点之间联系的明显逻辑来建立一些物质的、事实的存在形式。当然，这些逻辑实际上符合民族志的论据（Marcus，1998：90）。

丹德烈亚（D'Andrea，2006：114）对这样的研究进行了肯定：

> 必须注意到这种包含了超流动现象的政治经济和社会文化过程。在经济层面上，我们有必要问什么是物质环境的作用……在文化层面上，也必须问：在固定的场所和回路中，那些进行超流动活动主体的动机和意义的本质是什么？而且，这些地方是如何主持一些例行活动、构成和表达与超流动性交织在一起的主体性、亲密性和社交性的？

阿帕杜莱（Appadurai，1996）因此提出一种“跨地方的宏观民族志”。丹德烈亚（D'Andrea，2006：115）将这一观点扩展，指出流动的民族志研究可以在三个层面上展开。首先，我们可以进行关于流动的主观性、生活方式和身份的民族志研究，在每一个具体的地理位置，研究者“必须能辨别和解释一些构成本地化超流动活动的小场景、空间实践和想象”。其次，研究需要分析流动场景、主体和团体的经济社会语境：“我们有必要了解经济（比如旅游、休闲、广告）、主流/静态的道德伦理观和国家管制是如何影响移动主体和去疆域化的社区团体的移动轨迹和战略的。”（D'Andrea，2006）第三，在多个地方的跨地方民族志研究使我们能识别不同空间下超流动活动的流动和相互连接的特性。在这里，研究者可以“判断哪些跨地方的流动、循环和网络能维持超流动的主体和团体，以及怎样维持”（D'Andrea，2006）。这种“在移动中”的动态研究方法给我们提供了一个对当代社会生活中的流动、非流动以及停留的新的批判视角（Urry，2007）。

结论

这一章将旅游研究置于更大的社会理论语境下做了讨论。本章指出理解旅游的前提并不是旅游本身不再存在，而是旅游需要被看成是一个更大的本体论语境下的具体过程，这个本体论语境即关于流动和非流动的本体论。如前讨论的，游牧论的优点在于它在认识论的层面上挑战了以往的西方科学。然而，其缺陷在于它在本体论上对于流浪者形象的浪漫化。流动的本体论通过分析当今全球社会的复杂性以试图克服这一缺陷。最后，本章也试图证明流动方法论将如何帮助我们打破当代研究中的方法论格局。

参考文献

Appadurai, A. (1996) *Modernity at Large: Cultural Dimensions of Globalization*. Minneapolis, MN: University of Minnesota Press.

Bauman, Z. (2000) *Liquid Modernity*. Cambridge: Polity.

Bianchi, R. (2000) Migrant tourist workers: Exploring the contact zones of postindustrial tourism. *Current Issues in Tourism* 3 (2), 107-137.

Bondi, L., Smith, M. and Davidson, J. (eds) (2005) *Emotional Geographies*. London: Ashgate.

Calhoun, C. (1995) *Critical Social Theory*. Oxford: Blackwell.

Callinicos, A. (2007) *Social Theory: A Historical Introduction*. Cambridge: Polity.

Cheong, S-M. and Miller, P. (2000) Power and tourism: A Foucauldian observation. *Annals of Tourism Research* 27 (2), 371-390.

Clifford, J. (1997) *Routes: Travel and Translation in the Late Twentieth Century*. London: Harvard University Press.

Cresswell, T. (ed.) (2001) *Mobilities*. Special Issue of *New Formations* 43 (Spring).

Cresswell, T. (2004) *Place: A Short Introduction*. Oxford: Blackwell.

Cresswell, T. (2006) *On the Move: Mobility in the Modern Western World*. London: Routledge.

Crouch, D. (2000) Places around us: Embodied lay geographies in leisure and tourism. *Leisure Studies* 19, 63-76.

D'Andrea, A. (2006) Neo-nomadism: A theory of post-identitarian mobility in the global age. *Mobilities* 1 (1), 95-120.

Deleuze, G. and Guattari, F. (1988) *A Thousand Plateaus*. London: The Athlone Press.

Edensor, T. (1998) *Tourists at the Taj: Performance and Meaning at a Symbolic Site*. London: Routledge.

Edensor, T. (2007) Mundane mobilities, performances and spaces of tourism. *Social & Cultural Geography* 8 (2), 199-215.

Featherstone, M., Thrift, N. and Urry, J. (eds) (2004) Cultures of automobility (Special Issue). *Theory, Culture and Society* 21, 1-284.

Foucault, M. (1977) *Discipline and Punish*. London: Allen Lane.

Franklin, A. (2003) *Tourism: An Introduction*. London: Sage.

Franklin, A. and Crang, M. (2001) The trouble with tourism and travel theory? *Tourist Studies* 1 (1), 5-22.

Gilroy, P. (1993) *The Black Atlantic: Modernity and Double Consciousness*. London: Verso.

Hannam, K. (2005) Tourism management issues in India's National Parks. *Current Issues in Tourism* 8 (2/3), 165-180.

Hannam, K. and Ateljevic, I. (eds) (2007) *Backpacker Tourism*. Clevedon: Channel View.

Hannam, K., Sheller, M. and Urry, J. (2006) Editorial: Mobilities, immobilities and moorings. *Mobilities* 1 (1), 1-22.

Indra, D. (ed.) (1998) *Engendering Forced Migration*. Oxford: Berghahn.

Johnston, L. (2001) (Other) bodies and tourism studies. *Annals of Tourism Research* 28 (1), 180-201.

Jokinen, E. and Veijola, S. (1994) The body in tourism. *Theory, Culture & Society* 11 (3), 125-151.

Jokinen, E. and Veijola, S. (1997) The disoriented tourist: The figuration of the tourist in contemporary cultural critique. In C. Rojek and J. Urry (eds) *Touring Cultures* (pp. 23-51). London: Routledge.

Knox, D. (2001) Doing the Doric: The institutionalization of regional language and culture in north-east Scotland. *Social & Cultural Geography* 2 (3), 315-331.

Kofman, E. (2002) Contemporary European migrations, civic stratification and citizenship. *Political Geography* 21, 1035-1054.

Lyons, G. and Urry, J. (2005) Travel time use in the information age. *Transport Research A: Policy and Practice* 39 (23), 257-276.

MacCannell, D. (1999) *The Tourist: A New Theory of the Leisure Class*. Berkeley, CA: University of California Press.

Malkki, L. (1992) National Geographic: The rooting of peoples and the territorialization of national identity among scholars and refugees. *Cultural Anthropology* 7 (1), 24-44.

Marcus, G. (1998) *Anthropology Through Thick and Thin*. Princeton, NJ: Princeton University Press.

Morris, M. (1988) At Henry Parkes motel. *Cultural Studies* 2, 1-47.

O' Reilly, K. (2003) When is a tourist? *Tourist Studies* 3 (3), 301-317.

Richards, G. and Wilson, J. (eds) (2004) *The Global Nomad: Backpacker Travel in Theory and Practice*. Clevedon: Channel View Publications.

Rodaway, P. (1994) *Sensuous Geographies: Body, Sense and Place*. London: Routledge.

Sheller, M. and Urry, J. (eds) (2004) *Tourism Mobilities: Places to Play, Places in Play*. London: Routledge.

Sheller, M. and Urry, J. (2006) The new mobilities paradigm. *Environment and Planning* A 38

(2), 207-226.

Shurmer-Smith, P. and Hannam, K. (1994) *World's of Desire*, *Realm's of Power*: *A Cultural Geography*. London: Edward Arnold.

Sparke, M. (2006) A neoliberal nexus: Economy, security and the biopolitics of citizenship on the border. *Political Geography* 25, 151-180.

Urry, J. (2000) *Sociology Beyond Societies*: *Mobilities for the Twenty-First Century*. London: Routledge.

Urry, J. (2003) *Global Complexity*. Cambridge: Polity.

Urry, J. (2007) *Mobilities*. Cambridge: Polity.

第三部分

美：健康、审美与艺术

第七章　旅游和修复

包文德 · 考尔 · 克勒

译者导读：本章提出的理论问题是：为什么人们偏好自然地的旅游？现有理论文献对这个问题的研究已经提出了一些动机理论解释框架，但都没有深入考察自然环境的作用。因此，本章在综述现有文献的基础上，重点考察了自然环境对旅行者和游客所具有的注意力修复功能，以及那些有修复功能的自然环境所具有的特征。自然环境修复功能的理论阐述包括：概述环境心理学视角的注意力修复理论、修复性环境理论；比较注意力修复理论与传统的旅游动机理论，包括马斯洛需求层次理论和推拉理论；比较注意力修复理论的社交功能方面与传统最优唤醒理论，来进一步阐释自然环境对旅游者修复功能与旅游动机理论的放松功能的区别，明确修复的重要意义。本章还简要阐述了修复理论的实践意义。

引言

旅游研究的理论基础是跨学科的并且是不断演进的。学术界对游客目的地类型的偏好和旅游动机做出令人信服的理论解释具有重要意义，包括解释当下游客行为的趋势以及预测其未来走势。从统计数据中发现的两个趋势需要解释，即游客显著偏好自然环境作为旅游目的地和放松需要的旅游动机。这里的观点认为，环境心理学的概念“修复”——更新和恢复因满足一般适应性生产需求而枯竭了的物质、心理和社会能力的过程（Hartig & Staats,

2005）——也许有助于解释为什么一些游客偏好自然环境，以及解释现有动机理论未能解释的放松作为旅行动机的原因。本章将会讨论卡普兰（Kaplan，1995）的注意力修复理论（Attention Restoration Theory，简称ART）和修复环境理论如何能够解释已知的旅游行为。这些理论将与现有游客动机解释理论相比较，并在本章最后讨论修复理论对旅游实践的意义。

到自然区域的旅游或基于自然的旅游是世界旅游产业的重要组成部分（Lindberg *et al*.，1998），而旅行则主要关涉直接享受未受干扰的自然环境（Wiler & Davis，1993）。自然环境是指那些总体上趋于保持其自然特征并且未曾受到人类对自然景观或过程显著改变的区域（Newsome *et al*.，2002：3）。尽管基于自然的旅游目的地变化多样，但构成其主要部分的为国家公园及自然保护区（Eagles，1999）。世界旅游组织（WTO）表示自然环境旅游总值为每年200亿美元（WTO，1998），并且自20世纪80年代末以来以每年的2%的比率增长，直到占到20世纪90年代末休闲旅游总值的约20%（Newsome *et al*.，2002）。自然环境旅游包括滨海旅游和海洋旅游（海滩、海岛、入海口区域、珊瑚礁和大海，包括航船和潜水等形式），高山旅游（名山观光和山地度假，包括徒步旅行和山地滑雪），内陆自然环境旅游或是非海岸、非高山的野生动物和自然观光散客游（Newsome *et al*.，2002）。在以往的旅游研究文献中，放松被认为是一个主要的旅游动机（Gray，1970；Dann，1977；Crompton，1979；Iso-Ahola，1982；Pearce，1988）。休闲旅行则被理论化为一种对惯常职责和压力的逃离（Mannell & Iso-Ahola，1987），而逃离和放松的动机维度被确证为旅行生涯模式研究方法中的重要旅行动机要素（Pearce，2005）。

现有旅游动机的理论文献能够令人信服地解释对自然和放松的偏爱吗？皮尔斯（Pearce，1993）认为，一个理想的旅游动机理论应该做到以下方面：它具备正确理论的功效，易于传播交流，能够解释内在和外在动机，在方法论上易于实行，采用多动机路径，对不同使用者均有吸引力，以及采用动态方法。后三个标准意味着这种旅游动机的理想理论应是普适的，即其解释和预测能够适用于所有游客和所有旅游研究者，无论在现在还是未来。这是一个极富挑战性的任务，但还是有一些这样的普适理论被发展出来了，尽管它们还没有一个得到普遍认同。这样的理论包括格雷（Gray，1970）的阳光欲（sunlust）和漫步欲（wonderlust）理论、普罗格（Plog，1973）的非自我中心（allocentrics）和自我心理中心（psychocentrics）模型、丹（Dann，1977）的混乱和自我提高理论、克朗普顿（Crompton，1979）的推拉因素理论、埃索-阿霍拉（Iso-Ahola，1982）的最优唤醒理论，以及皮尔斯（Pearce，1988）的旅行生涯阶梯理论等。除了它们的相对正确性存在争议以外，这些理论还有一些问题：它们为了获得一定的普遍性意义却忽视了对特定游客行为进行实际的具体描述（Schiffman & Kanuk，1997），而且没有一个理论深入考虑到自然环境的作用。比如，推拉理论（Dann，1981）认为到某自然环境去旅游的决策行为来自个人的内在需求（推力）和其感知到的自然环境的特征（拉力），这兴许是对的。但那些推拉因素具体是什么呢？我们已经认识到游客的一些特定推拉因素——逃离现世、自我探寻和评估、放松、名望、回归童年、亲友交流、社会交往，等等（Crompton，1979），但是这些都被认为是有局限的（Pearce，1993），并且其中没有一个被明确地导引到自然环境上来。“深入研究个体为什么会去旅游已经受到了缺乏普遍认同的游客动机概念建构这一极大阻碍”（Pearce，1993：114）。认识驱动游客偏好自然环境旅游的个体决策机制和那些自然环境特征，对旅游运营和市场营销决策具有重要意义。这些理论同样都不满足皮尔斯（1993）的方法论上易于实行的理想理论要求，即它们都没能提供测量动机概念和任何中介动机构念的实践方法。因此，它们的经验有效性是不清楚的。

这里考察的旅游动机概念是关于修复视角的，因为它能够克服现有旅游动机理论文献在解释自然环境偏好和放松动机时的缺陷。“修复”这个术语偶尔会运用于旅游理论中（比如 Leiper，1995），但从未被清晰定义，从未与自然环境联系起来，以及从未得以充分理论化和被检验。相反，卡普兰（1995）的注意力修复理论（ART）阐述了心理修复需求如何驱动个体去寻求与自然环境的接触，并且是依据对个人和环境本身的特征进行特定和清楚的测量来阐述的。尽管在此认为 ART 有助于解释旅游统计数据和为不断扩展的旅游动机理论提供一个很有价值的跨学科视角的推进，但这些讨论并不意味着所有自然地旅游都是由修复动机驱动的。修复理论解释的局限性及其解决的其他理论的缺陷都将会被指出来，但究竟是什么使得我们认为修复是旅游动机理论的一个方面呢？基本论据是这样的：环境心理学家同样发现了如旅游发现那样的对自然环境的偏好，并给予理论解释和预测了放松因素也会驱动游客旅行。这些理论是明确的、方法论上易于实行的，并由经验所验证。是否可能这两种解释（环境心理学和旅游学）都具有相同有效的解释机制而且旅游理论能够受益于此呢？

对自然环境和放松的偏好

环境心理学“研究个人和其物质环境之间的交互过程，个人如何改变环境和行为以及体验又如何受到环境的改变”（Gifford，2002：1）。尽管旅游取决于环境且许多游客体验可被认为是与环境交互的过程，旅游学者［除了 Holden（2005）以外］还是在很大程度上忽视了这些领域的理论和发现。然而，见于旅游统计数据的对自然和放松的偏好在环境心理学家的研究中同样被呈现出来了。

在卡普兰双氏（R. Kaplan & S. Kaplan，1989）影响深远的《自然的体验》（*The Experience of Nature*）一书中，一系列试验结果发现：人们偏好自然环境比城市环境更多，而且自然是有助于修复的。这本书第一次提供了基于研究的分析，强调了自然环境在孕育人们的安宁生活和福利方面充当的重要心理学角色。

这个趋势在环境心理学研究领域还在持续，而且研究证据表明，游览自然景色有助于改善心理健康，包括心理警觉度、注意力和认知表现（Hartig *et al.*，1991，1996；Cimprich，1993，2003；Tennessen & Cimprich，1995）。在梅斯等（Mace *et al.*，1999）所著的论文中列举了通过一百多个研究得出的认为自然环境有助于放松的令人信服的证据。比如，田纳森和辛普利奇（Tennessen & Cimprich，1995）的研究发现，与那些通过窗户能看到更少自然景色的大学住宿生相比，那些可看到更多自然景色的住宿生能够在注意力专注度测试中得分更高，并且他们的专注力是更加有效的。值得注意的是，偏好不仅限于对某个特定环境的视觉方面，还包括把对某特定环境的偏好作为执行某些特定行为和实现某些特定功能的地方（Hartig & Staats，2005：282）。

在随后对环境偏好的试验研究中，哈提格等（Hartig *et al*.，2003）比较研究了在自然保护区的漫步与在城市环境的漫步，发现前者促成了意味着降低紧张压力的血压变化。而且在自然保护区漫步的最后阶段，积极影响增加了而怒气减少了；在城市环境的漫步则出现相反的模式。其他的试验研究也发现，参与者更愿意穿越森林的一小时漫步，而不愿意穿越市中心的同样时长的漫步（Staats & Hartig，2004；Hartig & Staats，2005）。在关于园艺满意度和荒野经历的益处的研究中，自我报告的持久注意力、平和的感情和反思的机会等被认为是与自然接触的最显著方面（Kaplan & Talbot，1983；Talbot & Kaplan，1986；Kaplan & Kaplan，1989）。这种对自然和放松的偏好本身是很有趣的，但也只是加强了旅游统计数据的发现。不过，卡普兰（Kaplan，1995）用以解释注意力修复理论（ART）偏好的不仅仅是事实。

注意力修复理论（ART）

注意力修复理论被认为是一种环境心理学当中的适应性范式，即人类行为、感觉和偏好被看作是在一个不确定信息环境中为了促进各项功能和生存而演进的（Saegert & Winkel，1990）。"有些人可能会把人们想要与自然亲密接触的想法草率解释为一种与浪漫主义自然观有关的反城市偏见的结果。但是，环境心理学的研究表明，人们对自然的向往起到了一种适应性功能的作用，即心理修复。"（Van den Berg *et al*.，2007：79）

事实上，卡普兰双氏（1989：10）解释这种偏好自然的基本假设是环境偏好与人类基本关怀紧密相关——它们是对人类基本需求以及自然环境如何能够实现这些需求的一种表达：

> 偏好更应该被想象成是一种环境，在此环境下，一个组织可能因为那些受到伤害或导致无效的东西而兴盛与衰败。因此，人类也像其他动物一样更加可能偏好一种能使他们的各项功能有效运转的环境。审美反应不表明一种因果的或无关紧要的人类构成部分。相反，它们显示出一

种既古老又深远的指向人类行为的引导。这种反应的深层本质是一种对其与人类需求和目的相兼容的环境评估。因此，审美反应是一个更可能产生有效人类官能的环境表征。

这种对自然的亲近已经有学者通过环境偏好概念做出了研究。卡普兰他们认为与偏好自然环境有关的人类信息处理特性是一种选择性关注，是一种把心智资源引导到特定目标客体和我们环境的排他性特征的关键心理机制。换言之，这就是我们聚焦和集中的能力。在哲学家威廉·詹姆斯（William James，1892）看来，必须区分两种不同的重要处理模式：无意识的和有意的（或经引导的）关注。当关注处于无意识模式时，注意力会被毫不费力地引导到天生感兴趣的刺激物上，这是一种詹姆斯所称的“魅力”。但是，当注意力被引导到一个人不容易理解或没有真正兴趣的事物上时，就需要不断努力；而持续运用这种被引导的注意力会引起重要心理能力的多种疲劳。在讨论受引导的注意力的重要性时，卡普兰（1995）强调：精神疲劳会影响解决问题和制订计划的能力，会损害感知力并导致执行过程中的错误，会引起暴躁并逃避社会交往。“因此，受引导注意力是人类效能的一个关键构成要素。相应地，受引导注意力的涣散就是人类错误和非效能的关键要素。”（Kaplan，1995：172）因此，当注意力变得涣散时，就需要一个修复期并且避免对受引导注意力的需求，而毫不费力的无意识注意力则可以使用。修复的结果就是注意力的集中能力增加了，心情改善了，而且有一种幸福和放松的感觉（Kaplan，1995）。

修复的需要因要满足日常的适应性需求而产生，而对自然环境的偏好则因其具有满足修复需要的能力。卡普兰双氏运用受引导注意力疲劳概念把人们对自然的偏好解释成是受到了修复需要的驱动，而下面将要讨论的那些自然环境的特征使得其可以提供修复功能。正确解释这些偏好的必要前提是自然环境确实能够修复人们，而有几个研究确实强烈支持这一点（Hartig *et al.*，1991、1996、2003；Herzog *et al.*，1997、2003；Kaplan，1995；Kaplan & Talbot，1983；Laumann *et al.*，2001；Talbot & Kaplan，1986）。这些研究直接测量了在自然环境下注意力的再生或精神疲劳的恢复。

例如，哈提格等（Hartig *et al.*，1991）提供了一个需要注意力的校对阅读检验任务的三组受试者：野生生物保护区度假者、非野生生物保护区度假者和非度假者控制组。校对测试在受试者旅途之前和之后，而野生生物保护区度假者表现出旅途之后注意力绩效的显著改善。相反，另外两组受试者则实际上显示出旅途后注意力绩效的下降。在第二次研究里，哈提格等人（1991）比较了三类环境的修复潜力：自然环境、城市环境以及包含聆听软音乐和读杂志的被动性放松环境。所有受试者都在他们各自环境下散步前和散步后放松的40分钟内完成了相同的需要注意力的校对任务，然后同样的任务再重复一遍。结果同样表明，那些在自然环境下的受试者显示出校对绩效的改进，而那些城市环境下和被动放松环境下的受试者则没有改进。除了这些客观测量之外，还有一个基于“感知修复程度”的自我汇报的主观测量，同样显示了校对阅读绩效与主观修复感受之间的高度相关性。

注意力修复理论也得到了那些测量各种环境下感知修复质量的研究的支持（Berto，2005；Hartig *et al.*，1997；Herzog *et al.*，2002；Korpela & Hartig，1996）。在自然环境和城市环境的对比中，这些研究普遍发现参与测试者感知到自然环境比城市环境更具有修复作用。在近期的研究中，波尔托（Berto，2005）检验了置身于修复环境会促进精神疲劳恢复的假说。“受试者被要求观看一些彩色照片的幻灯片，如湖泊、河流、海洋、高山、树木、果园、森林、城市河畔、城市街区、工业区、居民区走廊、城市区域和摩天大楼。”（Berto，2005：251）每个受试者都被要求评价每种风景的修复价值，这些修复价值评价项目是按照科尔佩拉和哈提格（Korpela & Hartig，1996）的感知修复量表（PRS）设计出来的。结果表明，自然景色被给予最高的修复价值评价，而注意力能力在这些环境下也得到了恢复。研究发现支持了注意力修复理论关于自然环境比城市环境更具有修复作用的推断。

到目前为止，注意力修复理论解释了那些需要修复的个体的特征，结果表明，个体注意力的修复通常发生在自然环境而非人造环境下。根据动机理论，我们已经解释了偏好自然的“推力”因素，但还没有充分阐明“拉力”因素，即为什么是自然环境而不是人造环境提供了修复作用。换言之，自然环境包含了什么东西使得其能够修复我们或使我们恢复的？如果游客确实是受到修复需求的驱动去寻找自然的，那么这样的一些关于自然环境特征的描述对旅游研究具有无法估量的价值，因为这会为需要保护、提高和销售的旅游目的地特征提供清晰描述。

修复性环境理论

基于自然环境独特特征的分析和詹姆斯“魅力”概念的外推法，卡普兰双氏（1989）阐明，一个环境要能够提供修复功能，必须具有的四个基本特征：“魅力”（fascination）、“逃离”（being away）、“延伸”（extent）和“兼容”（compatibility）。含有这四个特征的环境就被认为是修复性环境。

“魅力”是指一个环境具有导引出“无意识注意”的潜能。无意识注意需要很少或不需要任何努力，能够防止疲劳，而且当兴趣和好奇之外的周围环境事物和过程吸引和保持住了一个人的注意力之时，马上就反弹成为行动动作。“魅力”因以下两个原因而很重要：首先，“‘魅力’吸引着人们并防止人们变得不耐烦；其次是使得人们不需要受导引的注意就可正常地产生功能”（Kaplan & Kaplan，1989：184）。当无意识注意运作时，对受导引注意的需求就减弱了，而注意力就可以修复了。经历这种形式的魅力修复是一种时间上的暂缓、一刻的欣喜，一种真正活着的状态。“魅力”有许多来源和类型，一些来自内容（或“软魅力”），另外一些来自过程（或“硬魅力”）。“魅力”是沿着“软—硬”两端的连续体导出来的，而这种软硬两端则基于刺激物或内容的组成要素。“软魅力”作为某些自然环境的特征，在提供反思机会方面具有特殊优势，而这又能进一步增加从导引性注意力疲劳中恢复的好处（Kaplan，1995）。“软魅力”应该包含自然环境的要素，比如落日和瀑布、洞穴和篝火（R. Kaplan & S. Kaplan，1989），微风中飘舞的叶子和乌云密布（Kaplan，1995）。“硬魅力”包含剧烈的、攫取注意力的刺激物，比如凝视大树和大瀑布（Herzog *et al.*，1997）。但是，“魅力”不总足以产生注意力修复效应；一个环境必须还能给予个人“逃离”的机会，能够具有“延伸”和“兼容”属性。

“逃离”使一个人从需要受导引注意力的任何精神活动中解脱出来，并允许“魅力”去接管。需要分辨出两种不同类型的“逃离”：从物质上离开一个不同的地理位置，和从心理上离开或进行概念上的转换（Kaplan，

1995）。一个修复性环境应该提供一个能处于不同地理位置、从一个人日常生活和事务中逃离的机会和特质。通常这就意味着是一个假期。其次，卡普兰解释说，“一个不同的环境并不如一个人凝视方向的改变那样重要”（Kaplan，1995：173）。事实上，一个人远离的地方与其自什么地方远离同等重要。譬如，卡普兰（1995）强调说，旅行到一个不同地方本身并不能提供注意力修复作用，如果在逃离状态下每日的常规和事务都容易接触到的话。一个此类的例子是德波顿（de Botton，2002）叙说的，在他充满期待地去巴巴多斯度假的第一天早晨，他在沙滩中漫步，投入到有沙滩、椰子树和绿宝石色大海的度假区美景之中。他承认说，

> 我也许注意到了一些鸟带着晨起的兴奋飞过天空，但我的这种意识却因一些其他事情而减弱。这是一些前后不一致的无关因素，其中包含由于我没有通知一个同事说我要远行而产生的如鲠在喉，以及跨越两边太阳穴的压力和不断增强的想上厕所的需求。一个重要的但在当时一直被忽略的事实浮现了出来：我不经意地把我“自己和我”一起带到了这个岛上。（de Botton，2002：20）

我们每天活动的环境会变得相当熟悉且处理新信息的范围有限；或者因要处理某些不感兴趣的信息而变得相当苛求。卡普兰和塔尔波特（Kaplan & Talbot，1983）解释说，一个修复性环境必须具有“延伸”属性，提供一种“逃离”到精神探求新世界中去的感觉；它应该足够丰富和连贯，以便形成足够大的范围来支撑探求和解释的“一个完整的别样世界”。“延伸”是指即时环境是一些更大的环境或整体环境一部分的那种感觉。“延伸”可由两个子要素界定：“连接性”和“范围”，两者同样都是要么关于物质环境，要么关于心理过程的（Kaplan & Kaplan，1989）。“连接性”表现在一系列的环境特性之间的关系之中。“范围”是指一种幅度，并且意味着还有除即时环境之外的世界，要么物质上超越可视界限，要么在想象之内并且暗示具有更多信息可供探求的（Hartig *et al.*，1991）。

“兼容”是指两个状态之间的一致性，即特定环境下人们正常发挥自身功能（既是物质上的也是精神上的）与该环境能够为该功能发挥所提供的

机会（Hartig *et al.*，1991）。一个环境要具有修复性，它必须不仅支持某些特定活动，而且支持个人的任何意向。因此，“兼容”是环境指令和个人意图的函数（Hartig *et al.*，1991）。如果环境或环境的构成要素不能或被感觉不能支持人们提出来的某些特定活动，那么这个环境就不是兼容性的（Kaplan，1995）。

游客受到修复所驱动吗？

通过前述阐释可以清楚看出很多人受到了心理修复需要驱动而要去体验自然，然而游客属于这一类人吗？卡普兰双氏认为，修复是所有具有适应性需要的人类所共有的必需品，但并非所有行为都是受到这种必需品所驱动的。这里认为修复能够解释一些游客偏好自然环境的驱动力：环境心理学家也发现了相同的自然环境偏好，正如旅游研究发现的，并运用注意力修复理论做了解释，且该理论也预测了此类形式的放松也是驱动游客的动力。这种解释至少与人们认识到的游客行为是一致的，而修复性环境理论的细节与其他著名的游客驱动力理论有很大一致性。潜在的“逃离”感天生地存在于任何旅行体验中，并类似于皮尔斯（Pearce，2005）所认为的核心驱动力“逃避和放松”，而“魅力”和“延伸”则与“新奇”是一致的，“兼容”则类似于“关系和个人发展”。

要想最终解决这样的问题将需要进行专注深入的研究，而运用前述的注意力修复理论的方法则可以达成此目标。为了确定修复确实发生了，游客被要求进行校对阅读、内克方块（Necker cube）或其他规定任务，以便精确测量其在度假前后的精神疲劳度。但即使发现修复确实发生了，也必须要去确定是这种精神修复驱动了游客去选择自然环境作为旅游目的地的。这通过面谈调查也许可以实现，即要求游客回答那些关于修复环境理论四个组成部分的问题，以便理解每一个组成部分作为“拉力”因素的重要性。修复作为游客驱动力的一个困难是其是一个每天或多或少发生且需要被频繁维护的行进中的问题。相反，假期对大部分人来说都不是频繁的事情，从而也无法成为一个人仅有的修复手段。人们可以把这种观察现象解释为怀疑修复只是游客动机的一小部分而已，又或者还可以猜测人们只是找到每天生活必需的一点修复，但只要他们经济上或其他方面支付得起的话就会去努力寻求一种深刻的、长期的修复。因此，放松具体说就是肉体和精神的恢复和修复仍然被列为是一种旅游的关键物质性动机（Hall，2007）。

这里并不是说所有自然环境旅游都是受到修复动机驱使的。修复理论的局限性还没有被准确地认识到，而如果理论延展得太远的话就可能会失效。譬如，虽然说那些在自然环境中寻找安宁的人正是为了寻求从他们日常生活的过度刺激中恢复过来似乎是合情合理的，而说那些在自然环境中寻求挑战（例如徒步旅行者和登山者）的人也是为了从挑战的耗竭中恢复过来就似乎不令人信服了。这种思维模式把每一种与自然界的交往都说成是从损失中补偿，即使情况是我们确已完全恢复但仍想寻求自然；尽管也许这是一个基于需求的普遍动机理论问题——它们没有自由选择的余地。假设修复动机或多或少被确认为是游客驱动因素，那么它要怎样匹配现有理论呢？

注意力修复理论与现有游客动机理论

努力思考一下注意力修复理论多大程度上可以成为一种游客动机理论以及其怎样才能作为现有理论的补充是很有趣的。先考虑第一个问题，我将用皮尔斯（Pearce，1993）的七个标准来评价游客动机理论的价值。皮尔斯认为，一个可靠的游客动机理论应符合以下条件：它具备正确理论的功效，对不同使用者均有吸引力，易于传播交流，在方法上易于实行，采用动态方法，能够解释内在和外在动机并采用多动机路径。

要具备正确理论那样的功效，注意力修复理论必须能够解释和预测游客动机并且经验上是可验证的。在其本身范围内，ART 符合这个标准：其理论解释与人类对自然环境的偏好是一致的，而且其预测也得到了一些研究的验证。ART 至少能够解释一些游客行为，这初看起来似乎是合情合理的，而其方法也易于运用于特定旅游研究。ART 预测，具有卡普兰所说四个特征的环境会受到那些寻找修复的游客的偏好，而这能够运用现有的 ART 方法来验证。因为这个原因，ART 被认为暂时能够像一个正确游客动机理论那样产生正常功效。

至于对不同使用者均有吸引力，就必须要可适用于相当数量的旅游研究者。自然环境旅游毫无疑问是当今最重大的旅游研究领域之一，当然也将受益于ART这个新鲜视角和认识。第三个标准易于传播交流，似乎很符合ART。可以把ART对游客动机的解释精确概括为：游客被吸引到自然环境是因为那些自然环境具有帮助修复心理疲劳和提供放松的功能特征。特定心理功能被修复以后正是受导引注意力，而这些环境的具体特征正是“逃离”、“延伸”、“魅力”和“兼容”。

在使方法论易于实行方面，需要能够提供一组方法来测量其构念以便能够合理运用于游客动机研究。我们似乎可以合理预期现有测量修复的技术——先前探讨的和在文献中的——能够运用于度假前、度假中和度假后的游客。采用动态方法方面，一个理论必须能够适合于新发现和适应于变换中的偏好。ART一定程度上可说是符合的，因为其解释的人类动机是如此根本以至于可说这些动机是普遍性的并且不受限于变化。解释内在和外在动机就是要能够解释那些它们本身是合意的旅游动机以及那些对某个目的而言是一个手段的动机。这里，“逃离”和“兼容”等成分可被看作是内在因素，而“魅力”和“延伸”则作为外在因素。这里的挑战将在于如何评估包含于这组因素中的可能标准的范围。最后一个标准是多动机路径，如果一个理论对同一个行为采用许多不同的动机来解释就符合了。根据定义，ART只运用一个单一动机——修复——来解释行为，因此也就不符合了。也正是由于这个原因，本章并不认为ART是一个完整的游客动机解释理论。不过，正如前述，ART确实符合皮尔斯的其他几个标准而应可用于优化广泛的现有理论成为更加全面，因为它具有现有理论不具备的特点。下一部分把ART相对几种流行的游客动机理论进行比较。

马斯洛需求层次理论

马斯洛（Maslow，1943）定义了健康幸福生活必须满足的五种层次的需求，这是一个关于人类一般动机很有影响的理论，并且是皮尔斯（1988）旅行生涯阶梯理论的基础。个人在实现较高层次的需求之前必须先满足较低层次的需求，这使得较低层次需求更加强烈。最低两个层次的需求是个人肉体存活的先决条件：诸如饥渴、放松等“生理”需求以及诸如远离威胁和危险等“安全”需求。在基本生存需求之上，有一个对“社会交往”关系的需求以便提供爱、感情和朋友关系，还有“尊重”需求以提供自尊、声誉和成就感。最高层次的需求是“自我实现”，即一个人实现其最高潜能的需求。由于ART产生放松作用似乎更清楚地属于符合心理层次的需求，尽管其实际机制是心理的，且与马斯洛基础理论并无差别。在需求层次理论中，注意力修复应该是较高功能的先决条件，而对长期接触自然环境的研究（Kaplan & Talbot，1983；Talbot & Kaplan，1986）已经证明更高功能的是——以马斯洛术语来说——持续接触。卡普兰双氏（1989）发现那些参与一个11天户外挑战项目（类似于流行的户外拓展训练系统）的测试者汇报了征服感、自信感和11天后的内在安宁感。由于初始接触自然能够提供实现较低层次需求的修复，并且之后允许尊重和自我实现等较高层次的需求得到满足，才吸引着人们去冒险。

推拉因素

丹（Dann，1977）和克朗普顿（Crompton，1979）将他们的游客动机理论建立在非常一般化的推拉因素概念基础之上。推力因素或心理因素是那些推动一个人离开家初次出游的动机因素，而拉力因素则是在已确定要出游前提下的目标选择的目的地特点。克朗普顿（1979）在一个对39人进行的深度访谈研究中，识别出驱动游客的七类具体推力因素和两类具体拉力因素。七类推力因素是：逃离日常环境、探求和评价自我、放松、名望、回归童年状态、增进亲属关系和促进社会交往。两类拉力因素为：新奇的东西和教育。ART和修复性环境理论能很好地与一般推拉因素理论框架相适应，即修复的需求作为向那些可产生修复效应的环境的推力因素，而自然环境中的那些“魅力”、“逃离”、“延伸”和“兼容”等特征则“拉动”人们走向这些环境以满足他们的需求。至于克朗普顿的具体推拉因素，尽管修复性特征“逃离”也与“逃离一个日常环境”有一致的地方，但修复还是与放松最一致，这一点是很清楚的。

注意力修复理论的社交方面

由前述两个理论产生的一个重要问题是关于修复的社交影响。马斯洛和克朗普顿都把社会交往作为行为的重要驱动力来描述，但是 ART 的社交方面还是不清楚的。ART 目前只解释了修复的物质和环境方面，而其他人扮演了什么（如果有的话）角色则是不清楚的。在极端情况下，其他人的出现可能是修复的重要因素，也可能是导致没有修复效应的关键性阻碍因素。又或者，其他人可能只是简单提高或降低了一个环境的修复潜能。哪怕只认识到了修复理论缺乏这种社交影响方面的唯一知名研究是斯塔茨和哈提格（Staats & Hartig，2004）做出的，他们批评了这个缺陷并提出了一些关于其他人如何可能成为修复影响因素的观点。他们对 106 个参与者的研究表明，其他人的出现确实会影响自然环境下的修复效应，并且可能具有两个积极使能效应（enabling effects）。第一个效应为，当一个人惧怕在一个不可控自然环境中受到伤害（或更糟）而感到难以放松和精神恢复松弛时，其他人的出现将会提供一种“安全”因素。这也就是“同伴通过提供安全感而使修复成为可能”（Staats & Hartig，2004：209）。但也应该注意到，“当安全不再是一个忧虑时，没有同伴反而会提高修复效应”（同上）。第二个同伴对修复的积极效应是，使一个人有助于把注意力指引到即时经历的事情方面，“其他人通过使一个人可随意自由地观察以满足其对自然环境的好奇来提高环境的修复质量，这与安全无关”（Hartig，2004：3）。斯塔茨和哈提格的研究是一个很有希望的开端，但正如他们自己也承认的，它没有穷尽修复的社交方面问题。

最优唤醒理论

马斯洛和克朗普顿所阐述的游客动机的社交因素为埃索-阿霍拉（Iso-Ahola，1982：257）所否定，他认为，“动机纯粹是一个心理概念，而不是社会概念”。埃索-阿霍拉更倾向于根据“最优唤醒”来思考动机，即一个人将会去寻找一个能够使其达到个人心理平衡的环境。如果人们受到过度刺激，他们将会寻求一个没有过多刺激的环境；如果他们的刺激不足，就将会基于期望的兴奋度来选择目的地。这个理论似乎与 ART 更加一致，因为它强调了修复和放松之间的重要差别。放松不同于修复。一方面，这种差别在于一种因果关系：放松是一种物质感受，但注意力修复则是心理机能的恢复并将会导致放松效应。但另一方面还有一个更有趣的不同之处。放松效应还可以通过闭上双眼逃离现实而获得；通过关闭一个人的思想而被动清空压力和担忧来达到放松效应。譬如健康旅游（wellbeing tourism），具体说就是使用诸如按摩、健身和护理等水疗养生设施而看起来被导引到这种放松方式上（McNeil，2005）。相反，修复不是去消极逃离所有知觉；而是逃离与世界交往的疲惫模式，以便去激活一种基于无须任何努力的更为原始和自然的感知模式，而放松则是其结果。埃索-阿霍拉的理论似乎以不同的表达方式获得了这种被动性和主动性的某种平衡。ART 能够扩展和提炼埃索-阿霍拉的理论，运用特定机制来获得最优唤醒以及促进最优唤醒的环境特征。这也同样需要潜心研究来精确测量 ART 和最优唤醒之间的相似性或判定其应用性。

修复理论对旅游实践的含义

在旅游领域已有许多研究致力于理解游客动机，这对于旅游目的地规划、营销和管理至关重要。那些经常被提到的问题包括：是什么因素最先引发了旅游的意愿？又是什么因素影响了旅游目的地的选择？游客动机研究寻求解释旅游活动的模式，理解为什么人们离家出游、去哪里旅游和为什么返回而又继续去不同地方（Page *et al.*，2001）。这些知识也可以帮助旅游产业者理解消旅游费者是怎样做出旅游决策的。

假如游客在一定程度上真是受到修复需求的驱动而到自然环境旅游并且卡普兰双氏的修复性环境的四个特征是真实存在的，那么旅游从业者又当如何呢？本章讨论的修复形式比被动放松更需要不同的设施。修复是放松的一个原因，而旅游目的地应该清楚它们应提供什么。在建设一个旅游吸引物如自然保护区的游客步道的时候，应该聚焦于确保“魅力”和“延伸”标准是首先明确制定、随后明显可见地呈现出来的，并通过解释来维护和提高。自然保护区的不同野生动植物种群的标识和信息可作为“延伸”的范例。

在文献里，放松通常被游客说成是主要目的（Pearce，2005），于是旅游行业就开始准备为那些从长计划假期的人提供一种放松。考虑这样一个情景：一个人积压了数月的精神疲劳，依据推拉力因素提前三个月预订了假期。这对于舒缓目前压力和修复受导引注意力几乎没有任何帮助。因此，修复性环境理论可以用于旅游业以便弥补这种不足。一个游客归根结底是一个自家里和日常时间出游去参加一些在家无法获得的活动的人。另一方面，休闲活动是易获得的、自发的，并且一个人在有需要时就可参与其中的。因此，旅游业可以开始促销一些短假——短且频繁的（旅游产品）——只要旅游目的地能提供 ART 的四个要素。目的是只要当你需要之时，就去为修复体验提供一个庇护所。旅游业还可以开始去改变公众对“节日”和休闲假期的感知，运用卡普兰（1995）定义的修复概念作为其强烈呼声。

这里提出的论据认为游客对自然环境和放松的偏好可以运用源自环境心理学的修复概念来解释。我们认为卡普兰双氏的 ART 和修复性环境理论对特定自然环境的精细理论有所贡献，对现有旅游动机理论所缺乏的方法技术和经验合理化也有所贡献。为了最后解决这个问题还需要更深入的研究，但如果发现以上观点是正确的，那么这两个理论对旅游动机理论将大有裨益，对旅游实践的丰富意义也将随之产生。

参考文献

Berto，R.（2005）Exposure to restorative environments helps restore attentional capacity. *Journal of Environmental Psychology* 25，249-259.

Cimprich，B.（1993）Development of an intervention to restore attention in cancer patients. *Cancer Nursing* 16（2），83-92.

Cimprich，B.（2003）An environmental intervention to restore attention in women with newly diagnosed breast cancer. *Cancer Nursing* 26，284-292.

Crompton，J. L.（1979）Motivations for pleasure vacation. *Annals of Tourism Research* 6（1），408-424.

Dann，G.（1981）Tourism motivation：An appraisal. *Annals of Tourism Research* 8（2），187-219.

Dann，G. M. S.（1977）Anomie，ego-enhancement and tourism. *Annals of Tourism Research* 4（4），184-194.

de Botton, A. (2002) *The Art of Travel*. London: Hamish Hamilton.

Eagles, P. F. J. (1999) Nature-based tourism in terrestrial protected areas. In S. Bolton and N. Dudley (eds) *Partnerships for Protection: New Strategies for Planning and Management for Protected Areas* (pp. 144-152). London: Earthscan.

Gifford, R. (2002) *Environmental Psychology* (3rd edn). Canada: Optimal Books.

Gray, J. P. (1970) *International Travel-International Trade*. Lexington Heath: Lexington Books.

Hall, C. M. (2007) *Tourism in Australia: Development, Issues and Change* (5th edn). Australia: Pearson Education.

Hall, C. M. and Boyd, S. (eds) (2005) *Nature-based Tourism in Peripheral Areas: Development or Disaster*. Clevedon: Channel View Publications.

Hartig, T. (2004) Toward understanding the restorative environment as a health resource. Engaging with the environment. Keynote Address. *Open Space. People Space. An International Conference on Inclusive Environments*: Edinburgh. On WWW at http://www.openspace.eca.ac.uk/conference/proceedings/PDF/Hartig.pdf. Accessed 16.06.07.

Hartig, T., Böök, A., Garvill, J., Olsson, T. and Gärling, T. (1996) Environmentalinfluences on psychological restoration. *Scandinavian Journal of Psychology* 37, 78-393.

Hartig, T., Evans, G. W., Jamner, L. J., Davis, D. S. and Gärling, T. (2003) Tracking restoration in natural and urban field settings. *Journal of Environmental Psychology* 23, 109-123.

Hartig, T., Korpela, K., Evans, G. W. and Gärling, T. (1997) A measure of restorative quality in environments. *Scandinavian Housing and Planning Research* 14, 175-194.

Hartig, T., Mang, M. and Evans, G. W. (1991) Restorative effects of natural environment experiences. *Environment and Behaviour* 23 (1), 3-26.

Hartig, T. and Staats, H. (2005) Linking preference for environments with their restorative quality. In B. Tress, G. Tress, G. Fry and P. Opdam (eds) *From Landscape Research to Landscape Planning: Aspects of Integration, Education and Application* (pp. 279-292). Dordrecht: Springer.

Herzog, T. R., Black, A. M., Fountaine, K. A. and Knotts, D. J. (1997) Reflection and attentional recovery as distinctive benefits of restorative environments. *Journal of Environmental Psychology* 17, 165-170.

Herzog, T. R., Chen, H. C. and Primeau, J. (2002) Perception of the restorative potential of natural and other settings. *Journal of Environmental Psychology* 22, 295-306.

Herzog, T. R., Maguire, C. P. and Nebel, M. B. (2003) Assessing the restorative components of environments. *Journal of Environmental Psychology* 23, 159-170.

Holden, A. (2005) *Tourism Studies and the Social Sciences*. London: Routledge.

Iso-Ahola, E. S. (1982) Toward a social psychological theory of tourism motivation: A rejoinder.

Annals of Tourism Research 6, 257-264.

James, W. (1892) *Psychology: The Briefer Course*. New York: Holt.

Kaplan, R. and Kaplan, S. (1989) *The Experience of Nature: A Psychological Perspective*. Cambridge: Cambridge University Press.

Kaplan, S. (1995) The restorative benefits of nature: Toward an integrative framework. *Journal of Environmental Psychology* 15, 169-182.

Kaplan, S. and Talbot, J. F. (1983) Psychological benefits of a wilderness experience. In I. Altman and J. F. Wohlwill (eds) *Behaviour and the Natural Environment* (Vol. 6, pp. 163-203). London: Plenum Press.

Korpela, K. and Hartig, T. (1996) Restorative qualities of favourite places. *Journal of Environmental Psychology* 16, 221-233.

Laumann, K., Gärling, T. and Stormark, K. M. (2001) Rating scale measures of restorative components of environments. *Journal of Environmental Psychology* 21, 31-44.

Leiper, N. (1995) *Tourism Management*. Victoria: RMIT Press.

Lindberg, K., Wood, M. E. and Engeldrum, D. (1998) *Ecotourism: A Guide for Planners and Managers* (Vol. 2). North Bennington: The Ecotourism Society.

Mace, B., Bell, P. and Loomis, R. (1999) Aesthetic, affective, and cognitive effects of noise on natural landscape assessment. *Society and Natural Resources* 12 (3), 225-242.

Mannell, R. C. and Iso-Ahola, S-E. (1987) Psychological nature of leisure and tourism experience. *Annals of Tourism Research* 14, 314-331.

Maslow, A. (1943) A theory of human motivation. *Psychological Review* 50, 370-396.

McNeil, K. R. (2005) Staying in the spa marketing game: Trends, challenges, strategies and techniques. *Journal of Vacation Marketing* 11 (1), 31-39.

Newsome, D., Moore, S. and Dowling, R. (2001) *Natural Area Tourism: Ecology, Impacts and Management*. Clevedon: Channel View Publications.

Page, S. J., Brunt, P., Busby, G. and Connell, J. (2001) *Tourism: A Modern Synthesis*. Australia: Thomson Learning.

Pearce, P. L. (1988) *The Ulysses Factor: Evaluating Visitors in Tourist Settings*. New York: Springer-Verlag.

Pearce, P. L. (2005) *Tourist Behaviour: Themes and Conceptual Schemes*. Clevedon: Channel View Publications.

Phillip, P. L. (1993) Fundamentals of tourist motivation. In D. Pearce and R. Butler (eds) *Tourism Research: Critiques and Challenges* (pp. 85-105). London: Routledge.

Plog, S. (1973) Why destination areas rise and fall. *Cornell Hotel and Restaurant Administration Quarterly* February, 55-58.

Saegert, S. and Winkel, G. H. (1990) Environmental psychology. *Annual Review of Psychology*

41, 441-477.

Schiffman, B. and Kanuk, W. (1997) *Consumer Behaviour*. Sydney: Prentice Hall Australia.

Staats, H., Kieviet, A. and Hartig, T. (2003) Where to recover from attentional fatigue: An expectancy-value analysis of environmental preference. *Journal of Environmental Psychology* 23, 147-157.

Talbot, J. F. and Kaplan, S. (1986) Perspectives on wilderness: Re-examining the value of extended wilderness experience. *Journal of Environmental Psychology* 6 (3), 177-188.

Tennessen, C. H. and Cimprich, B. (1995) Views to nature: Effects on attention. *Journal* of *Environmental Psychology* 15, 77-85.

Van den Berg, A. E., Hartig, T. and Staats, H. (2007) Preference for nature in urbanized societies: Stress, restoration, and the pursuit of sustainability. *Journal of Social Issues* 63, 79-96.

Weiler, B. and Davis, D. (1993) An exploratory investigation into the roles of the nature-based tour leader. *Tourism Management* 14 (2), 91-98.

WTO (1998) *Statistical Yearbook of Tourism*. Madrid: World Tourism Organisation.

第八章　审美愉悦：灵性旅游[①]之沉思

沙丽妮·辛格，泰吉·维尔·辛格

译者导读：人生而寻求意义，这种寻求导致了天与地、灵与肉、神圣与世俗、超越世界与实存世界的对立。似乎，只有找到了存在的意义，才能获得生命的永恒和神圣，才能抵御生命的有限和卑贱。从这个意义上，人是未完成的作品，注定了要为完成生命而上下求索，这种完成了的生命就是“一”。从西方思想史上看，在传统时期，人将“一”领悟为高于人、外在于人的上帝（作为实存整体或世界的本体）；在现代时期，人将“一”领悟为权力意志，将世界领悟为表象，人要赋予这个世界以意义，人要在生存过程中去创造意义。然而，历史证明：人既不是上帝的良民，更加成不了全知全能的上帝。传统和现代都对人提出了人难以胜任的任务。因此，对生命意义的探索至今仍然是一个尚未完成的任务，灵性旅游正是承接该任务而来。后期的海德格尔认为我们应该从“天—地—神—人”的四位一体中去领悟存在的意义，将实存既不领悟为某种权力意志，也不领悟为某种普遍本质；既不领悟为上帝，也不领悟为时间，而是领悟为某种“思”，这样的思经由

---

① 原文“Spiritual Tourism”译成灵性旅游而非精神旅游，主要考虑以下几个原因：1）中文语境下精神是个宽泛的概念，比如在黑格尔的《精神现象学》中就包含着主观精神、客观精神、绝对精神，本文使用“spirituality”一词时主要指人与神秘、人与信仰的灵里的主观体验；2）中文的习惯用法是精神与物质、灵与肉，从这种对立性概念可以看出，灵性更具体；3）当我们说一座山显灵、死去的人显灵的时候，这里的灵指的是一种超自然、超理性的力量，本文探讨的正是这种力量。但根据具体情景，我们也将“spirit（uality）”译成“精神”。（译者注）

诗的语言被言说。灵性旅游所追求的或许正是某种领悟，正是某种诗意的栖居。

旅行的意义在于实现精神的冒险或心灵的成长。（Maurice Shadbolt，1976）

如果旅游关注物质世界带来的愉悦，而灵性表示对物质世界所带来的愉悦的舍弃，那么，这两者可以协调吗？简言之，旅游和灵性的融合是可能的吗？还是仅仅是哲学家的乌托邦？思想家们常常发现对立的两极具有独特的吸引力，它们彼此共存，正如光明与黑暗、好与坏、美与丑。如果这是事实，那么灵性旅游为虔诚而无害的愉悦是否提供了一种共存的机会？同样，如果这是可能的，那么对于这种融合的回应和体验是否可以被认为是意义深远的？如果是，那么这件意义深远的事可能产生怎样的结果？在探索这些复杂问题的一些可能答案的过程中，应当对灵性、旅行和旅游、流浪、朝圣进行简短讨论以限定融合的范围。这样一个关于旅游的两极的激烈讨论可能并不新鲜，但是这种反思或许能够启发进一步的研究。

灵性

灵性这个概念有些神秘，属于哲学领域。尽管在学术文献中反复出现这一主题，但“灵性”这个词很难被定义（Hasselle-Newcombe，2005）。人种史学（ethnohistorical）的资料中关于灵性有着很多独特的界定：气息（拉丁观点）、风（希腊观点）和圣光（佛教观点）。灵性的多维现象得到了经验证据的支持。东方哲学传统，即印度教、佛教、儒教和道教，在解释灵性时主要围绕着意识、能量、幸福和感应这几个主题；而伊斯兰教、“犹太—基督教”的思想则认为真理、顺服都是以独一真神的绝对权柄为基础。这些理解灵性的不同路径或许看上去几乎没有关联，但是通过仔细审视源自人类体验和反应的诸多描述，我们认为这些路径都与如下观念产生共鸣：生活体验、和谐关联、对生活或存在的信仰或肯定以及感觉的直观一致性。灵性具有肯定世界和否定世界的二元性。印度教就是一个典型的例子，在印度教里，人既创造世界，又毁灭世界（Organ，1975）。灵性的另一个维度是引导生命走向追求终极价值、意义和有目的的生活的整体成长过程（Halstead & Mickley，1997）。这样，灵性采取一种无神论的方法使得人们在日常生活中用世俗方式思考、表现和行动。然而，当人类遇到某种超验力量的时候，其自然的反应往往是假定有神的大能。正是在这样的背景下，宗教和/或神圣性就成为灵性的话语方式。

宗教和灵性一样，是一个概括性概念，它包含着不同的信仰、实践和传统。因此两者可以替换着使用，尽管宗教具有狭隘的和机构性的特征，而灵性具有个人的和主观性的特征（Zinnbauer *et al.*，1997）。宗教神学可能围绕着精神上的观点，而非神学信仰者可能被深深地卷入灵性（非教会的）。在当代，宗教和灵性是明确区分的，分别作为消极的和积极的。现代宗教的出现，如"新世纪"[①] 和"神秘者"，声称其在替代灵性的基础地位（Sutcliffe & Bowman，2000），从而恢复宗教在灵性领域的地位。

旅行和旅游

游客普遍出现在神圣和世俗的地方。由于游客和朝圣者对于神圣和世俗空间在两种不同意义上的使用，史密斯（Smith，1992）、科恩（Cohen，1979）、柯林斯-克赖纳和卡利奥特（Collins-Kreiner & Kliot，2000）分别建议采用类型学的、体验的、全景的连续谱来刻画从世俗到神圣的变化过程。他们的书看似体现了肯定世界（生存）与否定世界（舍弃）的两极性。肯定世界的一个典型的例子是"女神朝圣者"，其本质上是前往民族的/环境的/历史的/遗产的目的地的女性旅行者，以明确的意图来践行她们的宗教信念、身份和政治意识。通过接触和体验这些地方中具有象征意义的活动和仪式，她们的旅行旨在促成"一种关于女性身体的激进肯定"（Rountree，2002：476）。在自身的女性形态和圣者的女性形态联系起来的过程中，女神朝圣者强烈地体验到了宗教"狂喜"与享乐性愉悦（而不是旅游乐趣）。另

① "新世纪"是一个概念。据维基百科，新世纪旅行是一种另类的旅行方式，采取此种旅行方式的人拥护新世纪观念和嬉皮士文化，游览对象多为音乐节和相关展览，以便和想法类似的人生活在一起。（译者注）

一种公认的探究是美裔犹太学生到以色列的寻根之旅。他们的寻根之旅是对其所盼望的地方的忠诚和肯定（Cohen，2003）。大多数现代神职人员肯定灵性能量在物质世界的存在，这也相当于肯定了可以在世俗世界中寻找（灵性）体验。

旅游学者麦坎内尔（MacCannell）和格里本（Graburn）指出了宗教和神圣性与现代大众旅游的直接关系。对旅游圣地/目的地的研究认为，将朝圣者从旅游者中分辨出来是很难的。基冈（Keegan，1991）认为旅游者和朝圣者的体验具有相似性，因而将两者的相容性又往前推进了一步。在基冈看来，不熟悉的地方和文化能唤醒所有感官，令精神从而变得敏感。大量全新的外部刺激物的“轰炸”刺激心理过程，将新的信息和体验加工和转换成有意义的灵性洞察力（Keegan，1991：8）。沙普利和孙达拉姆（Sharpley & Sundaram，2005）最近在研究旅游者到奥罗维尔①（Auroville）的旅行过程中，确证了相关的体验是一个不可或缺的因素，因此，没有必要预期在旅行过程中一定会产生灵性体验的结果。同样，旅行和访问，包括通往圣地的旅行线路和朝圣，都不可能总是产生灵性体验。因此，旅行线路，包括朝圣，不能确保必然产生灵性体验。

流浪

旅行就其自身而言，如果不过分强调目的地的重要性，将会是一个心灵体验的旅程。漫游嗜好者们（wanderlusters）总是在他们的旅程中不断发现新的文化，获得新的体验。旅程通常是一个朝圣的过程。在对日本国际游客的观察中，雷珀（Leiper，1989）指出，他们的行为符合漫游嗜好者的旅行方式。不断的流动是确保存在于陌生之地的唯一途径，这样才能一直不断地寻找到新奇和发现［Niebuhr in Senn（2002）］。旅行者的嗜游以及追求意外发现珍奇事物的精神，源于渴望熟悉自己在身体上、心理上、情感上和精神上的未知部分。虽然在实践上非常细心和严谨，但是，漫游的游客和旅行者

① 这个村庄位于印度，在中国极少有人知道，曾见诸于中国梵学大师徐梵澄的文献，它很可能是地球上最近似于乌托邦的地方。（译者注）

是相当悠闲的，因为他们没有任何特殊的目的（见 Heyd，2003）。这些旅行者倾向于走更长和更艰巨的路，来与这些历史的、宗教的、审美的地点建立关联。

流浪者们描述的灵性体验，与出世者、萨满教巫医、隐士、冒险者的不同，他们没有任何关于忏悔、苦行、苦恼或对巅峰的精神征服的明确意图。流浪者们特别为人所知的是他们对于旅程的享受。自我驱动的旅行者，为了纯粹的娱乐和愉悦而行走、爬山、远足、交谈和休息。海塞［Hesse，1972（1920）］更加艺术化地描述了这种情绪，“在流浪中，我们并不去寻找一个目标，我们只是寻找流浪中的幸福感”［Hesse，1971（1920）：24-25］。旅行的传统形式和模式可能为灵性旅行提供了非常生动的理解。在古希腊，人们长途旅行见证或参与具有广泛意义的场景，比如游行、祭祀、仪式、艺术表演、体育比赛和节庆，这些都是沉思神圣的良机（Rutherford，2000）。旅行因此被解读为“圣地之旅”和（神圣的）“观光”的同义词。虽然这些旅行是预先策划的活动，但是我们知道，未经策划的旅行也可以产生类似的情感。流浪者去过的路线，在某些情况下，已经变成无数旅行者的传统朝圣路线。日本哲学家松尾芭蕉的诗意漫游，前往圣地亚哥（Santiago）的徒步旅行，去到卢尔德（Lourdes）的旅行，去往卡米诺（Camino）的步行或骑行，以及对埃及南部努比亚（Nubia）沙漠中游牧牧民的反复造访，都激发了朝圣运动。

精神朝圣（之旅）

灵性之旅以目的的不确定性和体验的难忘性为特征。在文明的进程中，这个特征一直被保持着。古代朝圣的目的和现代情况相比，具有同样的多样性，而且很可能也是相似的。例如，希腊人旅行到圣地去咨询神谕，出席节日，做出牺牲，观看全希腊人的运动会和寻求治疗。旅行的理由可能是约定俗成的，也可能是个人的，抑或是两者的结合。旅行在伊斯兰教信仰中总是一个为了神的命令的原因，这使得旅行充满了灵性意义：人们（尤其是穆斯林）在旅行中感受到受造物的边界和美丽，从而体验到人的渺小和神的伟大（Din，1989：552）。参与印度朝圣之旅的人通常为以下活动出钱：造访或安放（*darshana*）一个具有吉祥和/或神圣意义的地方或寺庙、起誓与践行誓言（*vrata*）、洗礼（*snana*）、致敬（*shraddha*）、供奉（*daana*）与积德（*punya*）或涅槃（*nirvana*）。因此来说，朝圣者会由于社会的、个人的或者宗教的兴趣驱动去参观特定的地方，亦或是在不同的个体中，这些外在的社会倾向转变成了个人的倾向，或是他们的兴趣转变成了他们的信仰。

另一方面，犹太教、基督教、佛教、道教和儒家的朝圣者们，为了去经历那些神圣高尚的人曾穿越的、休息的、居住的、放弃的、到达的或完成的奇迹而去旅行。有些地方，比如西奈山上燃烧的灌木丛（以色列）、加雅（印度）、客西马尼园（耶路撒冷）、北港（中国台湾），就是那些对于地方的神圣性怀有某种信念的人的朝圣之地（Hobbs，1995；Senn，2002）。当朝圣者的经历将这些地方增添了学习、教育和转换的色彩，这样的朝圣就变得特别有意义。尽管体验是有差异性的，但是，它绝对象征着这样一个事实：灵性之旅的心灵移动和身体移动的距离一样多——这不仅仅关乎脚，也关乎心——许多相关的文学作品就是其关乎心灵的明证。朝圣的启示引发自各类的事件、约定或禁食某种食物的自律养生以及生活方式、谦卑、禁令、交互/参与、仪式挑战、纯粹物理移动或观光，当然也可能是以上这些的组合。

在这个转变体验中，内在和外在、自我和他人、有形的和无形的、次要的和至高的、身体的和心理的、平凡的和非凡的融合对旅行者而言是一个关键时刻。范·甘内普（见 Rudwick，1996）将这个阶段定义为出现于阈限环境中的过渡仪式。一个真正的朝圣者处于一个从世俗的日常生活中分离出来的临界状态，进而进入一个新的和不熟悉的状态，在这个新的状态中可以体验大我的精神境界。阈限的发生必然同时涉及空间的、感知的、理智的维度。此外，阈限的自我放大属性提供了一种精神上的体验，因此也提供了一个转换。这个临界状态向那些过去被不容置疑的信念、信仰、活下去的目的和理由提出了疑问。朝圣者不仅要克服这种怀疑，而且要形成真正的意义、洞见以及能够自发加入到普遍的和谐与交融中的能力（Senn，2002）。

灵性体验发生在神圣和世俗（如沙漠、荒地和荒野）领域。在这些地方，朝圣者的狂喜引起、支持和重新增强地方的神圣性，并且这种神圣性被激发去展露其自身。心灵的顿悟响应了神圣地方的出现和认同，若是缺乏响应，则是由于宗教企图、遗产、权力、商业或亵渎。避难所的等级体系分为地方的、区域的、国家的和国际的四个层次，各个层次表现出不同的形式，如敬拜中心、专门机构、隐居处、修行处、康复中心和专门的（精神磁石）社区。

探险骑士：个人成就的奥德赛

鉴于虔诚的游客的目的和体验，灵性旅程可以算是追寻者在达到阈限时的沉思之旅，这能够提供学习转换的真正体验。灵性的核心是要走出去追求。巴特森和舍恩拉德（Batson & Schoenrade，1991）、麦坎内尔（MacCannell，1973）、森（Senn，2002）和史密斯（Smith，1992）都提到了“去追寻”（quest）是虔诚旅游的核心。森（Senn，2002）明确地将追寻之旅描述为灵性的一个主要特征①。其他人认为这种朝圣行为是由于精神磁场的驱动力量才会发生。而且，正是这种寻求将宗教居民与渴慕上帝者区分开来。后者被称为真正的或真实的是由于这样一个事实：所有的宗教上的善都源于这种寻求取向（Hood & Morris，1985）。这个维度②——宗教虔诚与旅行/旅游共同具有——涉及人们开放地去面对复杂的实存问题以及生命的不确定性。接受了生命是有限的——个体对他人和事情发展出真正的同情和关心，有了这些，寻求者才会与信仰发生联系。这反过来又引发创造力，并持续地开启新奇体验（Batson & Ventis，1982）。

虽然灵性旅游者的追寻受限于物理的地点和其价值理念的认知状态，但几乎不可能去解释其差异性。例如，通往神圣中心的旅程在日本佛教传统中是释放苦难的方式；穆斯林的麦加朝圣是表达顺服真主安拉的方式；纳西利美人（Naciremas，北美族群）中的精神朝圣（*Surot*）承载着启迪（*tsiruot*）和幸福的希望；大部分印度朝圣者到瓦拉纳西为的是接近神圣者，尤其是在死亡来临的时候（涅槃），而其他人可能徘徊在神圣不可侵犯的喜马拉雅

---

① 原文为“an arc image for spirituality”，直译为“灵性的一个弧形形象”，理解不通。我们猜测这里可能存在笔误，即正确的表述可能是“an arch image for spirituality”，译为“灵性的一个主要形象（特征）”，与上下文较为一致。（译者注）

② 意指寻求。（译者注）

山，为的是神圣的愿景或沉思（*darsan*）或从轮回中得到解脱（*moksha*）；许多新世纪的朝圣者开始通过营造自己的空间来从宗教惯例获得自主，这也是他们自我灵性开启的过程。

宗教中心

灵性追求总是需要人们远离家门走向那些已知的和未知的、遥远的或附近的、人造的或自然的地方。一个中心所吸引的面积将决定这个地点、地方和景观的影响力。格里斯沃尔德（Griswold，1912）认为世界性的伟大宗教的创造中心只有两个地方，一个是巴勒斯坦—阿拉伯地区，另一个是印度—波斯地区。这两个地方能够影响的信徒的数量最多。对于希伯来人、基督徒和伊斯兰教徒，巴勒斯坦—阿拉伯中心毫无疑问是一个神圣的集聚区。而雅利安人种的后裔，也就是印度教徒、拜火教徒和佛教徒，则认同后者。不过，经过几个世纪的发展，人们又认知和/或发展了众多的（新的）精神磁石。

神圣中心的磁力通常是一种能够被感知到的内在性质，这使得其有潜力去满足搜灵者的渴望。自然界的不同存在形态：元素、景色、生命的和非生命的存在者，是精神追求和淬火的无可争辩的源泉。有些事情就像光一样为地点导向的信仰者营造一个无差别的空间（Weightman，1996）。风、阳光、水和火的运动构成了具有神圣意蕴的戏剧，这为普通的朝圣者提供了一个得以窥见神秘的入口。大自然用自己的方式与人类的灵魂相连接和交流。各种信仰的信徒，特别是印度教徒，都曾沉思过自然物的神性，如山顶、山脉、裸露的岩石、河流的源头和汇合处、森林中的水潭和果林、湖泊、树林、岩石、石头以及其他大自然的鬼斧神工，不管是独立存在的，还是作为景观的一部分而存在的。有趣的是，在灵性的话语中，作为生命之源的水却被山所征服，尽管水也同样是宗教信仰中最重要的元素。

在所有的自然景观中，世界各地的山激发了人类意识，跨越文明和时间。赛多纳[1]的多彩砂岩和页岩雄壮且优美如画，表达了非凡的奇迹。伯恩鲍姆（Bernbaum，2006）在对中国、埃及、美国、亚洲、日本、新西兰、澳大利亚和欧洲的案例研究中，泛泛提到了大山的神秘性和神圣性。人类灵性面对大山的超自然力量的无休止的祈祷使得人们相信大山能够成为天人感应的通道。众神从这些神殿展露和表达自己、赐予启示和救赎、表达命令、洗涤邪恶和治愈灵魂。印度教徒相信喜马拉雅山脉是神的宇宙的起源，有些还相信这里是神在地球上的居所。

很多人（圣人和凡人）环游地球去寻找灵性顿悟，的确证明了标志性的自然和文化景观的吸引力。由于后来的追随者们将这些地方神圣化了，凡人也被赋予了不朽。麦克威廉斯（MacWilliams，2000）对日本佛教徒到四国和阪东寺庙（圣人的居所的原型）的朝圣的叙述，古德里奇（Goodrich，1998）对到中国妙峰山天仙圣母碧霞元君殿的朝圣行为的刻画，赛泽（Sizer，1999）对于新教徒往圣地去接触、礼拜、倾听和学习当地基督徒的精神和体验的生活故事（一种新教朝圣）的描述，朗特里（Rountree，2002）对于供奉于麦加（Mecca）、卢尔德（Lourdes）、耶路撒冷（Jerusalem）、贝拿勒斯（Benaras）的价值理念的阐述，证实了人类为神圣某些地方而竭尽全力。神圣化过程在当代仍然在继续着，这表现在圣人的走动上，如赛巴巴（在普塔帕蒂镇）和奥罗宾多[2]（在本地治里[3]）；对著名人物的赞颂——除战争纪念馆和历史遗迹之外，有如列宁墓、毛泽东纪念堂、猫王的故居雅园和总统山。几个世纪以来，土著和新移民不仅获得了土地，而且

---

① “Sedona”起源于美洲印第安神化，实际上是一个位于美国亚利桑那州北部的一个小城镇，该地被认为拥有许多超自然的、源自灵界的事物。因此，这座城市是印第安人的“圣地”，每年都有许多朝圣者和术士前来朝拜。（译者注）

② 奥罗宾多（Sri Aurobindo，1872 年 8 月 15 日—1950 年 12 月 5 日），本名室利·奥罗宾多·高斯，生于印度加尔各答，印度先知，诗人和民族主义者。北印度地区的政治人物，哲学家，教育家。早年留学英国伦敦的奥罗宾多于 1893 年后回到北印度，并于 1905—1912 年带领北印度地区从事争取殖民自治的运动。之后转而研究哲学、神秘主义及瑜伽，他所创建改进的新瑜伽也成为今瑜伽研习的主流之一。奥罗宾多是通过精神进化使宇宙得救的哲学的创始者。他深受印度诗人泰戈尔的崇拜。（摘自百度百科，译者注）

③ 本地治里，印度东岸城市，其名于泰米尔语中意为“新村”，因与奥罗宾多的关系而著称。（译者注）

那些拥有神圣观念的人们有意识地培养自己的生活和旅行方式来延续自己的信仰。文化意义赋予地方和文物以非凡的力量。或许，新世纪灵性和朝圣之旅是当代人们渴望不朽的标志。作为狂热的旅行者，新世纪人显示了他们带有地方特殊性的灵性（Timothy & Conover，2006）。而且，自然和文化遗产也被朝圣者视为神圣的有形标识。因此，具体的形状和形式成为抽象精神的代表，并且通过仪式和神话创造了不同寻常的效果。寺庙、天然和人造结构、石头、金属、砂/土壤、水、布、绘画、砖、坟墓、岩石、树枝、水只是一些专门的人工产物。这个过程的实质是文化强制着自然去满足人的精神需求。

心灵的冒险

灵性的本质否认理性化和/或者理论化，因为这个体验带着强烈的个人和主观色彩。更为复杂的是灵性和旅游之间的联系。这里关注的也许是灵性体验和旅游体验的多重交叉的检验。通过这种交叉，灵性与旅游在显露（exposure）、休闲与再造的共同方面显示出一致性。

显露

灵性和旅游都能将追求者引领到陌生的风景和体验之中。寻求性旅行者透过神圣的眼光观察和吸收地方、人、自我和他人、生命的和非生命的以及各种行动中的神性。伊利亚德（Eliade，1987）认为神圣者向渴慕者显灵是超越理性的。显灵物的力量不仅可以为树、岩石、森林、风景、地点、山、元素以及类似熏香这样的事物带来生命，甚至也可以改变无意的到访者（Eck，1981；MacWilliams，2000；Weightman，1996）。对现实的感知以神圣的意义、联系、相互作用和网络这样的形式显露出来，这倾向于消除世界的清醒（Beserke，2001）。在这个过程中，旅行者坚信了他/她的生命之网的牢不可破以及宇宙和地球的生态都是安排好的剧本。

休闲

灵性旅程和旅行有多种方式，但本质上是休闲的，既是方法也是目的。

第一，这使得渴慕者得以有时间去反思、停顿与沉思（Besecke，2001；Coleman，2002；Rutherford，2000；Snape，2004）。人们有机会去回顾或者说从忙碌的日常生活和惯例中解脱出来去思考和理解他们自身和他们的生命。这是生命和生活不间断剧本中的一个间歇。第二，这种约定和顿悟通过自我表达（Ibrahim，1982；Ivakhiv，2003；Mazumdar & Mazumdar，2004；Organ，1975）和自我实现（Abrahams，1986）产生了一种存在感并加以明确。基于对可能性的反思和沉思，灵性契约能使旅行者做自己。他们的阈下体验（liminoid）状态使得一种自由感得以"调和"进他们周围的环境，使他们可以用非凡的方式去体验一种接近性。借着与他们的外部环境建立联系，旅行者获得了增强的内在感，提升了对自己在参与和实践方面能力的感知。第三，自身存在以及地方感的增强使人们摆脱日常生活，给麻木的感觉与情感注入新鲜的意识。在本质上，新环境中的休闲活动激发人的精神去品尝一种修复、康复和健康的感觉（Neilson，2006）。

再造

探索的旅行者的直接收获就是自我再造。新奇的体验、地方、文化、感知、感触和联系能够带来变化并且使精神变得饱满。从精神之旅中返回的人们在对待他人和周围环境时能以更高的敏感性和自我意识去感知和行动。在佛经（在日本宗教文本）上，当人们在精神上坦白后，污秽就会消失，他们的身心变得充实和温柔；他们体验到愉悦和热情，并且有好的思想（MacWilliams，2000）。

灵性之旅的效果

那些能够将旅游者/旅行者带进治疗性沉思的旅程能够引发个体某些方面的转变。通常，这些转变能够使个体在人群中变得更具实践美德。沉思、领悟、实现和喜乐的结合让人充满能量奔向更高的目标：肯定人性、人类和善良。自我转换常发生在人类和社会组织的情境中（Guo，2006）。为了使自己适应这个世界，他们觉得有必要去询问、怀疑并将他们自己置入一个和谐的个人、社会和环境之中。这种追求就好像是接受一个外在承诺的前兆（Watson *et al.*, 1988），或是对个体本真性存在敞开心扉的序幕。

在柏拉图看来，个人只有被知识、真理和善的光所照耀，才能发现存在的真正来源（Weightman，1996）。精神旅居的神圣（hierophanic）体验能放飞旅行者的心灵，以领悟生活的意义。个人成长可能体现为诸多神秘的惊奇，并且/或者体现为个人致力于顺利通过那些关于自我和社会的内外部图景中的种种变化。例如，斯内普（Snape，2004：19）在关于基督教节日协会（在英国兰开夏郡）的研究中认为，个人通过信徒关系、净化和礼拜可以培养性格而得以成长，而柯林斯和卡卡巴德斯（Collins & Kakabadse，2006）认为个人成长的原因是自我的直观性沉思、他们影响别人的自我意识以及普遍联系的感情。个人成长的确发生在社会背景下，承认这一点是有意义的。段义孚（Tuan，1986）观察到，灵性旅程的高潮出现在圣地与陌生人结合在一起的时候，这使得他们从日常生活的考验和旅行的风险中解放出来。

艾克（Eck，1981）也有相似的发现。他研究了印度教徒的朝圣行为（提尔塔），发现朝圣者的拜访有较少的社会限制。这些朝圣者超越了该地的种性和性别歧视，他们执行敬拜和仪式（例如沐浴、听讲、歌唱、给予和散步）——好像朝圣夷平了所有状态——人际间的障碍被废除了，这都是出于共同的原因：巴克提[①]（献身）。源于宗教虔诚的力量似乎再造了一个超越的平等社会。特纳对于这种现象（平等化）的解释是：他们在情感上获得了“共睦态”（communitas），在社会上获得了声望（Senn，2002：133）。意味深长的社群网络发展出场外（offsite）朝圣和后朝圣（postpilgrimage）。伊瓦克伊夫（2003）研究了另类社区，比如贵格会教徒社团、苏格兰芬德霍恩社区、印度的奥罗维尔，他清晰地预见到新宗教社群主义者（neomonastic communitarians）的出现。这些精神场所充满“灵性力量”，给人们带来和谐，如同先前拥有的信仰和价值被一种新的拥有自己“光亮中

① 15世纪席卷北印度的百许纳瓦教派，造成形同宗教革命的社会改革，这一波被称为“巴克提”（*bhakti*）的献身运动，反映了平民百姓起而抗拒印度教强烈的仪式排他性、深奥教义以及严厉的阶级制度。（译者注）

心”的现世文化所取代。例如，新世纪社会网的共同视野源于“工业社会的瓦解”。而现代旅游是工业化的产物，这的确是一个有趣的现象。新世纪旅行文化，除了其富有魅力的运动，进一步例证了差别与障碍的坍塌，支持一种包容一切的关于神圣真实的永恒哲学（*philosophia perennis*）（Aupers & Houtman, 2006: 203）。

进一步地，地方和景观也获得了引导追寻者的性质。很多东方文化（如印度、日本、中国）以及西方的原始社团，都曾在特定的地方和景观上附加宗教情感。一般来说，大地悲怀（虔诚的情感或敬畏的感觉）总是被地球的慷慨、美丽和多样性的奇迹所唤醒（Singh, 2004）。有些景观的命名含有某种精神意义，例如：巨石阵、乌鲁鲁、喜马拉雅山脉、查科峡谷、夏威夷的哈雷卡拉火山和玻利维亚的太阳岛。随着时间和文化的演进，神圣的景观和地方献给了神灵（诸神），为的是保护和崇拜（Sopher, 1967）。例如，观音寺（日本）曾经起源于荒野之中，现在已经扩展到66个之多，分布于整个畿内和关东地区，所有这些组成了朝圣环路（MacWilliams, 2000）。在印度（Singh, 2004）、中国（MacWilliams, 2000）、法国（Pieper & Van Uden, 1994）、埃及（El-Aswad, 2006）等国家以及中国台湾（Sangren, 1993）地区，也发现了相似的景观点和朝圣环路。当风景拥有了圣人的性质，地方就会凝聚更强的效应和影响。

灵性旅游审美

讨论到目前为止，探索的旅程和体验的旅行的确是成就自我的奥德赛。探索的情境将灵性旅游者和其他类型的旅游者区分开来，这也暗示着这种旅程以一种不同于一般游客的方式成就着求索者。这个断言导向了一个对自我成就的探索旅程的本质的调查，即通过因果方法去解释也是可能的。

大部分哲学学者都认为基于现代科学的理性化进程已经让人们不再对世界抱有任何幻想（Fellows, 2000; Tuan, 1993），也不再相信神奇的现象和空想。马蒂厄等（Mathieu *et al.*, 2006: 303）写道，“人向群山述说，而群山无动于衷”，这也恰当得阐述了对这种情绪（群山崇拜）的失望。除了理性，普遍的社会压力和焦虑进一步推进了祛魅进程（Marx & Ellison, 1975）。

然而，哲学上对于价值观、知觉、本能和意识的讨论表明，返魅成为人类固有的一种审美冲动。旅行者的追求反映了对祛魅之后所留下来的黑暗的不安，正如其坚定地相信乌托邦世界的存在。旅游者有着双重需要：逃离黑暗和倾听内心（知识创造力），这构成了精神旅居的关键背景。要理解这点，可以从以下四个方面展开：旅行（leisured mobility，有闲的流动）、探索、远离（分离）和有意义的活动。

旅行

人们在旅行时会从日常生活中暂时脱离出来，从而可以进入一个未知的领域。旅行者以一种悠闲的步调行走着，正是在这个过程中，他（她）意识到了旅行的价值。流浪者对于其漫游都是很留心和欣赏的。海德（Heyd，2003）研究了松尾芭蕉（日本诗人，哲学家）的漫游过程，认为这里面有身体运动的审美享受。朝圣者，穿越空间和梯度，通过全身心的努力以使得能够从旅程中获得快乐。他们的旅行内含着审美的倾向，并且感受到自放弃生成的强烈的激情以继续前进。

探索

用基冈（Keegan，1991）的话来说，灵性旅游的目的是去培育和发展一个人的灵性潜力。搜灵者在他们的一生之中不断地进行自我反省。基于这种动机的旅行变成了一种探索。所访问的人和地方也展露出一组可能性。而且，他们的自我探索也能丰富别人。在时间之中，过去和未来都被超越性的现在所替代。旅行过程为求索者带来了成熟和个性。

远离

做出远离（从某处挪开）的物理行动以及具有脱离日常的生活潮流的心灵能力是实现精神审美的前提条件。段义孚（Tuan，1993）认为山地景观往往能为游客提供一个远距离视野去俯视周边。他们的全景展望将这些熟悉的事物更新为不熟悉的和美丽的。从世俗世界中解脱出来的阈限使得平凡的变成了不平凡的，而不平凡的变为平凡的；世俗的变为神圣的，而神圣的变为世俗的；有意义的变为无意义的，而无意义的变为有意义的。世俗朝圣的观念根植于人类能力（Eade & Sallnow，1991；Eliade，1959）。心理上的远离能减轻心智的同步化呈现，使得人能沉浸于一个不寻常且生动的世界（Porteous in Harrison，2001）。哈里森表示，在这样的时刻，旅游者具有一种习惯性的审美感觉，使其从现实世界中脱离出来，同时又允许参与旅游的个人经验。

有意义的介入

与消费型旅游者不同，虔诚的旅游者对魅力的追求激发其自身自己投入激烈的感官愉悦，并且这对于他们自己是有意义的。这些愉悦源于对周围环境的沉思。旁观者能体验到被周围神圣的造物（自我、他人和景观）所卷入和环绕。当这种状态实例化之后，哈里森（2001）将其与齐克森米哈伊（Csikszentmihalyi）所说的“涌流”和陶醉状态联系在一起。这样一种独特的链接伴随着从世界的分离使得阈限状态成为可能。在阈限状态下，注意力完全集中而自我消失。这类有意义的活动，特别是涉及土地崇拜的表达的，已经得到了经验性支持（Singh & Singh，2004；Hutson，2007）。在世俗环境的礼拜过程中所自然涌现的感觉致使学者们创造了几个术语，如世俗朝圣（Eade & Sallnow，1991；Eliade，1959）、准朝圣和环境朝圣（Singh，2006）。

伴随探求的这些方面而来的是朝圣者获得深刻的体验。这种体验与超验意识和有目的的转换是吻合的。一个俄国宇航员非常简洁地概括了这种体验：

> 我注意到对空间感知的某种转变。你开始去看重这些事情，那些你之前认为理所当然的在地球上的事情，比如新鲜的空气、山中的溪流、森林中的阳光、树上的颤动的树叶。所有我们不曾注意的事情，此时此地却吸引了我们的全部心思。（Georgei Grechko；引自 Tuan，1993：15）

灵性体验的精华对空间发现和社区文化而言，包含着觉醒的情感和敏锐的知觉。更重要的是，这在意识表象上，空间和地方、自然和文化、内在存在和外在存在、无形的和有形的、有限的和无限的是一个整体。朝圣者感觉精力充沛，感觉到生命的转换，感觉到人与景观之间产生了多种关联，并由此产生了多层次的意义。通过自然和超自然感觉的“融合”，真、善、美这些抽象概念得到了理解。若用一概念来概括这个描述的本质，就是“darsan”——一个用于直觉观察的哲学术语——表示多重“查看”。这些朝圣者在求索过程中产生了丰富的成果，并且与众多哲学家例如华兹华斯、托尔斯泰、奥罗宾多、松尾芭蕉、段义孚和泰戈尔等人的诗性作品产生共鸣。审美欣赏重新肯定了对地球魅力的信仰，这也召唤着旅行者对于地球的奇迹和富饶献上崇敬。

结论

现代旅行与旅游系统激发了人们的移动，体现在旅游者流动的不断增长之中。在这些游客之中，有多少是朝圣者呢？又有多少朝圣者真正实现了自我成就呢？这是难以确定的。尽管灵性和旅游是两种相反的现象，但是过去与当下的时间和事件却能在两者之间建立起桥梁。那些有灵性意义的体验，除了宗教朝圣之外，还演化出一系列替代性旅游，如团结旅游（solidarity trips）、教育旅游、黑色旅游（Stone，2006）、志愿者旅游（见 Zahra，2006）、新世纪和（或）后现代旅游。这让我们还是可以乐观地面对未来。

虽然替代性旅游预示着旅游业的大发展，但是经验调查证明：在神圣的和宗教的地方，旅游者并不敏感，而且非理性的现代旅游是不可持续的。即使这些地方对于本地居民和游客具有神圣意义，但是开发商在商业开发的过程中却不断地侵蚀着地方感。学者们如巴克（Buck，1978）和达阿莫尔（D’Amore，1998），始终倡导在游客、被造访对象和远景的接触中不能没有意识的介入。

灵性体验和相关价值观的发展超过旅游发展的实际案例少之又少。灵性旅游的基本主题体现为敏感、美感（sensu’ousity）、可持续，这些都是在“共通感”（*synthesia*）中被体验到的。尽管如此，这三个维度是有所区别的：敏感指的是智力、知觉和沉思；美感指的是审美冲动，它在那些新加入宗教组织的人心中引发惊奇、敬畏和崇拜；可持续产生于我们意识和醒悟到存在着一种整体融入（communes）——生命和非生命、内在与外在、人与神之间的或内部的联结。这使得人们领悟到灵性和世俗领域不仅是相互依存的，而且是相互包容的。

参考文献

Abrahams, R. D. (1986) Ordinary and extraordinary experience. In V. W. Turner and E. M. Bruner (eds) *The Anthropology of Experience* (pp. 45-71). Urbana, IL: niversity of Illinois Press.

Aupers, S. and Houtman, D. (2006) Beyond the spiritual supermarket: The social and public significance of new age spirituality. *Journal of Contemporary Religion* 21 (2), 201-222.

Batson, C. D. and Ventis, W. L. (1982) *The Religious Experience: A Social-Psycho-Logical Perspective*. New York: Oxford University Press.

Batson, C. D. and Schoenrade, P. A. (1991) Measuring religion as quest: Reliability concerns. *Journal for the Scientific Study of Religion* 30 (4), 430-447.

Bernbaum, E. (2006) Sacred mountains: Themes and teachings. *Mountain Research and Development* 26 (4), 304-309.

Besecke, K. (2001) Speaking of meaning in modernity: Reflexive spirituality as a cultural resource. *Sociology of Religion* 62 (3), 365-381.

Buck, R. C. (1978) Towards a synthesis in tourism theory. *Annals of Tourism Research* 5 (1), 110-111.

Cohen, E. (1979) A phenomenology of tourist experiences. *Sociology* 13, 179-201.

Cohen, E. H. (2003) Tourism and religion: A case study-visiting students in Israeli Universities. *Journal of Travel Research* 42 (August), 36-47.

Coleman, S. (2002) From the sublime to the meticulous: Art, anthropology and Victorian pilgrimage to Palestine. *History and Anthropology* 13 (4), 275-290.

Collins, P. and Kakabadse, N. K. (2006) Perils of religion: Need for spirituality in the public sphere. *Public Administration and Development* 26, 109-121.

Collins-Kreiner, N. and Kliot, N. (2000) Pilgrimage tourism in the holy land: The behavioural characteristics of Christian pilgrims. *Geo-Journal* 50, 55-67.

D'Amore, L. J. (1998) Spirituality in tourism: A millennium challenge for travel and tourism industry. *Tourism Recreation Research* 23 (1), 87-89.

Din, K. H. (1989) Islam and tourism: Patterns, issues, and options. *Annals of Tourism Research* 16, 542-563.

Eade, J. and Sallnow, M. (eds) (1991) *Contesting the Sacred*. London: Routledge.

Eck, D. L. (1981) India's 'Tirthas': 'Crossings' in sacred geography. *History of Religions* 20 (4), 323-344.

El-Aswad, El-Sayed (2006) Spiritual genealogy: Sufism and saintly places in the Nile delta. *International Journal of Middle East Studies* 38, 501-518.

Eliade, M. (1959) *The Sacred and the Profane*. Orlando, FL: Harcourt Inc.

Eliade, M. (1987) *The Sacred and the Profane: The Nature of Religion* (W. R. Trask, trans.). New York: Hawest/Harcourt Brace Jovanovich.

Fellows, R. (2000) Enchantment. In A. O'Hear (ed.) *Philosophy, the Good, the True and the Beautiful* (pp. 91-104). Cambridge: Cambridge University Press.

Goodrich, A. S. (1998) Miao Feng Shan. *Asian Folklore Studies* 57 (1), 87-97.

Griswold, H. D. (1912) Some characteristics of Hinduism as a religion. *The Biblical World* 40 (3), 163-172.

Guo, C. (2006) Tourism and spiritual philosophies of the 'Orient'. In D. Timothy and D. H. Olsen (eds) *Tourism, Religion and Spiritual Journeys* (pp. 121-138). Oxon: Routledge.

Halstead, M. T. and Mickley, J. R. (1997) Attempting to fathom the unfathomable: Descriptive views of spirituality. *Seminars in Oncology Nursing* 113 (4), 225- 230.

Harrison, J. (2001) Thinking about tourists. *International Sociology* 16, 159.

Hasselle-Newcombe, S. (2005) Spirituality and 'Mystical Religion' in contemporary society: A case study of British practitioners of the Iyengar method of yoga. *Journal of Contemporary Religion* 20 (3), 305-321.

Hesse, H. 1920. *Wandering: Notes and Sketches* (J. Wright [1972] trans.). New York: Farrar, Straus and Giroux.

Heyd, T. (2003) Basho and the aesthetics of wandering: Recuperating space, recognizing place, and following the ways of the Universe. *Philosophy East and West* 53 (3), 291-307.

Hobbs, J. (1995) *Mount Sinai*. Austin, TX: University of Texas Press.

Hood Jr, R. W. and Morris, R. J. (1985) Conceptualization of quest: A critical rejoinder to Batson. *Review of Religious Research* 26 (4), 391-397.

Hutson, G. (2007) Perceptions of outdoor recreation professionals toward place meanings in natural environments: A Q-method inquiry. Unpublished dissertation, Oklahoma State University.

Ibrahim, H. (1982) Leisure and Islam. *Leisure Studies* 1 (2), 97-210.

Ivakhiv, A. (2003) Nature and self in new age pilgrimage. *Culture and Religion* 4 (1), 93-118.

Keegan, L. (1991) Spiritual journeying. *Journal of Holistic Nursing* 9, 3-14.

Lee, Y-S. (2006) Myth, spirituality and religion in travel: Pre-industrial Korea. *Tourism* 54 (2), 97-106.

Leiper, N. (1989) Tourism and gambling. *GeoJournal* 19 (3), 269-275.

MacCannell, D. (1973) Staged authenticity: Arrangements of social space in tourist settings. *American Journal of Sociology* 79, 589-603.

Macwilliams, M. W. (2000) The holy man's hut as a symbol of stability in Japanese Buddhist pilgrimage. *Numen* 47 (4), 387-416.

Marx, J. H. and Ellison, D. L. (1975) Sensitivity training and communes: Contemporary quests for community. *The Pacific Sociological Review* 18 (4), 442-462.

Mathieu, J., Singh, C. and Hunni, H. (2006) Editorial. *Mountain Research and Development* 26 (4), 303.

Mazumdar, S. and Mazumdar, S. (2004) Religion and place attachment: A study of sacred places. *Journal of Environmental Psychology* 24, 385-397.

Neilson, P. (2006) Christian spirituality: Changes in the inner landscape. *The Expository Times* 117 (7), 277-281.

Organ, T. (1975) Indian aesthetics: Its techniques and assumptions. In Special Issue on Aesthetic Education in Civilization Perspective of *Journal of Aesthetic Education* 9 (1), 11-27.

Pieper, J. T. and Van Uden, M. H. F. (1994) Lourdes: A place of religious transformations? *The International Journal for the Psychology of Religion* 4 (2), 91- 104.

Preston, J. J. (1992) Spiritual magnetism: An organizing principle for the study of pilgrimage. In A. Morinis (ed.) *Sacred Journeys: The Anthropology of Pilgrimage*. Westport, CT: Greenwood Press.

Rountree, K. (2002) Goddess pilgrims as tourists: Inscribing the body through sacred travel. *Sociology of Religion* 63 (4), 475-496.

Rudwick, M. (1996) Geological travel and theoretical innovation: The role of 'liminal' experience. *Social Studies of Science* 26 (1), 143-159.

Rutherford, I. (2000) Theoria and darsan: Pilgrimage and vision in Greece and India. *The Classical Quarterly* 50 (1), 133-146.

Sangren, P. S. (1993) Power and transcendence in the Ma Tsu pilgrimages of Taiwan. *American Ethnologist* 20 (3), 564-582.

Schachenmann, P. (2006) Spiritual values in Madagascar: The starting point for endogenous conservation initiatives. *Mountain Research and Development* 26 (4), 323-327.

Senn, C. F. (2002) Journeying as religious education: The shaman, the hero, the pilgrim, and the labyrinth walker. *Religious Education* 97 (2), 124-140.

Sharpley, R. and Sundaram, P. (2005) Tourism: A sacred journey? The case of ashram tourism, India. *International Journal of Tourism Research* 7, 161-171.

Singh, S. (2004) India's domestic tourism: Chaos/crisis/challenge. *Tourism Recreation Research* 29 (2), 35-46.

Singh, S. (2006) Secular pilgrimages and sacred tourism in the Indian Himalayas. *GeoJournal*

64, 215-223.

Singh, S. and Singh, T. V. (2004) Volunteer tourism: New pilgrimages to the Himalayas. In T. V. Singh (ed.) *New Horizons in Tourism: Strange Experiences and Stranger Practices* (pp. 181-194). Wallingford: CABI.

Sizer, S. R. (1999) The ethical challenges of managing pilgrimages to the Holy Land. *International Journal of Contemporary Hospitality Management* 11 (2/3), 85- 90.

Smith, V. (1992) Introduction: The quest in guest. *Annals of Tourism Research* 19, 1- 17.

Snape, R. (2004) The co-operative holidays association and the cultural formation of countryside leisure practice. *Leisure Studies* 23 (2), 143-158.

Sopher, D. E. (1967) *Geography of Religions*. Englewood Cliffs, NJ: Prentice-Hall.

Stone, P. R. (2006) A dark tourism spectrum: Towards a typology of death and macabre related tourist sites, attractions and exhibitions. *Tourism* 54 (2), 145-160.

Sutcliffe, S. J. and Bowman, M. (eds) (2000) *Beyond New Age: Exploring Alternative Spirituality*. Edinburgh: Edinburgh University Press.

Timothy, D. and Conover, P. J. (2006) Nature religion, self-spirituality and new age tourism. In D. Timothy and D. H. Olsen (eds) *Tourism, Religion and Spiritual Journeys* (pp. 139-155). Oxon: Routledge.

Tuan, Y-F. (1986) Strangers and strangeness. *Geographical Review* 76, 11-19.

Tuan, Y-F. (1993) *Passing Strange and Wonderful: Aesthetics, Nature, and Culture*. Washington, DC: Island Press.

Watson, P. J., Howard R., Hood Jr, R. W. and Morris, R. J. (1988) Age and religious orientation. *Review of Religious Research* 29 (3), 271-280.

Weightman, B. A. (1996) Sacred landscapes and the phenomenon of light. *Geographical Review* 86 (1), 59-71.

Wilson, K. (2003) Therapeutic landscapes and first nations peoples: An exploration of culture, health and place. *Health & Place* 9, 83-93.

Wuthnow, R. (1998) *After Heaven: Spirituality in America Since the 1950s*. Berkeley, CA: University of California Press.

Zahra, A. (2006) The unexpected road to spirituality via volunteer tourism. *Tourism* 54 (2), 173-185.

Zinnbauer, B. J., Pargament, K. I., Cole, B., Rye, M. S., Butter, E. M., Belavich, T. G., Hipp, K. M., Scott, A. B. and Kadar, J. L. (1997) Religion and spirituality: Unfuzzying the fuzzy. *Journal for the Scientific Study of Religion* 36, 549-564.

第九章　自然、美与旅游

凯恩·塞缪尔·托德

译者导读： 作者由传统美学本身从艺术审美向自然审美和其他审美活动的拓展开始讲起，指出了罗纳德·赫伯恩的《当代美学以及对“自然之美”的忽视》这篇论文在开启自然审美研究方面的深远影响，然后对当前的几种自然审美模式（自然环境模式、参与模式、唤起模式、超然模式或神秘模式、怀疑主义与相对主义模式等）进行了评述，最后表明了两个重要观点：第一，不能像曾经很长时间占据美学研究主流地位的一些做法那样，把形式美或“如画性”（picturesque）当作自然旅游中唯一有价值的审美体验标准；第二，甚至不能轻易接受任何意图加之于人们的审美标准，包括“随意的/严肃的”这样看起来必须二选一的强制性标准，因为在现实中，人们“对自然、旅游和美的态度是多变、相互混合、模糊不清且混乱的”。总体而言，作者全篇的论述是十分谨慎的，他似乎在极力避免让自己的思考与判断受限于任何先入为主的道德观念、价值判断或权威阐释。如果说真有什么“标准”的话，作者唯一可能加以肯定的只是自然旅游体验本身的丰富性。

背景

如果说对于自然之美的哲学讨论迄今仍局限于英美“分析”美学的外部边缘地位，旅游现象则远远超出了这一视野。虽然有时被标示为“环境美学”的研究最近在美学中已成为一个迅速成长的亚领域，但是旅游概念或现象还没有在哲学上获得认可，而仅仅在有关“应用性”议题的讨论中偶尔被简单地提及（如 Carlson，2000：4，11）[①]。不过，自然的审美与旅游活动（在历史学或哲学中）是彼此紧密交织的，从当代有关前者的理解中可以引申出有关如何思考后者的一些重要启示。

然而，这并不是一项简单任务。除了哲学文献的缺乏之外，人们还会立刻遭遇到其他一些问题。例如，先不必说“旅游”的范围，“自然”这个术语的范围就是巨大且极其多样化的，包含了从原生荒野地区到城市公园、花园、环境艺术之间的所有事物；它包括的个体事物从小卵石一直到大象，也涉及从沙滩到成群牛羚的各个“目项”；它包括各种动物和植物的群落，从小到大的各类生态系统，它将迎合和逃避我们的不同感知的各种事物、现象和力量混合在一起（Carlson，2000：xx-xxi；Budd，2003：3）。

此外，对自然审美的哲学解释必须先简明地回应一下在哲学美学中最困难的一些概念问题。例如，对于“美学”和“美”的清晰而无分歧的定义和划分已被证明一直是极其困难的。而且，这些奠基性的概念直到最近才被认为并不仅仅与艺术欣赏有关。

18 世纪很常见的对于自然之美的哲学讨论在 20 世纪中期几乎全部消失了，而与此同时，美学领域几乎变成了“艺术哲学”的同义词。特别是在受到 20 世纪先锋艺术发展的刺激之后，哲学家把他们的注意力转移到了以下议题上：艺术的表现能力，艺术的意图在阐释中的角色，限制艺术生产和欣赏的制度的、历史的和社会的语境和范畴，批评活动的复杂语言。与其他议题一起，上述很多议题看起来在传递一种信号，即对艺术作品的审美判断可能会服从于正当性和客观性的标准。基于此，甚至一些哲学家所持有的如下观点也就不再令人惊奇：严格地说，审美体验只能由艺术作品引发，而对于自然的欣赏要么缺乏美学上的兴趣和价值，要么仅仅被看作是因艺术而产生的一种衍生物（如 Savile，1982：ch. 8）。

相对而言，自然和它的对象看起来在审美上是无趣的，它的审美价值

① 阿兰·德波顿的《旅游的艺术》（2002）似乎是这一方面的例外情况，但是他所做的大体上是由文学作品所激发的思考和冥想，而不是连贯的哲学讨论。

（如果存在的话）微不足道，而我们对它的欣赏纯粹是主观的。它最多不过被认为是自然本身能够有限地展现出的审美之思的那些纯粹的“形式属性”——例如形状、色彩、图案以及它们的构成、平衡和协调（Carlson，2000：ch. 1）。这种观点部分地继承自康德（Kant，1790）的一种特殊的审美观念，他用无私的“愉悦”（disinterested“pleasure”）[①] 来阐明审美，这曾为审美和自然之美的理解提供了（并且在某种程度上仍然在提供，如Budd，2002）深具影响的范式。

“无私性”（disinterestedness）的观念先在地限定了审美体验的领域——出自道德和认知领域的欣赏和判断。它认为审美兴趣有必要与日常的实践和个体的兴趣、欲望区分开来，而由一个事物（及其感知特性）“仅仅为其自身的”（Budd，2003：12-15）兴趣和愉悦来构成。与18世纪的某些欣赏自然的观点，特别是涉及“如画性”（picturesque）以及符合这一理想的观点相对应的是，无兴趣的关注这一观念有效地为形式主义标准的欣赏活动奠定了基础。

正是在这样的背景下，罗纳德·赫伯恩（Ronald Hepburn）的突破性论文《当代美学以及对“自然之美”的忽视》（1966）单枪匹马地重新点燃了对自然审美的哲学兴趣，并开启了后续的一系列讨论。赫伯恩认为，与艺术不同，对自然的欣赏包含了“不确定性”，因为它不是“被框定的”（framed），不是从环境中剥离出来的，也不会受制于任何有意图的约束。不过，赫伯恩没有陷入到有关自然的审美兴趣和价值观的细枝末节当中，他所强调的是，作为参与对我们环境的多感官欣赏（multisensory appreciation）的行动者，自然的非框架性（framelessness）要求我们的审美兴趣是有创造力的和想象力的。他坚决主张这种做法能提供一种根本上不同于艺术所提供的审美体验，并且至少是同样丰富的和有益的。

赫伯恩认为，我们对自然的审美兴趣不是而且不应该仅仅着眼于自然所提供的那些“原汁原味的”感官的、形式上的特质。相反，我们应该设法

① 根据李秋零《康德著作全集》第五卷“判断力批判”（中国人民大学出版社，2007年版）当中的译法。（译者注）

理解自然事物之为事物本身，按其自身条件来理解自然，这就引入了一种概念化的成分。例如，在基础层面上，这可能仅仅等同于把一棵树作为树来欣赏，或更具体地说，把一棵树作为树这一类事物来欣赏。但是概念化活动不一定要这么乏味，而是可以包含想象力的，即我们当下的知觉充满了富有想象力的想法和感受；例如，认为落下的秋叶是时间性和脆弱性的象征。这里有一个广为引用的例子：

> 设想我走在一大片泥与沙的旷野中。这一风景的特质可能是充满野趣的、令人喜悦的空无。但是，假设我调动自己的知识，把这片风景看作退潮时的潮汐盆地。这一现实化过程并非是与审美无关的。我现在认为自己正走在一天中有半天时间都是海床的地方。充满野趣的、令人喜悦的空无可能被令人不安的奇怪感觉所调和。（Hepburn，2004：50）

类似的审美欣赏把有关纯粹形式属性的关注拓展到可被大体上称作自然所拥有的表达属性的方面，因而丰富了自然的美学价值和兴趣。更有意义的是，这种“就其本身而论”的有关自然欣赏的更充实的观念，并不是随心所欲或纯粹是主观的，而是适当的或不适当的，它使得赫伯恩可以把他所称的“严肃的”自然审美兴趣与仅仅是“随意的”欣赏加以对比。

赫伯恩（1995：65）主张，对艺术和自然事物的欣赏可以在严肃程度上有所差别，而“不够严肃”意味着那些“仓促和草率的感知”。感知可以是“细心或不细心的，可以是明察秋毫或粗枝大叶的，活跃或懒散的……所反映出来的东西……可以是无力或模式化的，个人化的，原创性或探索性的。它也可以是尚未成熟或困惑的”（Hepburn，1995：68）。根本上来看，“对自然的美学探究已经浅薄到了这样的程度：它扭曲、忽略和压制了自然事物之真，而以各种伪造自然本质的方式来感受和思考这些事物”（Hepburn，1995：69）。

在随意的和严肃的审美之间的差异对后续讨论有着至关重要的启示，也提供了一些基本概念工具，以用于评价旅游和自然欣赏之间的关系。

支持赫伯恩有关审美的微妙探讨的最后一点就是我们欣赏自然的活动中对于真实、完备和严肃（truth，integrity and seriousness）的伦理上的关心。

事实上，赫伯恩（1995：65）对随意/严肃的区分判断中有一部分对我们来说“很要紧”：

> 当我们为保护“杰出的自然之美”、反对掠夺破坏而操心的时候，我们能为那种美的欣赏找到何种理由就是至关重要的：它的价值如何能与那些在工业、商业和城市膨胀中喧嚣甚上的其他价值相抗衡。如果我们希望赋予自然之美的欣赏以崇高的价值，我们必须能够表明它超越了如下这些内容：愉快而松弛地享受某个野餐地点，或通过旅游大巴车窗看到的瞬息即逝而疏远陌生的乡村印象，或被强行带去标准化景点的拜访……

这种关心，与实践中政策导向的环境考量一起，无疑也激发了当前的如下一些活动：尝试以自然审美来为类似审美的客观性奠基，并探讨是否存在一种解说与欣赏的准确“模范”。

因此，在伦理动机的背后，显然还有很多我们现在应该去探究的美学理论，而这些理论的价值以及它们所提出的有关美学的那些观念，可以很容易地以它们服务于道德目标的那些工具性价值为标准来加以评价。此外，既然当代纷繁的旅游活动为自然带来了各式各样的伦理意蕴，随之而来的对于旅游活动的美学态度和实践也就可以用伦理标准来加以评价。考虑到这本书的其他部分会更加全面地处理这些伦理议题，本章就主要聚焦于提出以下这个重要而极其困难的问题：旅游活动以及它与自然的联系是否以及在何种程度上可以依据纯粹的美学范畴来进行评价和评估。在美学上与伦理上，随意/严肃的区分对我们而言是否重要？

当前的自然欣赏模式

自然环境模式

艾伦·卡尔森的“自然环境模式”以赫伯恩的讨论为出发点，是那些尝试界定自然审美活动的哲学理论中构建得最全面也最有影响的一个。卡尔森最初的关注点是捍卫在美学上存在正确的或合理的欣赏自然方式的观念，这一观念不但奠定了我们的欣赏活动的严肃性，也奠定了我们的相关美学判断的客观性。

卡尔森指出，不同于艺术欣赏，自然环境的审美在内容和方式上都是模糊的，它缺乏欣赏框架、艺术意图、范畴限制以及阐释约定等。因此他的自然环境模式就要回答有关欣赏自然的“什么”和“怎样”的问题。这一模式基于两个关键要求：(1)“就像我们对艺术作品的欣赏一样，我们必须就其实际所是来欣赏自然，即将其作为自然和作为环境本身”；而这立刻引出了（2）“我们必须依据我们有关其所是的知识来欣赏自然，即依据由自然科学尤其是诸如地志学、生物学和生态学这样的环境科学所提供的那些知识”（Carlson，2000：6）。

为了说明这一点，卡尔森把肯达尔·沃顿（Walton，1970）广为人知的看法，即建立与范畴相关的艺术作品美学判断的正当性，直接应用到有关自然对象的场合。正像艺术史范畴指引了我们有关艺术作品的知识和欣赏，它为有关观察对象的正确范畴提供了一个严肃而合理的美学判断基础，自然史的和科学理解的范畴也为自然对象的欣赏内容与方式提供了类似的美学指导。卡尔森断言，自然科学及其常识前设和类似成果提供了自然之为自然、自然实际之所是的知识，因而以此为基础的审美（以及它所带来的判断）就是合理的和客观上有效的：

> 举例来说，考虑一下我们对于谢特兰（Shetland）马驹（有趣的、可爱的）和克勒德斯达尔（Clydesdale）骏马（威严的、动作缓慢的）的信以为真的美学判断。做出这些判断涉及对马的分类。类似地，在马群（或牛群、鹿群等）当中，小马（或小牛、小鹿等）主要是因其柔弱和灵敏而打动我们；但是在一群小马（或小牛、小鹿等）当中，特别壮实的那一只却因其动作的缓慢或有可能是笨拙而打动我们。（Carlson，2000：60）

因此从其属性来看，审美本质上是认知的，因为对自然的美学品质的感知要求审美者对不同类型的自然事物进行概念化处理。此外，不同类型的事物，例如各种景观，也会要求不同的感知方式：

> 我们必须调查大草原的环境，观察大地的微妙轮廓，感受露天里吹过的风，嗅闻花草混合的香。但是这样一种季相变化在密林环境中几乎见不到。在密林中，我们必须仔仔细细地察看，检视林地的细节，认真倾听鸟的啼鸣……（Carlson，2000：50-51）

由此，卡尔森用他的模式中这些基本的元素来对抗其他那些他认为使得自然被歪曲和碎片化的欣赏模式。他所命名的“景观模式”与我们的讨论尤其相关，因为这种模式宣扬了一种“风景崇拜”。这一模式根源于18世纪的美学理论、实践和偏好，特别与“如画性”有关，而自然在它看来就像是一幅风景画（Carlson，1979）。专注于“那些被看到和隔着一段距离被看到的色彩与设计的美学品质”，它倡导的欣赏方式是把环境分割成“风景或风景区（scenes or blocks of scenery），由一位在空间上（以及情感上?）隔开合理距离的观察者从一个特定的角度来加以观察”（Carlson，1979：131-132）。

这一模式，照卡尔森的说法，错在对自然的歪曲。通过把自然“压扁”成静态二维的风景画，它完全扭曲了自然。“风景崇拜提供了一种对欣赏对象的真实本性而言不合理的欣赏模式。”（Carlson，2000：34）因此它专门关注的是那些形式属性，是独立于诸事物自身所属种类之外的那些东西，因此不能容纳自然所具有的许多美学上的其他突出属性。事实上，卡尔森用了很大努力来批驳“环境形式主义”，它认为自然的美学价值首要地由其形式属性构成，即形态、色彩、图型的视觉排列。这就忽视了自然环境所鼓励和允诺的那种丰富的、多感官的、活跃的欣赏模式（Carlson，2000：34）。恰恰相反，自然审美还应该注意到非形式的品质，例如表现的品质：

> 为了欣赏和重视自然的美学品质，我们必须欣赏和重视诸如一只羚羊的优雅、一朵花的精美、一片沙漠景观的严酷、一方草坪的安静，或是暴风雨之前天空的预兆。（Carlson，1977：158）

卡尔森的理论也存在很多问题。首先，卡尔森谈到了为了从常识和/或自然科学方面来合理地和正确地开展自然审美所需要的必要知识。但是常识和科学知识之间的差异很难被严格地界定，并且对于到底多少知识是相关的和必要的也很模糊。就像马尔科姆·巴德（Budd，2002：136-137）指出的，一方面，在某些审美活动中拥有的对于任何自然事物的完备知识看来是不必要的，例如，“花是美的”这个判断看起来并不要求能够描绘出它的性功能；另一方面，科学知识可以引起或改善审美活动，但也可能并不是必要的。对粪便的完备的科学知识看起来不能使得对粪便的审美有所改善，至少在认为科学知识与审美活动相关/无关的这种场合中不可能如此，而卡尔森在任何情况下也都不会这样认为。

其次，任何给定的事物都将会落入无数的“正确的”类型中，有的是一般性的，有的又是特定的，从而将会产生有矛盾的和可能无法调和的美学属性组合。举例来说，赫伯恩的潮汐盆地能被同样正确地认为既是潮汐盆地又是海滩，但从美学观点上看，要让人更加喜欢其中一种属性，缺乏明显的理由（Budd，2002：137-138；Stecker，1997）。据此，并不存在一种正确的美学属性和判断的组合，而可能存在很多种。

最后，把知识当作是合理的审美活动中必要的甚至是重要的特点来强调——这种做法已经被一些称作“非认知”的理论所拒绝，这些理论普遍地关注那些非认知因素在我们的自然欣赏活动中的重要性，例如情感、想象力和感觉的参与。在本文中只能非常简略地提到其中最突出的内容。

参与模式

阿诺尔德·博林特（Berleant，1995）继承了赫伯恩论文的思想，他在自然审美活动领域提出了一个“参与的审美”模式。博林特拒绝了传统上把审美体验当作公正的沉思的特性描述，强调了主体在环境中的活跃的、多感官的参与，以及主体融入于和不断共生于周围环境的那种整体的、感知的统一。

唤起模式

诺伊尔·卡罗尔（Carroll，1995）认为我们具有对自然的情感反应，这种反应是合理的、真诚的、客观存在的，但是并不必然依赖有关某种自然事物所归属的正确类型的科学知识。例如，为一座瀑布的壮美或一头蓝鲸而激动，是一种与任何有关瀑布或蓝鲸的本性、落水和流水的力量与大小的详细知识都无关的合理反应。

在某种程度上，这一模式可以被看作是对自然环境模式的一种附注而非是一种取代，因为它没有否认科学知识也许改善了审美活动和在某些情况下为它打下了基础。而且，即便是那些情感反应的最基本例子也要求至少有对于诱发这些情感反应的事物的某种常识性知识，而这与卡尔森的理论是相容的（Carlson，2000：7）。

超然模式或神秘模式

与迄今已讨论过的各种模式都有极大差别的是斯坦·哥德洛维奇（Godlovitch，2004）有关“无中心自然审美”的观点，他主张不要从“它自身中”来欣赏自然，而要把它当作根本上不可接触的和陌生的、超然的、遥远的、不可知的。自然的合理体验与神秘及不可理解有关，从而自然因其不可知而总体上超越于审美范畴之外。但是虽然超越了审美，自然却没有超越于与宗教崇拜有关的体验类型之外，而这正是探求它的恰当的态度。

显然，每一个不同的“非认知的”模式都已遭到种种批评（Carlson，2000：5-11；Budd，2002：129-146），而对它们的详细考察将超出本章的考察范围。然而，应当指出，它们的确成功地——无论在何种程度上——突显出单纯有关事实的知识，对于自然事物合理的审美活动，是既非必要的又非充分的。虽然某些思考者，例如哥德洛维奇，明显地拒绝了我们的自然审美活动是（或应该是）除了绝对主观之外的任何样态的这一观点，其他人却提出了可能为自然环境审美活动的合理性和严肃性而奠基的有关神话、宗教、诗歌和其他“虚构的”类型、想象的叙事及其伴随态度的相关性等重要问题（如 Brady，2003，2004；Eaton，2004；Foster，2004）。事实上，意识到下面这一点是很重要的：赫伯恩自己对于严肃的欣赏活动的解释保留了有关“合理性”的规范性维度，而并未依赖于科学知识。

怀疑主义，相对主义，自由

我们在此需要思考的最后一个“立场”来自马尔科姆·巴德（Budd，

2002：146-148）的怀疑论观点，即任何关于某种自然审美的合理模式的想法都是一种“chimera”（妄想）。一方面，他坚持认为，如果对于某一自然事物的审美判断的真实价值是与某个特殊的种类、属性的范围、感知模式等相关的，那么除此之外，考虑到自然事物容易发生改变和转换，并且自然事物能够被感知到的所有事物特征和多变方式的各种不同类型，可见审美属性的范围是开放式的，以致不存在评估某个事物的审美属性的唯一正确方式，它也并不“真正”拥有唯一的套路。

另一方面，如果对自然的审美判断不是如此相对的，那么很简单，“所谓合理的自然审美的东西并不存在”（Budd，2002：129）。因此巴德做出结论说，“在讨论艺术品的场合，寻找可表明所欣赏的是什么以及当我们对某事物有充分了解时如何欣赏它之类的某种自然审美模式的行为，都是一种虚妄的追求”（Budd，2002：147）。这是因为，第一，我们可以自由地考虑任意的自然事物、自然环境；第二：

> 对欣赏习惯而言，没什么按照某物归属的自然种类所强加的限制——例如采取何种行为和使用什么感知方式——可以与艺术的种类所强加的限制相比……对正确的或合理的自然审美模式的错误寻找反映出对下面这种自由缺乏认识：它与自然审美是一个整体，它意味着自然远比艺术更多地决定于欣赏观察者，它是自然的与众不同的吸引力的一个方面。（Budd，2002：147-148）

可能出现的情况是，假如留给我们的是这种怀疑主义，那么对自然的美学探究而言就没什么可说的了，包括任何专门围绕着旅游活动的那些探究。相反，我们只会对下面这些行为表示满意：列出不同类型的旅游，列出它们与不同类型和不同角度的自然的美学互动，以及所讨论过的各种模式对这些互动会有何种看法；一种几无哲学价值的练习活动。然而幸运的是，即使巴德是对的——不存在唯一的审美模式以及赋予自然审美以价值的完全自由——他的怀疑主义也保留了这种可能性：自然审美的方式总是在合理性和严肃性上是有优劣差别的。而这对于我们在关涉自然环境审美时应该如何理解旅游活动这件事情十分重要。

美与旅游凝视

无论自然审美还可能包含什么内容，似乎很清楚的一点是，至少它必须被理解为是欣赏那作为自然的自然。这无须要求卡尔森所提倡的那种自然科学知识。它只要求在欣赏时把自然看作自然，然而这点就足以酌情将任何对自然的那些歪曲、篡改或忽视仅仅作为自然的特性的看法都排除在外。因此，它还带来了对若干旅游类型的某些直观判断，并且与它们相关的态度、体验和行为可能在美学观点上不那么值得，或是不如其他特点那么丰富，更不必说它们相关的伦理道德价值了。这样的态度被认为支撑着很多常见的有关自然之美——例如在上一节当中讨论过的那种大体上属于欣赏的“景观模式”——的旅游研究，它们的核心在于对如画性的关注，并且彰显了一种“风景崇拜”。

如画性的各种问题

卡尔森（Carsen，2000：4）表示“如画性仍然是与旅游形式相关的审美模式，这种模式主要根据对旅游宣传册、日历照片以及图画明信片上的自然特点进行的渲染来观察和欣赏自然世界”。它取决于按照既定的视角来人工地构造出景观。

回想起卡尔森对这一模式的批判，主要是因为它“篡改”了其自然对象。可能更重要的是，“风景崇拜”是令人讨厌的，因为它使得自然仅仅具有一种工具价值：只是出于它构成了令人赏心悦目的、主要由我们仔细挑选过的视角所构成的景色这种理由，它就是有价值的。可以探讨的是，这样的观点对自然本身造成了伤害。

然而不幸的是，这看起来是一种相当脆弱或甚至可以称为被误导的反对意见。毕竟，如果相关的欣赏者们自己认为这样的体验是具有美学价值的，那么无论它是怎样获得的，对体验对象的简单篡改就与体验本身的美学价值没有关联。

这一问题突出了在运用某些类型的体验或态度来寻找美学上的错误之时

存在的困难，并且表明了为何由结果主义（consequentialist）立场支撑的某些类型的欣赏的推定式美学批评往往具有伦理属性。举例而言，从伦理的—环境的角度出发，很容易看出：使得现代大众旅游得以立基的那些态度以及使其得以实现的廉价旅行，如何可能导致某些意识和尊重感的缺失，例如对某些“非风景的”自然环境的脆弱性或多样性而言。

尽管如此，也存在着诸多真正的不利于某些形式的欣赏的美学原因，而它们不仅关乎欣赏者的状态，也关乎被欣赏者的状态，即关乎审美的主体和客体。例如，针对审美客体，大众旅游可以摧毁最初导致其产生的那些元素，而这样的大众旅游被证明不仅仅是处于（例如）这个地点之视觉外观的物理变化之中，而且是对这个地点的审美价值的一种损害，是富有价值的美学性质的一种损失。在景色美丽的区域中强加太多构造起来的视点，例如，到处都是标志和步道，还建造了与它们相连的通路，这都可能导致其丧失那种最初吸引游客的“野生而令人愉悦的空无”，并且可能会损害到这个地方的本真性。

同时还有另一个原因需要考虑，即旅游的某些方面可能对人们能够获得的审美体验的本质造成负面影响，并且使其枯竭。举例而言，大众旅游的各项元素，例如在游览地频繁地加快前进以及表面化的游览行为，都可能对时间和实际的参与度构成限制，而时间和参与度是充分了解和审美活动所必需的。人们可能恰恰错失了能由审美活动带来的显著美学特征，例如在听觉和嗅觉方面，它们恰恰是四周环境不可或缺的组成部分。同样地，对传统的风景与“景点”的关注仅仅限于我们的审美体验和对审美属性的意识，因为这会导致注意力主要集中在正式的“风景的”特点之中，同时牺牲了许多自然能够赋予的其他种类的特点和体验。这其中可能包含了富有表现力的特点，例如沼泽的阴森、沙漠的孤独，或是湿地沼泽的混沌繁茂。

因此，受到如画性的传统观念限制，以及/或受到某些现代旅游因素鼓励下的速度与表面性支配的旅游态度，可能导致赫伯恩所谓“浅薄”而“随意”的自然体验，并且相比“更加丰厚”的自然体验，它们可能不那么丰富且有益，也不那么富有想象力或具有内在价值；更严格地说，更丰富的体验是通过自然本身而不是我们自己来接近自然的。

认识到以下观点是十分重要的：取决于环境和一时的奇想，随意和严肃的欣赏观念可以通过多种不同方式予以展现。随意的自然观可能包含一系列差异化的谬误和恶习，例如简化、篡改、过于感情用事、缺少真实性、任意妄为以及浪漫主义。受到迪士尼式教育的支配，人们可能将所有动物都拟人化看待，以不恰当的方式篡改它们的行为和需求，并且沉迷于对它们的过于感情用事的态度之中。或者，人们可能对某些风景抱着浪漫主义的观点，希望让这些区域保持它们原有的风貌，因为在现实中，它们充满了艰苦与贫困的特点（例如欧洲的许多田园风光）。

过于感情用事、简单化、浪漫主义等通常而言都是不值得鼓励且不受欢迎的，但是又很难准确地说出它们在本质上存在着怎样的审美错误，这与它们在（伦理）影响方面所能够导致的错误显然不同。例如，对动物的感性看法可能会蒙蔽人们对保护特定的生态系统的严格的甄选措施的需求。然而，所有这些错误也都有可能把各种负面的限制强加到我们的自然审美体验中。对动物的感性认知可能阻碍人们对其捕猎活动的审美，并且阻碍对自然野性的“尖牙利爪般粗犷”的审美；自然之美的浪漫感如果过度发展，可能会对部分缺少庄严魅力或明显的风景美感的自然形态的审美构成阻碍，例如蜂窝或城市公园。

考虑到此类欣赏模式阻碍或剥蚀了更丰富、更深层次、更有价值的自然审美体验，从美学观点看它们就是不可取的，从而那些激发了它们的旅游类型也就同样不可取。因此，人们有很好的理由认为：偏爱某些类型的自然旅游（以及与其相伴或由其展现的态度）在审美上是有显著收益的，并且在美学上（而不只是在伦理上）是有充分理性的。

随意和严肃的旅游

即便在随意和严肃的欣赏之间被赋予了某种差异之处，然而在它们之间设定明确的分界线并继而希望为评估某些特定类型的旅游以及相伴而生的、针对自然美的观点提供类似于规则的普遍原理，其难度是显而易见的。同样地，有欣赏力的美学目标是不存在的，并且即便对不同游客的态度类型可以粗略地予以区分，然而在实践中，我们对自然、旅游和美的态度是多变、相互混合、模糊不清且混乱的，因此，如果我们能够在粗略的普遍原理以及相对谨慎的主张之外有所斩获，这将是十分令人惊讶的。此外，这种情况只可能理想化地发生在由精细入微的限定条件所表达出的那种奢侈做法中，而仅仅由本书的一章是无法提供的。然而，结合此前的讨论，仍然有两三个至关重要的因素有必要在衡量不同旅游类型和游客态度的审美利弊时予以考虑。

首先，我们必须考虑我们所谓“旅行模式”。鉴于对自然的严肃欣赏很可能由花费在感知和注视自然的较长时间而获得帮助（虽然在极端的情况下，对自然的欣赏可能毫无疑问地遭到阻碍），正如缓慢的食物移动激起了对食物更加深入、更加严肃的品味一样，缓慢的旅游也会鼓励并提供对人们周围环境更深层次、更加严肃的感知所需要的时间。但是，这进一步表明，速度并不是唯一重要的因素，因为较为慢速的旅行鼓励的是更加直接且更深层次的、与人们周围环境的实际接触。这确实不足为奇，因为在美学趣味的方方面面，从品味美酒到美学沉思，严肃的态度、趣味和价值回馈的增加只与足以维持它们的大量时间以及（感知上的和认知上的）努力相关。

由此推断，某些旅游和旅行类型很可能带来某些审美效益，也就是涵盖了一些加强的且相对延长的人们对周围自然环境的实际融入程度的那些审美效益。相伴而生的是，很容易可以看到，许多现代旅游的便利之处不利于此类旅行和欣赏形式，当然，虽然它们能够为游客带来新的审美模式，然而这其中不太可能包含那出于其自身原因而对自然产生的丰富且严肃的审美行为。

在这一方面尤其有趣的一点是：现代旅游快捷而便利的特点能够为消除惊奇感而带来贡献，而这种惊奇感首先构成了一种主要的美学价值和旅行动机。惊奇感部分来自于遇见新奇的事物，并且来自于从事此举时往往会涉及的艰难险阻和付出的努力。然而一旦一个地方成为了旅游景点，要体验最初吸引游客前往的各种特性所需要付出的这种努力就可能不再需要了，因此这些特性本身就将处于濒临消亡的危险。相反地，当面临着现代旅游的所有弊端之时，现在可能要付出更多的努力寻求对严肃审美的维持，因为这些弊端已经折磨了许许多多拥有自然美的地方。以这种方式，旅游可能会产生适得其反的且重要的自然美学性质，例如惊奇、敬畏和庄严；而且这些自然美学性质似乎很容易遭到某些强加的旅行和游客体验模式带来的威胁。

其次，作为旅游的一个首要目标，即游览并且尝试从其本身的特征来欣赏某个地方，缺少这一基本态度的任何旅游活动都将可能缺少必要的资源来收获由当地可提供的丰富且有益的审美体验[①]。此外，正如阿兰·德波顿（Alain de Botton，2002）曾意味深长地指出的那样，某些旅游类型一直在提供的那些逃避式的愉悦，很容易被那平庸现实的持续不断、无从避免的侵犯所玷污并显示为某种程度的幻觉。德波顿所指出的这一问题从根本上是源于改变我们自身——从而与地点的改变相匹配的心理难度，或者反映出这种改变之存在的心理难度，并且因此源于大多数以每天的关注和烦恼来歪曲我们对周围环境认知的现实情形。同样地，仅仅以逃避现实为首要目的的任何旅游，都存在着出于自身的缘故而把失望和对周围自然环境的索然乏味的欣赏隐藏起来的危险。

帕斯卡尔（Pascal）认为“人类不快乐的唯一原因便是他不知道如何安静地待在自己的房里”（de Botton，2002：243），受到这一观点的启发，德波顿自己倡导一种本地旅游，这一旅游类型意指在我们的日常生活和熟悉的环境中保持更高的审美趣味，更加详尽地理解它们，产生更强的反应，并且体验到任何地方都能够带来的审美收获，而不仅仅是外国和具有异国情调的地方，此举能够带来正确的审美努力。实际上，德波顿似乎至少有这样的暗示，即我们应该开拓我们旅行和旅游的观念，从而将此类“单调乏味”的审美体验融入其中。

这同样也为我们提供了关于“严肃的”旅游的潜在危险的有益教训，在这样的“严肃的”旅游中涉及了自然美。一方面，我们付出太多的努力去融入自然美，去欣赏自然本身，而这实际上可能阻碍我们对自然的欣赏；无论是因为身体的不适而可能影响了对于审美来说必不可少的专注，或是因为我们对自然美的任何损害（甚至是潜在的）或干扰的单纯意识，都可能将自然所带给我们的所有可能的体验都彻底摧毁。也就是说，对旅游和自然

---

① 内在固有的价值观与工具性的价值观不一定是相互排斥的，虽然某些旅游的趣味性似乎就是诸如作为一个旅游者或作为一项旅行活动的本身的价值，无论人们表面上所希望欣赏的事物是什么。

美的态度过于严肃可能会沉溺于某种过分的讲究，这在某种程度上与浪漫主义或过于感情用事的态度相类似，而这正是更加随意的欣赏立场所谴责的。因此，为了我们作为旅游者的自身审美体验，我们应该不仅仅警惕以随意的方式来欣赏自然，同时也要警惕把严肃的旅游活动看得过于严肃。

参考文献

Berleant, A. (1995) The aesthetics of art and nature. In S. Kemall and I. Gaskell (eds) *Landscape, Natural Beauty and the Arts* (pp. 228-243). Cambridge: Cambridge University Press.

Brady, E. (2003) *Aesthetics of the Natural Environment*. Edinburgh: Edinburgh University Press.

Brady, E. (2004) Imagination and the aesthetic appreciation of nature. Reprinted in A. Carlson and A. Berleant (eds) *Aesthetics of the Natural Environment* (pp. 156-169). Peterborough, Canada: Broadview Press.

Budd, M. (2002) *The Aesthetic Appreciation of Nature: Essays on the Aesthetics of Nature*. Oxford: Clarendon Press.

Carlson, A. (1977) On the possibility of quantifying scenic beauty. *Landscape Planning* 4, 131-172.

Carlson, A. (1979) Appreciation and the natural environment. *Journal of Aesthetics and Art Criticism* 37, 267-275.

Carlson, A. (2000) *Aesthetics and the Environment: The Appreciation of Nature, Art and Architecture*. London: Routledge.

Carlson, A. (2004) Appreciation and the natural environment. In A. Carlson and A. Berleant (eds) *The Aesthetics of Natural Environments* (pp. 63-75). Ontario: Broadview Press.

Carlson, A. and Berleant, A. (eds) (2004) *The Aesthetics of Natural Environments*. Ontario: Broadview Press.

Carroll, N. (1995) On being moved by nature: Between religion and natural history. In S. Kemal and I. Gaskell (eds) *Landscape, Natural Beauty and the Arts* (pp. 244-266). Cambridge: Cambridge University Press.

de Botton, A. (2002) *The Art of Travel*. London: Penguin.

Eaton, M. (2004) Fact and fiction in the aesthetic appreciation of nature. In A. Carlson and A. Berleant (eds) *The Aesthetics of Natural Environments* (pp. 170-181). Ontario: Broadview Press.

Foster, C. (2004) The narrative and the ambient in environmental aesthetics. In A. Carlson and

A. Berleant (eds) *The Aesthetics of Natural Environments* (pp. 197-213). Ontario: Broadview Press.

Godlovitch, S. (2004) Icebreakers: Environmentalism and natural aesthetics. In A. Carlson and A. Berleant (eds) *The Aesthetics of Natural Environments* (pp. 108-126). Ontario: Broadview Press.

Hepburn, R. (1966/2004) Contemporary aesthetics and the neglect of natural beauty. Reprinted in A. Carlson and A. Berleant (eds) *The Aesthetics of Natural Environments* (pp. 43-62). Ontario: Broadview Press.

Hepburn, R. (1995) Trivial and serious in aesthetic appreciation of nature. In S. Kemal and I. Gaskell (eds) *Landscape, Natural Beauty and the Arts* (pp. 65-80). Cambridge: Cambridge University Press.

Kant, I. (1790/1987) *Critique of Judgment* (W. Pluhar trans.). Indianapolis, IN: Hackett.

Kemal, S. and Gaskell, I. (eds) (1995) *Landscape, Natural Beauty and the Arts*. Cambridge: Cambridge University Press.

Matthews, P. (2002) Scientific knowledge and the aesthetic appreciation of nature. *Journal of Aesthetics and Art Criticism* 60, 37-48.

Savile, A. (1982) *The Test of Time*. Oxford: Clarendon Press.

Saito, Y. (1984) Is there a correct aesthetic appreciation of nature? *Journal of Aesthetic Education* 18, 35-46.

Saito, Y. (1998) The aesthetics of unscenic nature. *Journal of Aesthetics and Art Criticism* 56, 101-111.

Saito, Y. (2004) Appreciating nature on its own terms. In A. Carlson and A. Berleant (eds) *The Aesthetics of Natural Environments* (pp. 141-155). Ontario: Broadview Press.

Sibley, F. (2001) Arts or the aesthetic—which comes first? In F. Sibley (ed.) *Approach to Aesthetics* (pp. 135-141). Oxford: Clarendon Press.

Stecker, R. (1997) The correct and the appropriate in the appreciation of nature. *British Journal of Aesthetics* 37, 393-402.

Walton, K. (1970) Categories of art. *Philosophical Review* 79, 334-367.

第十章　旅游与人工环境美感

罗伯特·梅特兰，安德鲁·史密斯

译者导读：本章重点讨论旅游、美感和城市人工环境三者之间的关系，从更根本的哲学角度讲，其探讨的是人类如何从美的角度回应和改变世界以及如何与其周遭的环境互动的。美感在其严格定义上是一个与艺术价值相关的词，在本章的使用中则采用更宽松的美学解读和体验视角，从旅游者和旅游的角度讨论旅游对城市人工环境设计和美感的影响。在过去的一个世纪，随着旅游和旅游业的不断发展，旅游对城市及城市人工环境设计的影响程度和方式也有着不同，从“城市美化”运动中旅游对城市设计的有限的间接影响，到现代城市发展过程中“现代性”成为一种旅游景观，再到现代主义城市因其创新的新空间和审美而吸引游客，以及后现代城市中新自由主义风格在城市建筑中的体现。旅游对地方审美的影响主要体现在三个方面：旅游对以消费者为导向的审美的促进作用，旅游对城市舒适物的促进作用，以及旅游在建造标志性建筑中的作用。当然，除了旅游者作为使用者和消费者的视角，本章也提到了城市人工环境生产背后的哲学维度和哲学思想，包括城市精英的政治哲学以及关于城市综合设计的更广泛的哲学讨论。从这个角度看，关于旅游、美感与城市人工环境之间关系的讨论可以为我们发现许多新的哲学立场。

我们往往容易忽略衡量地方的一个维度，即美感。它可能是所有维度中最重要的一个，因为它关系到人们对地方的最原初的体验。(Berleant，2003：42)

引言

哲学家们总是热衷于美感问题。的确，古典哲学家经常问的三个问题之一是："什么对我们来说是有吸引力的?"（Eagleton，1990：366）与此相关的讨论使我们不得不提出"什么是世界的组成部分"这样基本的本体论问题，同时也提出一些更具体的问题，比如我们为何认为一些地方美丽、有味道或令人愉悦。研究地方人工环境的审美体验能帮助我们理解一些更根本的哲学问题，比如人类是如何回应和改变世界以及如何与他们周遭的环境互动的。这一点在研究旅游时尤其适用。游客是从审美的角度来体验建筑与城市的，而在一定程度上，如何能打动旅游者也常常影响到城市设计。这一章将通过三个维度来探讨旅游、美感和人工环境之间的关系。首先，人工环境的设计以及人们消费它们的方式将直接影响旅游者的体验和他们理解与定位城市的方式。其次，"作为一个旅游者的身份"将影响人工环境的使用者如何去体验它们。通过旅游获得的体验将影响人们的审美判断和需求，而这些在他们返家之后又会反过来再影响他们将来的审美判断和需求。最后，城市希望打动旅游者的这种愿望将塑造其人工环境的形态和外观以及美感质量。在下面的章节中，我们将具体分析这些相互关联的维度和要素。

城市美感和哲学之间也有着更为具体的联系。与城市生活审美体验相关的话题，以及一些特定的哲学立场本身，都嵌入在城市设计之中。政府和地方精英往往决定了城市环境的生产。因此，正如德维（Dovey，1999）意识到的，我们不能将哲学和城市美感之间的关系仅仅看成是人类对城市的体验。这样的话，它就忽略了"社会结构和意识形态的明显影响和作用"（Dovey，1999：44）。纯现象学的方法（其关注点在生活世界）意味着关于一个地方的意识形态维度"仍未被充分重视因而很重要"（Dovey，1999：44）。因此，我们应该试图找到隐含在城市设计中的哲学思想。尤其是，如肖特（Short，2006）所争论的，当城市建筑的建造者和使用者之间的分歧越来越大而明显时，这一点便尤为重要。相应地，为了理解城市美感的哲学基础，我们需要分析城市人工环境的生产，也需要同时分析其消费。这些分析需要揭示更多的一些问题，比如，城市环境的使用者是如何解读城市设计哲学的？相比较其他的使用者，旅游者消费城市的方式是否不同？以及，旅游在多大程度上影响到城市设计？这里需要澄清的是，这些讨论集中于世界发达城市。由于类似的原因，关于旅游和美感的概念我们采用的是其广义的定义。旅游被理解为一种出于休闲的动因（也就是说，除商务和与工作相关的旅行之外）而离开惯常环境的访问活动。

在口语表达上，“美感”即某种事物的“美”，常常指其视觉的外观。更正式一些来讲，它指的是其艺术价值，一种将艺术区分于普通物品的价值。后者这一更严格的定义其实很难适用于人工环境。如格拉汉姆（Graham，1997）所指出的，城市和城市建筑常常是因为某些特定的原因而建的，然而对艺术来说，其功能价值和维度并不是艺术的首要考虑因素。同时，地方对建筑的影响也使我们很难单独从审美上理解城市的人工环境。每一座建筑，每一条街道，每一个区域，都是一个地方更大背景中的一部分，因而很难作为一个独立的艺术作品被理解。伯林特（Berleant，2003）对于这一话题的回应是，美感应该注重我们所拥有的体验和我们称之为美的物品。这也是我们这一章所采用的视角和方法。采用更包容的美感视角，并不是指美感传统定义中的主要特征——即事物具有的对观者的深刻的、启发式（甚至精神）影响的品质——不再适用。的确，伟大的城市和伟大的建筑常常产生与伟大艺术作品相关联的效应。它包括给予人们“强烈直接的感官体验，让人们产生意义的共鸣以及意识和想象的扩展”（Berleant，2003：48）。这正是我们称赞为美感的重要品质。这一点对于旅游尤其重要，因为访客们常常在陌生的城市人工环境中“迷失方向”（disorientated）（Jokinen & Veijola，1997）。进一步讲，如果说美感与那些超越现实、接近天堂的事物和想法相联系（Graham，1997），那么这种美感与旅游尤为相关，因为旅游常常被理解为一种逃避、朝圣或幻想的实践。

这一章余下的内容将讨论引言部分提出来的三维概念框架。首先，我们将评估城市精英如何生产城市美感，城市美感又是如何被城市使用者所阅读和理解的。随后将针对“旅游者”对城市以及旅游对城市美感的影响做更为具体的分析。

人工环境美感设计及其消费

城市美感的生产：嵌入在城市设计中的哲学

正如城市主义的消费同时发生在文化和个人的层面上一样，城市人工环境的生产亦是如此。它或许是某一段历史时期的表征，代表某一个政权或共同的身份认同，也或许是代表一种更狭义的个人特征（Vale，2006）。后者包括一个建筑师或他的客户的个人哲学，也可以是两者的。我们需要去理解和认识这些哲学思想，因为正是这些哲学思想形成了城市“建筑语言”和“主流解读”的基础。尽管这一点经常被个体使用者所忽略、争议或曲解，但物质的人工环境的确反映了城市精英的价值、趣味和偏好（包括过去和现在）。精英们使用具体的设计哲学来体现他们所认同的价值以及让他们的权力合法化。前面提到的城市人工环境的功能性是多样性的城市设计哲学中的一个主导因素，多种立场也出现在城市设计理念中，从而使建筑形式的重要性和建筑的使用调和在功能性的结构之中。它包括功能主义（functionalism，功能决定形式）、形式主义（formalism，形式决定功能）、理性主义（rationalism，推进社会进程的新形式）和表现主义（expressivism，符号化表达功能的建筑）。建筑上的惯例认为，建筑的形式与功能之间应该紧密联系。但事实上，许多城市旅游区所采用的形式和功能的手法是建筑学上讲的“门面主义”——用外表装饰性来掩盖其内部功能性。尽管这种做法被一些建筑纯粹主义者嘲笑缺乏诚实，纳赛尔（Nasser，2007）依然认为它能满足那些关注文化遗产的外观大于关注其复杂的内部结构的游客的需要。根据戈斯泊迪尼（Gospodini，2001：291）的观点，文化机构或建筑的引人注目的“门面”可以满足不同类型旅游者市场的需要，而建筑的高雅文化（high culture）功能部分却不一定能引起大众游客的审美消费欲望。这是因为建筑的外观以及它与现有城市景观的关系是吸引游客的主要原因。这些城市建筑战略的出现说明了我们需要将旅游理解为当代城市建设精英们考虑的主要目标。因而，旅游也成为城市美感生产的主要影响因素。

即使城市或建筑形式要符合功能需要，其结构也始终与代表某种价值的意义交织在一起。因此，一些哲学分析扩展到仅仅讨论建筑的“形式与功能”关系之外，而来开始考虑它们的社会经济基础。对马克思主义者（历史唯物主义者）而言，城市人工环境的形式与其生产模式是相关的。因此，当我们赞叹一些中世纪城市如佛罗伦萨、锡耶纳或布鲁日的外观时，“我们首先和首要敬仰的是其生产和意识的形式——商业资本主义”（Cuthbert，2006：187）。同样地，当罗马和布拉格看上去“从其自然位置表现出一些当地的原生特征”（Norberg Scholz 引用自 Dovey，1999：44）时，它们的城市形式其实是其多个世纪以来政治和意识形态斗争的结果。

体验城市美感：使用者的视角

最近的研究分析强调旅游无处不在的影响力（Urry，1990；Franklin，2003）。如果这一前提是可以接受的话，那么我们可以来分析关于城市审美体验的一些总的看法，因为旅游者的体验与其他城市使用者的体验有许多相似之处。根据研究者的哲学立场，城市人工环境的审美体验也常指“消费”、“感知”、“设想”或“解读”。对很多人来说，那些带来美感愉悦的城市往往就是那些能激发人们“愉悦”或“感性”认知的城市。因此，我们毫不惊讶地看到，现在主流的研究方法是将审美体验看成是环境感知的一种形式。根据卡西迪（Cassidy，1997）的观点，在现有感知研究中可以得出三个主要结论。首先，环境在人们的感知过程中为人们提供了必要且重要的信息。其次，环境通过决定人们感知记忆的内容来影响人们的感知过程。最后，个人会选择、解读和赋予所接受的信息以意义，然后建构出一个超越原来客观环境的“表型的”/“表征的”（phenomic）环境。这也强调了人工环境感知的重要性——包括它的设计——以及认识到它最终的考虑，即个人对于某一人工环境的理解和设想。

但是，仅仅考虑个人与人工环境之间的关系是不够的。城市既是物质的和“表征的”实体，同时也是通过社会文化实践而产生的文化景观。正如派克（Pike，1996：246）所讲到的，城市“从定义上说，是一种社会镜像”。虽然某一个个体可能会以他自己的体验为中心，但事实上，他们的经验仅局限于被社会意义所建构的城市道路和网络之中（Phillips，1993）。因此，一些关于城市美感（比如在影像学中）的分析往往强调一种共同的体验，而不是个人化的表征建构。这一点符合伯林特（Berleant，2003：46）关于城市美感研究的方法，他认为我们必须了解人与背景环境的关系，“在历史和文化的共同影响作用下，知识和意义决定了人们的体验”①。

旅游研究非常依赖于关于环境感知的知识（来自行为地理学和环境心理学），既包括环境感知的概念，也包括相关的方法。但这些观点和知识是通过人们对熟悉环境的感知分析中得来的。从定义上说，旅游研究更关注人们对陌生环境的看法。这种陌生感使得我们需要对旅游者的城市环境体验给予特殊的考虑和关注。

作为游客：旅游和审美偏好与趣味的形成

旅游改变了我们感知城市人工环境的方式。厄里（Urry）的著名论断认为，游客看待事物的方式是不同的：“旅游凝视”有别于其他“非旅游形式的社会经验和意识”（Urry，1990：2）。旅游凝视通过符号来建立，这些符号使得旅游者往往“关注城市景观和市容的非日常生活部分”（Urry，1990：3）。当人们旅行的时候，人们会去观察新事物，也会经历相比于仅待在家里的更多样化的审美体验。当然，旅游并不是人们观察新事物的唯一方式：在日益增长的多媒体时代，我们不断被各种图像所轰炸，有人因此认为与人工环境和投资模式一样，各种符号和表征正建构着我们的城市（Phillips，2001）。然而，尽管如此，旅游实践在影响人们如何做出审美判断时有着尤其重要的作用。学习不仅仅通过正式的教育环境来完成，它同时也通过人们的体验来实现，即“体验式学习”。人们从其经历和体验中学习，在这个过程中，人们不断进行反思、分析和评价（Boydell，1976；Minnaert，2007）。旅游实践鼓励了人们的这种反思和分析。正如厄里（Urry，1990：3）所讲到的，旅游者围绕旅游凝视的内容“思考”（linger），最终通过照片、录像

① 从本体论上讲，伯林特（2003）不愿把人们同他们的环境分开。就连谈论两者的互动关系都令他感到别扭，因为这种谈论假定人与环境之间存在区隔。相反，他喜欢谈论知觉与审美体验，将其视作一种“亲密的觉察”。

和文字记录的方式将这种凝视“捕捉下来或将其视觉客观化”。这一点由于技术的改变而得以强化，技术的进步使得人们更容易和更广泛地捕捉、分享、讨论和思考城市的形象：比如运用数码相机、手机、博客、照片分享网站，等等。当然，旅游的实践常常与学习实践有着更明显的联系。访客们往往通过一些特定的方式来体现他们的经历和体验，即通过旅行指南、游客解说中心或通过导游组合的旅游行程。他们也可以计划自己发现地方的方式，并反馈他们所见到和体验到的地方所具有的美感质量（Maitland，2008）。

旅游实践集中于讨论地方的美感，同时鼓励人们将体验转化为对知识的反思。在一些特定的时代背景下，旅游曾长期与趣味和审美标准的学习联系在一起。在18世纪的“大陆游学”时代，上层社会的成员们去欧洲大陆城市和当时的经典旅游景点旅行，来获得审美趣味，并带回装饰其豪宅的物品。他们通过旅行培养了一种根植于强调建筑秩序和约束的世界观，不提倡阿狄森（Addison，引用自 Styles & Vickery，2006）的所谓单纯追求奢侈的世界观。追求得体的礼仪思想反映了一种等级的观念，这种观念认为，好的品位体现了人们根据社会地位的适宜性来决定拥有何种物品和建筑风格。

18世纪之后，欧洲传统礼仪观念的影响力开始减弱，到了20世纪末则加速衰退。这与旅游业的增长是相关的。旅行对越来越多的人来说变得可能，正如19世纪旅游业先锋托马斯·库克公司和工业旅游俱乐部组织的旅游一样。早期的这些旅游行为常与学习联系在一起，例如通过参观博览会和世界展览会，旅行者常常会关注自己所处的人工环境。然而，这样的大众旅游的发展被认为削弱了精英趣味及审美排他性，因此它反映并加速了传统礼仪的衰落。度假和度假景区常常与低俗、狂热、无约束和追求奢侈相联系。他们从日常生活的时间和空间中脱离出来，给旅游凝视提供了明显不同的观看对象，无论是19世纪英国布莱克浦的海边度假之旅，还是19世纪60年代西班牙布拉瓦海岸的团队包价旅游（Krippendorf，1987）。

随着旅游从一种精英的追求转向大众体验，旅游体验对地方开始带来更大的影响。它可以被看成是城市设计者重新审视城市美感的一个新机会。海边的建筑风格变得越来越多样，从奢华的风格（布莱克浦的欢乐海滩和灯塔）（Blackpool's Pleasure Beach and Tower）到大胆但朴实的风格［比如，英国东南部海滨城市贝克斯希尔（Bexhill-on-Sea）的早期现代主义风格建筑德拉沃尔馆（De La Warr Pavilion）]。然而与此同时，许多研究者在谈到旅游和人工环境的关系时只要涉及对旅游者的讨论，口气便开始变得嘲讽（MacCannell，1976）。当代评论家常常将现代旅游看成是一种破坏（比如Theroux，1995），认为度假地的设计矫揉造作、平淡乏味、没有品位——在这些地方旅游只是降低了其审美趣味。但事实上，并非所有的旅游都是如此（毕竟泰鲁本人即为一个严肃的旅游者），同时也正如贾德（Judd，2003）所说，即使在一个严格规划的旅游者环境中，游客依然能通过保持距离、拒绝团队旅游中的固定路线或逃离旅游飞地等来设计自己的旅游体验——这在城市旅游中尤其容易实现。如米特安（Meethan，2001：112）所言，游客不需要成为"被动的消费者甚至在文化上被愚弄的人……那么容易上当受骗"。即使在大众旅游目的地，对大多数游客来说，旅行为他们提供了从不同角度观看事物的机会，同时通过旅游来反思和学习他们所看到的东西。

我们对于游客对地方审美判断的了解是极其有限的，但我们可以确信，这种审美判断是旅行的结果，而且在游客回到自己的常住地后依然适用。人们在旅游中学到新的技能，而这些又反过来影响他们的消费需求（Franklin，2003）和他们日常生活中审美的判断。旅游者"非日常"的旅游体验会影响他们回到家之后看待自己"日常"生活地方的方式，因为这些使用者开始用"更加开阔的眼界"重新审视地方（Urry，1999：74）。在当下旅游体验和行为在时空上越来越与日常生活无差异的情况下，这一点尤其如此（Franklin & Crang，2001）。在城市，本地居民和游客分享同样的城市活动，消费一种"新的城市文化"（Judd，2003：32）。当地居民自身的旅游经历影响到他们对城市的期待，以及他们如何看待和解读城市的人工环境："新的城市文化的兴起致力于满足人们新的审美需求，这种需求将城市转变为类似在旅行中为本地居民提供消费机会的地方。"（Judd，2003）相应地，度假中的审美观念也被引入城市的设计之中，比如购物商场中仿墨西哥风格的餐馆，一些流行区域的炫酷的、借用巴塞罗那或曼哈顿风格的酒吧，以及在英国的无处不在的新路边咖啡馆。旅行帮助人们学习成为更加成熟的地方消费者，本地居民在旅行之后，即使"回到自己的城市也如游客身份一样"，随着他们审美偏好的变化，城市开始改变以适应他们的需要：“城市繁华的娱乐区域集中呈现各种来自世界各地的物品，至少是复制或收集来的。”（Lloyd，引自 Judd，2003：32）旅游对城市美感的影响越来越大，且越来越重要。

旅游作为影响城市美感的关键因素

在这一节中，我们将对过去一个世纪旅游对城市美感的影响进行讨论。我们按时间顺序分析一系列美学思潮与运动，发现它们之间有重叠部分。我们的目的是看看城市是否已改变其外观以满足游客需求（或他们所认为的游客需求），并检验我们在当代城市设计中谈论旅游的必要性，甚至旅游美感是否恰当。

“城市美化”（City Beautiful，CB）运动中旅游在城市美感中的作用（约 1890—1930 年）

从约 1893 年到 1932 年期间，城市美化运动（主要在美国城市）试图建立一种“纯粹的视觉规划方法”（Mumford，1961：406）。城市美化项目包括建造纪念性建筑以及宽阔的道路轴线、林荫大道和大型市民广场。评论家们表达了对这类城市美感的赞赏，尤其是对那些“美的、和谐组合在一起的公共建筑”（Baldwin Hess，2006：515）；还有一些评论家认为城市美学运动与今天有意识塑造城市形象的“旅游城市”有相似之处（Smith，2007）。但是，城市美学运动的初衷并不是为了打动旅游者。他们的设计的最终目的是想通过在精神层面上提升城市环境来教化民众，“治愈”城市的社会病。这解释了城市为何建造一些纪念性的建筑，这些建筑为故意“激发民众”而设（Lang，2003），围绕这些建筑不同阶层的人能团结起来（Baldwin Hess，2006）。当然，旅游也曾是城市美化运动中的考虑因素。城市的领导者认为城市美感可以提升一个城市的竞争优势，包括提升其作为旅游目的地的声誉（Baldwin Hess，2006）。的确，如科克斯（Cocks，2001）所言，出于吸引游客和为市民改善城市环境的考虑，城市美化运动持续发展。这在首都城市尤其如此，比如美国首都华盛顿，它将“提高城市核心地区的魅力置于改善周围区域的环境之上，因为这迎合了爱国主义和旅游发展的需要”（Gournay，2006：118）。吸引高雅的游客显然是城市文明化的目标之一，这有利于克服“城市的狭隘以及激发市民的归属感”（Cocks，2001：172）。一些评论家提到了游客对19世纪末20世纪初的城市文明化的影响。格鲁恩（Gruen，2001）指出，游客群体帮助了亚洲移民融入旧金山这个城市。当然，游客对城市感知的程度很难被充分了解，有一些城市美化项目非常大，以至于来自底层的民众几乎无法辨别它们。科尔森（Kolson，2001）因此批评说，这些城市美化计划不过局限在“政府限制区”（government ghetto），是“毫无意义的炫耀”。鲍德温·赫斯（Baldwin Hess，2006：536）的评价委婉些，指出城市美化工程可以作为“一些将来被纪念的地方得以留存”。无论这个时期城市美化运动留下来的遗产是什么，从这个时期起，旅游已经开始影响到城市美感，尽管是通过间接的方式。

旅游对现代城市美感的影响（约1880—1939年）

正如格鲁恩（Gruen，2001：178）所说的那样，游客并不仅仅是因为城市美化运动中建起的宽阔的林荫大道、宏伟的建筑或闪闪发光的纪念碑而来。他们到访城市，是为了参观历史遗址和新的建筑空间，同时也为了参观具有更多样美学特征的新型现代城市。因此，现代性本身变成了一种旅游景观（McCannell，1999）。正如吉尔伯特（Gilbert，1999：281）所说，这个时期参观伦敦的游客是为了看看“正在形成中的新世界”。

个体建筑结构以及整个城区的设计都受到一种需求的驱使，即希望打动从旅行中得到收获的游客。纽约、芝加哥以及其他一些“新世界”的城市将它们自己改造成现代化的旅游景观，这些方式对于欧洲许多老的城市很难行得通（Gilbert，1999）。那些负责城市发展和设计的人正将城市“打造”成吸引游客的样子。罗德里格斯（Rodriguez，2000：69）认为旧金山海湾区域新大桥的建造“激发了人们从游客吸引力的角度来对城市景观做出总体评价”。旧金山金门大桥设计上的审美取向及旅游前瞻性无疑说明了旅游成为城市设计中的优先考虑因素。同样地，促进旅游发展的愿望影响了后来城市摩天大楼的设计。例如，纽约帝国大厦的观景台暗示了它是蕴含旅游意识的设计（Gilbert & Hancock，2006：93）。因此，虽然不能说旅游业的发展促进了新的城市高楼和城市垂直高度的发展，但是它的确影响了城市的设计，更重要的是，它影响了城市新建筑在象征意义上的重要性。最后，正是由于旅游者的爱好和兴趣，这些城市建筑，如帝国大厦，变成了世界上的现代奇迹。城市管理者们知道，成为游客感兴趣的城市是成为世界城市的象征，因为它们能成功地吸引游客的关注。新的摩天大楼也为游客在审美角度上整体消费一座城市提供了一种方式。

当然需要指出的是，20 世纪 30 年代新兴的现代城市美感仍受到传统欧洲首都城市的影响。尤其在美国，城市管理者和游客对新兴城市的吸引力缺乏信心，因此，他们常采用相对安全的、保守的建筑风格（如新古典主义的风格）。根据格鲁恩（Gruen，2001）的观点，旧金山是否是一个世界级的城市主要取决于在多大程度上它类似于欧洲“大陆游学”时代的城市；旧金山市采用“西方的巴黎”的口号进行宣传，许多早期的旅馆也都是采用欧洲的风格来设计的。当新的审美风格被采用时，它们经常与已建立的城市旅游特色相联系。旧金山的旅游指南把摩天大楼与中世纪的教堂及中世纪意大利城市圣吉米亚诺（San Gimignano）的城楼相比（Gilbert & Hancock，2006）。“大陆游学”中建立的美学标准依然影响着新兴城市的设计。

旅游在现代主义城市美感中的作用（约 1945—1970 年）

在这个时期，城市美化运动及欧洲同时期的城市改造计划被现代“理性规划”观念所代替，转向注重社会与住房问题（Baldwin Hess，2006）。根据多克托（Doctor，2000）的观点，在新的时代，美不再被看作与如画般的景观密不可分。相反，一种新的基于工程的审美观变得突出，特别是在战后重建时期。它蕴含着对曾经的宏伟城市计划的有意识拒绝，以往的城市计划曾使用浮夸的建筑外墙来指引城市交通道路（Hasegawa，1992：6）。

虽然 20 世纪 50 年代和 60 年代所建的建筑、区域和城市最终因为“丑陋”而被嘲笑，但我们认为是其使用了不当的审美标准或故意显得难看，从而太容易否认它们。事实上，许多设计方案与以往时期的一样，有着远见和预见性，反映了进步的都市生活。就像城市美化计划，它致力于打造合理规划而有序的城市，同时建造代表城市地位的引人注目的城市景观。借鉴奥斯曼时期巴黎式的哲学，美产生于有序、对称和狭长的街景。因此，现代主义观念的城市和城市美化计划下的城市具有连续性。当然，它们之间也有着关键的不同：现代都市主义继续采用轴线和远景设计，但它运用的轴线并不终止于某一单一建筑，而是强调一个复杂的、平衡对称的并列建筑和框架式的风景（Vale，2006：27）。这种建筑风格与激进的政治哲学和政治制度密切相关，因为它反映了政府的权力，也表达了相应的社会监管的可能。

将旅游看成是现代主义城市哲学的关键其实是一个错误。许多现代主义城市缺乏明显的风格和连续的统一性，这意味着它们很难将一种类似以往整体“城镇的形象”推销给游客（Simson，2000：195）。当然并不是所有的现代主义城市都被认为是审美上的失败；有些城市已成为了旅游目的地。比如一些越是能完整代表“超现代主义”（high modernism）的地方，如巴西的巴西利亚（Brasilia），正是由于其现代的审美外观吸引了许多游客[①]。其他一些不那么完整连贯的现代主义城市改造计划则被证明是失败的，比如英国伯明翰市中心，它就没有给游客机会去看看20世纪60年代城市设计的一个完整示例。这个时期的评论家认为，如果当时能充分实施伯明翰城市计划并合理维护的话，那么这个城市今天可能会留下具有现代审美的特征并值得游客去访问的地方。1970年，萨克利夫（Sutcliffe）写道，英国的某个最具视觉变化、令人兴奋的城市已具备了现代主义城市改造的基础——如果这种改造不是在欧洲的话（引自 Kennedy，2004：1）。这暗示了人们期待城市会由于其创新的新空间和美感而吸引游客。具有讽刺意味的是，许多城市的改变就像当初20世纪60年代的伯明翰市一样，正被人们最早嘲笑攻击的现代城市结构所取代：当时的目标是将城市的形象更新为进步的城市。

最终，城市的不断重建，比如伯明翰，抑制了其以怀旧审美为主的消费。而这种怀旧审美和消费对大多数旅游城市的成功极其重要。许多城市可

① 该城市在1987年被列入联合国教科文组织世界遗产名录，因为它是严格按照功能线进行设计的世界上最大的城市综合体（Batista *et al.*，2006）。

能会后悔草率的城市拆迁，特别是当一些现代主义城市美感被重新评估的时候。多克托（Doctor，2000：199）认为，“荷兰鹿特丹建于20世纪50年代和60年代的市区，与其他城市所钟爱的中世纪城镇中心一样，备受赞赏”。但庞特（Punter，2005）则欣慰地认为，这种相同的感性认识没有影响和阻碍悉尼的城市规划。他驳斥了城市被现代主义遗产所占领的主张，指出只有建筑纯粹主义者才会支持“在一个到处充满无风格建筑和没有吸引力的城市中保留现代空间场所”（p. 144）。这提高了这样一种可能性，即：尽管不一定带着发展旅游的意识，现代主义城市依然可能因为游客的怀旧消费而被保存下来，即使更多的城市使用者更希望其成为历史。

除了城镇和城市的重建，战后有许多新城镇的建设也都依据现代的设计原则并将其作为优先考虑因素（Marr，2006）。从居住角度看，它们中的一些建设非常成功。但是由于缺乏一个明显的城镇中心和特定的氛围，这严重限制了它们的旅游潜力。正如葛兰西（Glancey，2006）所指出的，城市游客容易被古老的城镇中心、大广场或中心纪念碑所吸引，而“混乱和喧嚣”的城市则并不具备这些。虽然没有证据表明旅游影响了城市的设计，但在英国城市巴兹尔登（Basildon）的建设初期，英国城乡规划部长曾宣称“巴兹尔登将建成全世界人民都想来参观旅游的城市”（引自Glancey，2006）。当然就像萨克利夫对伯明翰市的预言那样，这一预测被证明过于乐观。如果一个地方需要60到70年的时间才能让当时的审美风格被认为是怀旧的话，那么这些现代新城镇可能需要等到2030年才能完全地成为旅游目的地。

旅游在后现代城市美感中的作用（约1970年至今）

旅游景点被重新设计和包装以适应大众消费的需要已超过二百年的历史（Lasansky & McLaren，2004）。然而，随着游客数量增加，这一过程变得更加强烈和更为普遍。这一时期旅游的大幅增长与人们对地方美感和设计在态度上的重大转变是一致的。虽然一些地方的现代主义设计风格被证明是优雅并成功的，但使用者们仍然没有普遍接受，他们反对这种“忽视美学考虑的朴素的功能主义”（Laurence，2006：160）。

到了20世纪70年代，现代主义受到许多先锋人士的抨击。建筑师和规划师们被批评为布道式的官僚者（Davies，1972）：他们有着很好的设计意图，但并不了解人们真正所需。许多设计者本身也在质疑自己是否掌握了城市规划和设计的复杂工具，从而来处理复杂的地方及其审美需要（McLaughlin，1994）。左翼的批评观点认为，现代主义的野心不过是试图解决资本主义矛盾的无效尝试（Thomas，1999），而新自由主义者则寻求在城市设计中减少政府干预。新自由主义观念的成功意味着做出审美判断的权力主体从职业设计师和地方政府官员转向开发商和使用者。比如在英国，中央政府责令地方政府，指出设计是主观的，地方政府不能通过规划控制来强加其审美品位（DoE，1980）。从更广义上看，新兴的“后现代”建筑风格摈弃了现代主义中偏爱折中设计的美感，它们借鉴历史风格，有时采用夸张和好玩的设计方式，试图提供一种更丰富、更复杂和更活泼的美感。这类风格的领先实践者之一——温图利（Venturi）就认为，活力与杂乱之间是相互联系的：作为对德国著名现代主义建筑大师密斯·凡·德·罗（Mies van der Rohe）的名言“少即是多”的反驳，温图利提出“少即是无趣枯燥”（Venturi，1966）。后现代设计常常试图以一种带有讽刺意味的方式呈现，显然从混乱无序但华丽流行的城市如拉斯维加斯中吸取了教训（Venturi *et al.*，1972）。这些审美风格的生产和消费是由于旅游中的“快乐有趣”（playfulness）的需要以及游客日益增加的折中的欣赏品位。正是在这一背景下，我们可以考察旅游对地方的美感起到何种作用。这里我们将概述三种分析的角度：旅游对以消费者为导向的美感的促进作用，旅游对城市舒适物的促进作用，以及旅游在建造“标志性”的建筑中的作用。

首先，随着传统工业生产和分配的下降和衰退，前工业城市试图创造机会吸引旅游者，在此背景下，旅游促进了更多以消费者为导向的美感（参见比如 Law，1993；Beioley *et al.*，1990）。对一些先锋城市来说，比如 20 世纪 70 年代的巴尔的摩（Baltimore），发展旅游是对抗工业衰退及萧条和危险的城市形象的有效途径。由于以往的工业城市形象很难吸引旅游者，旅游开发因而只能局限在有限的区域，即所谓“旅游泡”（tourism bubbles）（Judd，1999）。这个区域无论在物质形态还是符号语言上都区别于城市其他地区，而着重和集中提供吸引游客的旅游设施和吸引物。这意味着游客被吸引到一个使他们感觉安全、有魅力的地方，用林奇（Lynch）的话即舒适的环境中（Pearce & Fagence，1996）。这种方式被全世界许多城市所模仿。而这一方式的关键点就在于对人工环境的再美感化（reaestheticisation）（Clark，2003）：我们需要说服游客这个地方值得访问，这不仅需要一些新的旅游吸引物，如博物馆和节庆集市等，也同时需要复兴原有的遗产和传统建筑。废弃的仓库、空旷的纺织工厂以及无用的码头等被重新翻新：不再丑陋，不再过时，而是复兴过去工业时代的场景并将其打造为具有视觉吸引力的地方。在这个过程中，布道式的建筑师或规划师需要考虑城市使用者们应该需要什么，“旅游泡”的开发者也需要了解游客将需要什么，尽管城市使用者和游客的审美判断有时甚至会和他们的判断产生争议。

其次，当城市希望其更古老的中心区域对游客产生吸引力时，城市新的舒适物和美感变得十分重要。留存下来的历史街道和建筑是核心的旅游吸引要素（Montgomery，2003，2004），但这些地方主要提供的是一个“门面”，在其背后混合了许多新的、不同的使用用途（Maitland，1997）：外观的重要性就像是一个景区的“度假剧院”（Krippendorf，1987）。它的意图在于创造一种活泼生动的氛围和街景，在这个氛围和街景之中反映了吸引使用者的关于空间、设计和审美的社会质量的观念（Lynch，1960；Jacobs，1961）。它代表了一种旅游者的历史城市（tourist-historic city）：历史建筑、遗产、多种使用方式的混合，随时可以停下来享受街景或在街角咖啡店像个游荡者一样闲逛。旅游在这样一些区域的创造中扮演着双重角色。这些区域是开发商为吸引游客而设，但它同样也是为了吸引当地居民。这意味着这些区域必须也适合当地居民的审美品位，而这些居民的品位会受到他们以往旅游经历的影响，因为他们都曾作为旅游者的身份到别处旅游。因为这个原因，我们可以将旅游引到一个更大的讨论中，即考察美感在城市发展中的作用。最新的学术讨论关注城市发展中舒适物日益增强的重要性，尤其是它们在吸引流动的专业人才中的作用（Florida，2002；Clark *et al.*，2001；Clark，2003）。舒适物建立的核心即在于人工环境的审美质量（Silver *et al.*，2006），我们因此可以看到，游客和居民的双重需求（两者的欣赏品位越来越趋同）推动了城市的绅士化和再美感化进程（Maitland，2008；Maitland & Newman，2008）。对这一改变的结果当然有一些反复的批评——对其标准化的外观、失真及丧失了明显可区分的城市特征等的批评（Honigsbaum，2001；Chrisafis，2004；Richards & Wilson，2006）。但无论怎么不完美，这些区域仍清晰地代表了城市审美的重要转变，而旅游在其中扮演了非常重要而复杂的角色。

最后，旅游与人工环境之间最显著的审美上的联系即通过“标志性”的建筑，比如著名的西班牙毕尔巴鄂（Bilbao）古根海姆博物馆（Guggenheim）。有时也通过与“标志性”的事件的联系来体现，最有影响力的如1992年的巴塞罗那奥林匹克运动会（Smith，2005）。旅游目的地常常在寻找能代表其吸引力的符号，这些符号能使人们很快地将其与某个地方联系起来。它们可以是自然的（比如悉尼港），由于其他原因而建但具有标志性作用（悉尼港大桥），也可以是原本就是为了成为地方的符号和形象而特意建造的（悉尼歌剧院）。如史密斯（Smith，2007）所言，这些地方符号可以看成是当代版（适合媒体宣传的，media-friendly）的城市纪念场所，代表着城市地位。随着城市在吸引游客和流动的专业人才上的竞争日益加剧，城市将其标志性的场所——艺术画廊、博物馆、体育场、音乐厅等——作为代表城市具有高水平舒适物的地方，并代表着城市的吸引力。“成功”的旅游符号促使竞争对手城市也来模仿，这些城市同样希望能成功营销自己，并给消费者提供具有吸引力的景观（Richard & Wilson，2007）。标志性的建筑部分地改变了现代城市的景观，“从中国台湾到墨西哥瓜达拉哈拉（Guadalajara）以及到英国爱丁堡，它们受到了无数城市支持者的热捧”（Sudjic，2005：23）。这中间，尽管旅游不是城市建造标志性建筑的唯一推动力，它也在城市营销方式和为体验经济而打造的壮观场景和“品牌景观”中起到了重要作用（Klingmann，2007）。

结论

这一章概述了旅游、美感与城市人工环境之间的关系。城市正经历日益增长的“旅游化”（tourismification）和“美感化”（aestheticisation）过程；这些过程相互关联。旅游不是唯一，甚至不是最重要的影响城市美感和美感化的因素。但旅游在城市发展中扮演越来越重要的作用，这一点在城市研究文献中已得到了体现。尽管真正的人工环境的理解只是存在于每个个体的感知之中，旅游者与其他城市使用者一样，都会受到城市人工环境美感的影响。这个过程只有通过理解人工环境的文化语境和背景才能实现。它与旅游者尤其相关，因为旅游不仅是一种人们得以了解城市美感的生活体验，它也是一种文化实践，这些文化实践有着其固定的特征。“成为旅游者”意味着人们以不同的方式消费人工环境的美。了解并提供适合游客需要的审美需求影响到城市人工环境的设计。我们因此认为，旅游比以往任何时候都更具影响力。如果游客以不同方式消费城市的美，而城市为适应这些需求而提供这种基于游客偏好的美，那么这就在城市美感的生产和消费之间建立起了一种直接的联系。当然，将旅游作为城市设计的一个必要考虑因素并不必然地意味着城市建设者就会给所有游客他们所希望的东西。更普遍的情况是，城市是为旅游而非为旅游者而设计。相应地，城市人工环境的建设越来越受到城市开发者们基于他们所理解的游客需要的影响，既包括当他们在自己所处的城市的时候，也包括他们在访问其他城市的时候。

这一章的讨论也特别强调一些重要的哲学议题。当讨论到城市的人工环境时，我们需要认识到其背后一系列的哲学维度。在哲学维度的一端是城市精英的具体的政治哲学，这些城市精英通过城市设计理念来达到他们的政治目标。在哲学维度的另一端是关于综合设计的更广泛的哲学讨论。用于描述旅游者审美体验的许多不同的词（如解读、消费、感知、想象等）是对设计背后的一系列哲学理念的一种检验。这里要强调的是，当现象学视角集中讨论城市生活经验时，它事实上掩盖了隐藏在城市人工环境背后的哲学思想。这使得我们陷入了一种关于理想的认识论的困境，理想的认识论认为我们可以获得关于城市美感的全面理解。在这里我们无法试图去解决这个传统的哲学争论，但关于旅游、美感与城市人工环境之间的关系的讨论可以使我们得以探索更多不同的立场。

我们认识到基于一般化的讨论存在将问题简单化的风险，但这一章仍然论述了一个清晰的论点。最主要的是，我们提出，只有通过讨论旅游，我们才能理解城市人工环境的美感。这不仅是因为旅游影响着（在某种程度上一直在影响）城市的设计，也同时因为游客对城市人工环境的感知不同。

随着旅游变得越来越普遍，我们必须要认识到这一点才能达到对城市美感的更普遍的理解。

参考文献

Baldwin Hess, D. (2006) Transportation beautiful: Did the city beautiful movement improve urban transportation? *Journal of Urban History* 32 (4), 511-545.

Batista, G., Ficher, S., Leitao, F. and Alves de Franca, D. (2006) Brasilia: A capital in the hinterland. In D. Gordon (ed.) *Planning Twentieth Century Capital Cities* (pp. 164-181). Abingdon: Routledge.

Beioley, S., Maitland, R. and Vaughan, R. (1990) *Tourism and the Inner City*. London: HMSO.

Berleant, A. (2003) The aesthetic in place. In S. Menin (ed.) *Constructing Place: Mind and Matter* (pp. 41-54). London: Routledge.

Boydell, T. (1976) *Experiential Learning*. Manchester: Manchester Monographs.

Burton, A. (1996) Making a spectacle of empire: Indian travellers in Fin de Siecle London. *History Workshop Journal* 42, 127-140.

Cassidy, T. (1997) *Environmental Psychology: Behaviour and Experience in Context*. Hove: Psychology.

Chrisafis, A. (2004) Ibiza on the Liffey: But where are the Irish? *Guardian* (London), 17.

Clark, T. N. (2003) *The City as an Entertainment Machine*. San Diego, CA: Elsevier.

Cocks, C. (2001) *Doing the Town: The Rise of Urban Tourism in the United States*. Berkeley, CA: University of California Press.

Cuthbert, A. (2006) *The Form of Cities: Political Economy and Urban Design*. Oxford: Blackwell.

Davies, J. G. (1972) *The Evangelistic Bureaucrat*. London: Tavistock.

DoE (1980) *Development Control—Policy and Practice*. London: HMSO.

Doctor, R. (2000) Post-war town planning in its mid-life crisis. In T. Deckker (ed.) *The Modern City Revisited* (pp. 197-213). London: Spon Press.

Dovey, K. (1999) *Framing Places: Mediating Power in Built Form*. London: Routledge.

Eagleton, T. (1990) *The Ideology of the Aesthetic*. Oxford: Blackwell.

Fitzmaurice, T. (2001) Film and urban societies in a global context. In M. Shiel and T. Fitzmaurice (eds) *Cinema and the City: Film and Urban Societies in a Global Context* (pp. 19-30). Oxford: Blackwell.

Florida, R. (2002) *The Rise of the Creative Class*. New York: Basic Books.

Franklin, A. (2003) *Tourism: An Introduction*. London: Sage.

Franklin, A. and Crang, M. (2001) The trouble with tourism and travel theory? *Tourist Studies* 1 (1), 5-22.

Gilbert, D. (1999) London in all its glory—or how to enjoy London: Guidebook representations of Imperial London. *Journal of Historical Geography* 25 (3), 279-297.

Gilbert, D. and Hancock, C. (2006) New York City and the transatlantic imagination: French and English tourism and the spectacle of the modern metropolis 1893-1939. *Journal of Urban History* 33 (1), 77-107.

Glancey, J. (2006) Brave new world. *Guardian*, 6 November.

Gospodini, A. (2001) Urban waterfront design in Greek cities. A framework for redesigning space. *Cities* 18 (5), 285-295.

Gournay, I. (2005) Washington: The DC history of unresolved planning conflicts. In D. Gordon (ed.) *Planning Twentieth Century Capital Cities* (pp. 115-129). Abingdon: Routledge.

Graham, G. (1997) *Philosophy of the Arts: An Introduction to Aesthetics*. London: Routledge.

Gruen, J. P. (2000) Everyday attractions: Tourism and the generation of instant heritage in 19th century San Francisco. In N. Al Sayyad (ed.) *Consuming Tradition, Manufacturing Heritage* (pp. 152-190). Abingdon: Routledge.

Hasegawa, J. (1992) *Replanning the Blitzed City Centre*. Buckingham: Oxford University Press.

Hayllar, B. and Griffin, T. (2005) The precinct experience: A phenomenological approach. *Tourism Management* 26, 517-528.

Honigsbaum, M. (2001) McGuggenheim? *Guardian* (London), 27 January, 17.

Jacobs, J. (1961) *The Death and Life of Great American Cities*. New York: Random House.

Jokinen, E. and Veijola, S. (1997) The disorientated tourist. In C. Rojek and J. Urry (eds) *Touring Cultures: Transformations of Travel and Theory* (pp. 23-51). London: Routledge.

Judd, D. (1999) Constructing the tourist bubble. In D. Judd and S. Fainstein (eds) *The Tourist City* (pp. 35-53). New Haven, CT: Yale University Press.

Judd, D. (2003) Visitors and the spatial ecology of the city. In L. Hoffman, S. Fainstein and D. Judd (eds) *Cities and Visitors* (pp. 23-38). Oxford: Blackwell.

Judd, D. R. and Fainstein, S. (eds) (1999) *The Tourist City*. New Haven, CT: Yale University Press.

Kennedy, L. (2004) *Remaking Birmingham: The Visual Culture of Urban Regeneration*. Abingdon: Routledge.

Klingmann, A. (2007) *Brandscapes: Architecture in the Experience Economy*. Boston, MA: MIT Press.

Kolson, K. (2001) *Big Plans: The Allure and Folly of Urban Design*. Baltimore, MD: John Hopkins University Press.

Krippendorf, J. (1987) *The Holiday Makers*. Oxford: Butterworth Heinemann.

Lang, K. (2003) The Hamburg Bismarck as city crown and national monument. In S. Menin (ed.) *Constructing Place: Mind and Matter* (pp. 119-145). London: Routledge.

Lasansky, D. M. and McLaren, B. (eds) (2004) *Architecture and Tourism: Perception, Performance and Place*. Oxford: BERG.

Laurence, P. L. (2006) The death and life of urban design: Jane Jacobs, the Rockefeller Foundation and the new research in urbanism 1955-1965. *Journal of Urban Design* 11 (2), 145-172.

Law, C. M. (1993) *Urban Tourism: Attracting Visitors to Large Cities*. New York: Mansell.

Lynch, K. (1960) *The Image of the City*. Cambridge: MIT Press.

MacCannell, D. (1999) *The Tourist: A New Theory of the Leisure Class* (2nd edn). London: Macmillan.

Maitland, R. (1997) Cities, tourism and mixed uses. In A. Coupland (ed.) *Reclaiming the City* (pp. 87-116). London: E & FN Spon.

Maitland, R. (2008) Conviviality and everyday life: The appeal of new areas of London for visitors. *International Journal of Tourism Research* 10 (1), 15-25.

Maitland, R. and Newman, P. (2004) Developing metropolitan tourism on the fringe of Central London. *International Journal of Tourism Research* 6, 339-348.

Marr, A. (2006) *A Modern History of Britain*. Abingdon: Macmillan.

McCabe, S. (2005) Who is a Tourist? A critical review. *Tourist Studies* 5 (1), 85-106.

McLaughlin, B. (1994) Centre or periphery? Town planning and spatial political economy. *Environment and Planning* A 26, 1111-1122.

Meethan, K. (2001) *Tourism in a Global Society*. London: Palgrave.

Minnaert, L. (2007) Social tourism: A potential policy to reduce social exclusion? The effects of visitor-related social tourism for low-income groups on personal and family development. Unpublished PhD thesis, University of Westminster.

Montgomery, J. (2003) Cultural quarters as mechanisms for urban regeneration. Part 1. Conceptualising cultural quarters. *Planning Practice and Research* 18 (4) 293-306.

Montgomery, J. (2004) Cultural quarters as mechanisms for urban regeneration. Part 2 A review of four cultural quarters in the UK, Ireland and Australia. *Planning Practice & Research* 19 (1), 3-31.

Mumford, L. (1961) *The City in History: Its Origins, Its Transformations, and Its Prospects*. London: Secker and Warburg.

Nasser, N. (2007) Planning for urban heritage places: Reconciling conservation, tourism and sustainable development. *Journal of Planning Literature* 17 (4), 467-479.

Parker, D. and Long, P. (2004) 'The mistakes of the past' visual narratives of urban decline and regeneration. *Visual Culture in Britain* 5 (1), 37-58.

Parker, S. (2004) *Urban Theory and the Urban Experience*. Abingdon: Routledge.

Pearce, P. L. and Fagence, M. (1996) The legacy of Kevin Lynch: Research implications. *Annals of Tourism Research* 23 (3), 576-598.

Phillips, R. S. (1993) The language of images in geography. *Progress in Human Geography* 17 (2), 180-194.

Pike, B. (1996) The city as image. In R. T. Legates and F. Stout (eds) *The City Reader* (pp. 242-249). Routledge: London.

Punter, J. (2005) Urban design in central Sydney 1945-2002: Laissez-faire and discretionary traditions in the accidental city. *Progress in Planning* 63 (1), 11-160.

Richards, G. and Wilson, J. (2006) Developing creativity in tourist experiences: A solution to the serial reproduction of culture? *Tourism Management* 27, 1209-1223.

Richards, G. and Wilson, J. (2007) The creative turn in regeneration: Creative spaces, spectacles and tourism. In M. Smith (ed.) *Tourism, Culture and Regeneration*. Wallingford: CABI.

Rodriguez, J. (2000) Planning and urban rivalry in the San Francisco Bay Area in the 1930s. *Journal of Planning Education and Research* 20, 66-76.

Selby, M. (2004) Consuming the city: Conceptualizing and researching urban tourist knowledge. *Tourism Geographies* 6 (2), 186-207.

Short, J. (2006) *Urban Theory: A Critical Assessment*. Basingstoke: Palgrave.

Silk, M. L. (2007) Come downtown & play. *Leisure Studies* 26 (3), 233-257.

Silver, D., Clark, T. N. and Rothfield, L. (2006) *A Theory of Scenes*. Montreal: Urban Affairs Association.

Simson, A. J. (2000) The post-romantic landscape of Telford Town. *Landscape and Urban Planning* 52, 189-187.

Smith, A. (2005) Conceptualizing city image change: The reimaging of Barcelona. *Tourism Geographies* 7 (4), 398-423.

Smith, A. (2007) Monumentality in 'capital' cities and its implications for tourism marketing: The case of Barcelona. *Journal of Travel and Tourism Marketing* 22 (3/4), 79-93.

Smyth, H. (1994) *Marketing the City: The Role of Flagship Developments in Urban Regeneration*. London: E & FN Spon.

Sudjic, D. (2005) Can we still build iconic buildings? *Prospect* (111), 22-26.

Szczgiel, B. (2003) City beautiful revisited: An analysis of 19th century civic improvement efforts. *Journal of Urban History* 29 (2), 107-132.

Theroux, P. (1995) *The Pillars of Hercules: A Grand Tour of the Mediterranean*. New York: GP Putnams and Sons.

Thomas, H. (1999) Social town planning and the planning profession. In C. Greed (ed.)

Social Town Planning (pp. 15-28). London: Routledge.

Urry, J. (1990) *The Tourist Gaze*. London: Sage.

Urry, J. (1999) Sensing the city. In D. Judd and S. S. Fainstein (eds) *The Tourist City* (pp. 35-53). New Haven, CT: Yale University Press.

Vale, L. (2006) The urban design of twentieth century capitals. In D. Gordon (ed.) *Planning Twentieth Century Capital Cities* (pp. 15-38). Abingdon: Routledge.

Venturi, R. C. (1966) *Complexity and Contradiction in Architecture*. New York: Museum of Modern Art.

Venturi, R. C., Brown, D. S. and Izenour, S. (1972) *Learning from Las Vegas: The Forgotten Symbolism of Architectural Form*. Cambridge, MA: MIT Press.

第十一章　旅游与艺术

布莱恩·威勒

译者导读：诚如作者所说，本章“远不是在客观、冷静、连贯、切实地分析艺术和旅游，而只是围绕着主题词而展开的看似玩世不恭的、飘忽不定的絮絮叨叨”。通读全篇，让人稍觉困惑的是，这些“絮絮叨叨”与一贯面孔严肃的“哲学议题”到底有什么联系？与其说作者在讨论旅游与艺术相关的哲学议题，不如说他在机敏地观察、大胆地调侃、辛辣地讽刺与关于旅游与艺术的几乎所有社会现象。与旅游或旅行相关的小说、诗歌、涂鸦艺术、博物馆、影视作品、流行音乐、展览、节庆活动……包括在背后兴风作浪的媒体，都没能从作者汪洋恣肆的笔端逃脱。令人惊叹的是他所举例的大量作品和现实事件，几乎就是在提供一份研究西方社会的旅游与艺术交叉现象的基本素材库。在他的笔下，旅游与艺术的话题已经远超出其本身，而成为窥视（西方）社会生活现实的一支万花筒。

无论人们多么渴望完全的客观，但正如我看到的，主观性和实用主义总是无从回避，然而二者在所有研究活动中又都随意地被忽略。无论你多希望保持客观和平衡，你的倾向都会表明你所追寻的是什么。主观性必然在一定程度（甚至很大程度）上存在着。在旅行和旅游的语境中，邓恩（Dunn，1998：136）敏锐地强调说“没有任何有意义的过程可以孤立存在。没有任何事是绝对客观的”。可能没有任何地方的主观性能够比它在“艺术”——在此，“美”实际上是出自旁观者的视角——中的关联性更加至关紧要了。

正如兰德里（Landry，2006：8）所简明扼要地指出的，我们“身处主观世界之中”。尝试将这种复杂的变数与旅行和旅游的相关因素中固有的、某些有争议的问题相匹配，并且……那么，情况就变得更加纠结了。几乎无从下手。因此很显然，要在一个章节中全面涵盖这些关联的复杂方面是不可能的，这会繁难而又充满了争议。各种情形都表明了不可避免的某种程度的选择性和主观性。

在评论雷德布莱希特（Ledbrecht）的《大师、杰作与疯狂》时，玛斯-琼斯（Mars-Jones，2007：27）极富洞察力地写道：“批评家那些荒谬的、摈弃了价值判断的想法，从一开始就注定要毁灭。”这也是我对现状的解读。接下来是我自己看事物的方法：以经验为基础的一种个人的、体现价值观的、包含趣闻轶事的视角。我们回忆“经验”的方式是个人的、允许猜测的。“每一个故事都有三种版本。你的、我的和真正的版本。”（Evans，2004：1）观察和示例主要来自于“个人”的一面，以直接或间接的方式来自我们所读到/看到/听到的事物，因此反过来主要是由我们自己的主观与偏好所决定的。这里反映的是一个中年白人男性的、西方的（英国人的）观点：他有工人阶级背景，受制于中产阶级身份，有着“积极向上”的抱负(?)。随你们怎么想。

我一直认为，要在定义的应用中掌握好分寸，即便并非不可能，至少也是非常困难的。也许从学术上看，我们可以圈起围栏来描述我们的研究领域，但是实践中则不可行。然而，矮胖子（Humpty Dumpty）的话中包含着许多智慧：“我所使用的语言所说出来的就是我选择让它说出来的意思——不多也不少。”[Carroll，1872（1991）：135] 鉴于这种含糊的情况，我们将满足于模棱两可。然而，“艺术”大致是由什么组成的？粗略扫视一下所谓优秀的英国报纸、电视和广播的艺术节目中的各种艺术评论，可以看到戏剧、歌剧、芭蕾、博物馆、展览、文学、电影院（艺术剧院）、建筑、美术、摄影、古典乐……但是，《太阳报》、《镜报》和《星报》将会表明，肥皂剧、叫座儿大片和“理查德和朱迪读书俱乐部”才是人们追捧的东西。[谁要是嘲笑后面这些东西被看作艺术，他们将毫无疑问地也会对包价旅游嗤之以鼻，想要做旅行者而不是旅游者，并且（伪善地）认为他们自己才是快乐国度的先锋：是在旅行者抵达之前到访孟加拉国的人（见 Wheeller，2004）。现在应该花几个小时来阅读巴基尼（Bagginni，2007）的《欢迎来到平凡镇（*Everytown*）》了——这是一部真正罗瑟勒姆风格的、令人大开眼界的作品。此乃医嘱，事实上。]

然而，在这里，艺术被视为宽阔而完全铺开的帆布，被硕大的刷子随意涂抹，在这之下“有着许多其他的涂层，为我们的生活打上颜色”（Hamilton，1999：4），令人迷惑而又魅力十足。

我个人从未完全理解（并因此无法欣赏?）为什么（上流）“社会”会认为在剧院度过一晚要比诸如在电视前坐上一晚更加有意义。正如箴言所示：“我对艺术知之甚少，然而我知道自己喜欢什么……”，在这里听起来十分真实可靠。相比古典乐、歌剧、戏剧和莎士比亚，我对无线电、繁冗而虚无的悲剧电影、冷酷的美国侦探小说和20世纪60年代的流行音乐（尤其是摇滚舞曲）更加熟悉。我对《南太平洋》比对《蝴蝶夫人》更熟悉：我对巴德的姐姐比对他本人更熟悉。那么《四季》呢？让我想起弗兰基·瓦利（Frankie Valli）而不是维瓦尔第（见 Wheeller，1996）。然而这种偏见毫无疑问地限制了我的视野。因此，批评一下此类明显缺乏见识的行为，能够相应地挽回一些平衡。另一方面，考虑到大量的诗化语言，我想人们可以假设我因此（默认地）处于一个能够“聚焦”的位置。虽然显而易见地，我认为我易受文化特殊性的影响且处于与其产生冲突的危险之中。在文化上是特殊的？我想我的反驳（再教导?）① 将是，这就是根本原因，并且与这一观点有着极其重要的关联……我给出的例子虚构了一些可替换的细节，读者们可以按照适合于自己的任何方式或任何情景来进行篡改。然而，这里要承认的是，我的文化/年龄/性别等特定参数可能导致本章的阅读困难。我很熟悉的东西，可能读者们并不熟悉。

就像社会一定程度上是由经济所驱动的一样，诸如旅行和旅游这样的艺术全部都是由等级来驱动的。正如在艺术中彰显的一样，高级文化和低级文

---

① 作者在这里用的是“retort”（反驳）和“re-taught”（再教导）两个词，它们的读音相同。（译者注）

化之间的分类一直都是充满争议且相互割裂的。为阐明这一点，我相当详细地引用凯里（Carey，2005）所提出的易于理解且信息量丰富的问题："艺术的好处是什么？"艺术从传统上就将某些类型的人以及某些类型的体验排除在外。艺术作者们强调，他们的精神收益虽然十分令人艳羡，但并不是每个人都能够拥有。叔本华告诫我们，最卓越的艺术作品、最高贵的天才创作家"必须要始终对大部分人合上书本，令他们难以企及，就像用宽阔的海湾将他们隔离，就像王子的社会是普通人难以企及的一样"（Carey，2005：x）。

反之亦然吗？对，是的。似乎其根本原理同样适用于反面，即"低级"艺术同样地对那些不/不能/不会理解它的人们（来自社会更"高级"阶层的人们）来说是搞不懂的。凯里敏锐地观察到，"在针对大众艺术的情况中，最惊人的缺憾就是：在搞明白此类艺术实际上是如何对其接受者形成影响的过程中，趣味——阿多诺、本杰明、麦克卢汉与哈特曼（Hartman）都曾阐明过——完全缺失了"。在评论凯里的看法时，谢伦这样强调说："他（凯里）争辩说艺术中没有绝对的价值而只是沦落为'偏好的混乱'，并对如下设定无动于衷，即'高级'艺术让你接触到'神圣'或者它具有'教化'的作用；而他很快就指出，某些评论家在寻找大众艺术实际上是如何对其接受者形成影响的这一过程中，表现出趣味的缺乏"（Shalan，2006：19）。这种总结方式同样被凯里用于2005年切尔滕纳姆文学节上发表的演讲，其中他反复重申了这些论断。

在这里进一步讨论这种高级/低级文化主题是很切题的，并且（希望）是值得探究的。仅仅在旅游的背景下讨论这一分歧，足以制造出挑衅的意味：但是试图将该讨论与艺术相匹配，却是进入了一个危险的领域。针对"2007年凯莉·莫诺古展览"是否适合设置在伦敦维多利亚和阿尔伯特博物馆（V&A）爆发的激烈争吵便是对上述分歧的真实证明。争论很多，例如这样的声明——"作家和学者：丽萨·贾丁十分坚定地认为，她和她在V&A的理事同仁们都很高兴能够举办'我们的工作当然不是做精英'这场展览"（Thorpe，2007：18）——几乎无法缓和批评家们对于标准拉低和格调下降的恐惧。考虑到"社会与文化的分歧是高级艺术观念中的固有特征"，那么这一点就不足为奇了。只有与其他"低级"艺术相比，才能够成为“高级”艺术（Carey，2005：34）。同样地，在一篇引人注目且观点鲜明的文章中，汉密尔顿（Hamilton，1999：4）合理地主张：“通俗文化是一种危险的类型，因为其暗示着另一种不通俗的文化，或是精英文化，抑或是两者皆有。”多么正确啊。“高级文化是独有的，而通俗文化是善于包容的且容易接触到的，不针对受过良好教育的少数人。”（Carey，2005：36）旅行者/大众观光客的看法分离了吗？

从以上讨论中，不难（简单且错误地？）将高级艺术/文化与旅行和旅行者相匹配，并且反过来，将低级艺术/文化与旅游和（大众）观光客相匹配。二者都是不可逾越的，旅行者/观光客的区分就像高级文化/低级文化之间的鸿沟一样又深又宽。然而对布莱恩·威尔逊——“海滩男孩”乐队中谜一般的恶名昭彰/声名远扬的受困天才——的认可，对于随时间而涨落变化的艺术态度来说具有范本意义。如果有一位艺术家因为自己的艺术而遭受痛苦……他就是你要找的人。他受到20世纪60年代青少年所沉迷的毒品折磨，并且一定程度上受到严惩，最终从30岁的沮丧期、精神崩溃、与世隔绝以及流放的生活中走出来，成为了被欢呼的对象，在我看来他逐渐成为了一个精美的而又带有崇高天赋的艺术上的破茧“蝴蝶”。如今他已经拥有了名望和地位，在艺术殿堂守卫者们的眼中（在这一背景下至关重要），他得到了尊敬和认可：受委托在皇家节日音乐厅演出（与南岸区的冲浪芭蕾舞演员一同完成），以及2007年在康沃尔的圣艾夫斯泰特美术馆举办夏季展——“如果每个人都拥有一片海滩”，这是受威尔逊的早期音乐启发的艺术作品。这家美术馆位于英国最顶级度假村的海滨位置，这对其青年文化的音乐愿景以及阳光、大海、冲浪和性的描绘解读，提供了一个（虽然说稍微有点儿过头的）完美的、引人联想的场所。伴随着展览，夜间播放的冲浪电影（在架设于沙滩上的银幕上播放）更是强化了这种享乐主义的虚度青春行为，但同时又令人不悦，含混不清，充满了怀旧氛围。实际上，从现在虚度中年时光的（恶劣）势头之中，人们见证了一种无法抵抗的压抑在加重。而更糟的是，伦纳德·科恩，这位寡言而阴郁的、受困扰的吟游诗人，他在维也纳歌剧院的（一度很不协调的）出场（Brown，2008），充当了另一个因时间流逝而获得艺术上的尊敬的例子。凯里（2005：60）认为，短期来看，“时间、文化与个人在艺术的偏好中存在着根本的不同”。而显然对于一生而言这也是成立的。

涂鸦艺术则是另一个例子，即随着时代变化与时间推移，艺术获得了公信度，见证了拜伦勋爵将他的名字镌刻在阿提卡波塞冬神庙的柱子之上。与此相对的，虽然存在着当代富有号召力的班克西[①]，然而对街头艺人的追寻却更加难以捉摸。他们在这里找他，他们在那里找他。但是，面对着最佳的涂鸦艺术，什么艺术才能打败这样的杰作？一面英国国旗被完美地绘制在阿姆斯特丹红灯区的墙上，而在它下面有一个有进取心的小丑，涂鸦出不朽的线条……神剃女王（God Shave the Queen）。帅呆了。

汉密尔顿（Hamilton，1999：4）也试图将文化置于时间的背景之中，观察到“通俗文化不一定意味着持久：它捕捉的是时代、周期、一个世代和一种时代的心情”。虽然特定的通俗文化类型可能会被归类为短暂的（只是一时的兴盛），然而通俗文化的一般概念毫无疑问必须是不间断的——一种恒常变化。但是正如大众旅游所表现出来的，通俗文化在艺术中受到怠慢：旅游者往往无法在文学作品或电影中担当主角，对他们的描绘往往是贬义的：在《巴别塔》中他们是不耐烦而又愚蠢的，在《哈利在船上吗》中他们是掠夺成性的，在《休闲》中他们是陈腐的，而在凯鲁亚克受人称道的经典中——波西米亚旅行者（bohemian traveller）而不是旅游者（tourist）才是国王（在路上的？）——他们是被诋毁的。相对于（有偏见的）“艺人”（artiste），旅游者往往表现为可抨击的对象、懦夫。同样，在媒体和旅游学术圈中，情况也往往如此——在这里，（大众）旅游不仅仅倾向于被人忽视，而且同样被嗤之以鼻。这些（错误的）表述具有相当多的含义，且属于令人为难的问题。

媒体可以被独立地视作一种艺术形式，尤其是在它与旅游的关系方面：“有众多的旅游者实践活动，也有很多媒体的范围延伸现象。因此，我们立刻就进入倍增的过程之中。在旅游和媒体之间有着许许多多的关联、重叠和

---

① 班克西（Banksy）是一位著名的涂鸦艺术家使用的代名，他于 1974 年出生在英国布里斯托。（译者注）

分裂，并且在旅游者与媒体研究的学科之间也同样如此……。”（Crouch，*et al.*，2005：1）本文的观点是，在旅行和旅游的背景下，媒体和艺术本身是相互联系的。因此，即便只在一个层面上，不仅仅是艺术本身的固有“价值”或更具体而言，单件艺术作品是重要的（无论怎样被“定义”）。在某些方面更能产生结果的是它们“到达”（或无法到达）观众的方式，即它们的“价值”是怎样得以表达/呈现给公众的。换言之，受众如何接触到它们，对它们如何“解读”和“理解”。因此，媒体报道和评论往往对“意识”的煽动和激发至关重要，并且对艺术和随后的“艺术旅游”需求的产生也至关重要。

正如艺术与旅游可以被视为“生意”一样，不幸的是，英国的旅游高等教育也被视为“生意”。正如所争论的，商业普通话（business mandarins）入侵了英国学术界，使创造性萎缩、被压榨并且枯竭（见 Wheeller，2005）。在旅游教育的供给方面，已经有针对此类阴谋诡计的一些值得赞赏的保卫战。其中一个例子便是将艺术相关的材料引入到旅游教育之中。如果询问一群（国际）学生，他们认为哪些书籍、电影和/或音乐与旅行和旅游相关，接下来发生的讨论通常会为富有进取心的人提供将各种丰富的相关问题纳入其中的空间。（例如，欢乐而天真的《罗马假日》几乎总是由中国学生出演。从没有西方人。）具体而言，让他们分析（彼得·）凯里的短篇故事《美国梦》，或让他们看《海滩》，或要求他们思考一些画作……例如卡斯珀·大卫·弗雷德里希的《旅行者》或菲舍里对海滩生活的阐释；或者，可能麦吉尔精致而败坏风俗的海滨明信片，而后作为额外的添加，再丢给他们一些帕尔那些打破旧习的描绘英格兰衰败的海滨度假村的图画。为相当明智、富有想象力的学生提供充分的驾驭能力，其反应是颇有收获的。而如果“想象力的大门”从未关闭这一点是真的，那么正如华莱士和格洛米特①在《月球野餐记》那史诗般的对月发射中所展现的想象力扮演了一种旅游影响教学的完美工具（Wheeller，2005）。他俩在更近期的冒险中混乱的越轨行为

---

① 华莱士和格洛米特（Wallace & Gromit）是英国系列动画片《超级无敌掌门狗》中的主角，华莱士是主人，格洛米特是他的狗。（译者注）

（《人兔的诅咒》）也能够充当一种对事件管理的危险的生动说明，尤其是有关某个村庄节日/命运（fete/fate）的运营/破坏（running/ruining）之中。不经意地，事件管理课程在近期的迅速增长可能是因为旅行和旅游的支持，这表明了艺术、商业、旅行和教育相联系的一种趋势。当然，即便并不一定决定于艺术，某些“事件”的确带有艺术/文化的内涵。

在“教育”的语境下，艺术与旅游的另一辅助性用途是更多地采用一种迷人的视觉图像来推广即将召开的旅游学术会议。休闲旅游营销中对艺术的使用长期以来已获得认可——早期的伦敦地下艺术/英国铁路海报等，以及霍尼克为布拉德福德的《1992》设计的原创封面，都是恰当的例子，而自命不凡的“旅游指南”算不上。但是，艺术使用不再局限于出售“旅游产品”。如今不仅有大量涵盖“旅游/艺术/文化”的宽泛且折中领域的会议，而且艺术本身已经在整个事件的营销中得到运用。利兹都市大学的罗宾逊和布莱顿大学的伯恩斯都是过去的大师，他们曾经有效地运用艺术的/摄影的图像（诸如 Depardon，Muafangejo，Parr）推广他们的（始终优质的）“产品”，也就是文化导向型的旅游会议。至于始终采用（大部分？）此类图像是否合适，当然存在争议（见 Wheeller，1996）。但如今，在会议广告单中，与无处不在且被强制使用的大学标志并列着的，在某种程度上不协调但却可以得到完美理解的，则是苏拉、波什等人的作品。在艺术与教育的商品化中情况又如何呢？

是广义上的“教育”？到处都有令人混乱的大量与艺术相关的居住类（residential）课程——难道本质上是个细分市场，等着出现博士学位？未来生活方式的“自我提升型”参与者带来了旅游者人数的膨胀。写作课、诗歌班、歌剧欣赏、音乐欣赏、绘画学习、园艺学。园艺？园艺是艺术吗？凯里（2005：39）认为只在这层意义上是成立的：“有钱人的风景园林自文艺复兴以来已经成为了艺术品。”［上当了吧，凯里自己确乎落入了这里的“文化陷阱”，因为文艺复兴可能仅仅是某种（西方）共同体类型的缔造者：对大部分人而言，它几乎没有任何意义。］这再次说明，很难确定艺术包含什么又不包含什么。甚至购物也会被某些人视为“艺术”：“塞尔弗里奇百货可能是人们第一次完全认可消费是感官享受的地方，它引入功能性灯管作为景观，从而打造了橱窗购物的新艺术。”（BBC，2007）那么构成旅行与构成旅游的不同之处在哪里？“坐落在运河边的威尼斯豪华宫殿不是‘假日’——而是艺术。”（Greenberg，1999：1）类似地，在同一旅行活动中的某个地方被描写为“从贝尼多尔姆开车十分钟就可以一整个星期避开拥挤的英国度假游客，在比利亚霍约萨的村庄里参加摩尔人和基督徒的节日，即圣玛尔塔节”（Lewis，1999：10）。

宗教是什么？也是艺术形式吗？也许不，但与之相伴的“装饰”却可以且已然被归属于艺术。华丽的地方/祭祀的宫殿和其间的无价珍宝，本质上被尊为“文化艺术”。但是，麦坎内尔感叹“在世界各地的教堂、大教堂、清真寺和寺庙正在从宗教功能转化为旅游功能”（引自 Bonami，2005：85）。但是，难道旅游不是一种现代朝圣、一种新的宗教吗？从世俗角度来看这件事情可能会有所不同：这种使用方式/目的的“转换”是一种可取的、积极的发展。（我们当中的？）那些人很可能会欢迎这一趋势，他们把宗教作为一种源于痛苦、仇恨和冲突的分裂性力量，但是却认为旅游（可能地/潜在地）是有趣的、很有趣的、十分有趣的。主观性就是一切。

无论是宗教、书籍、电影还是音乐导向的活动/节庆都越来越多地成为旅游业的发动机。城市之间争夺着节庆带来的地位和经济回报［如曼彻斯特与爱丁堡之间的节庆之战（Herbert，2007：10）］。除了较大而为人所熟悉的场地，以及发生在里约热内卢、诺丁山、爱丁堡、格林德堡（Glyndebourne，被某谢菲尔德酒吧的智力竞猜节目主持人难忘地误读为“Glyn de Bourne”）、格拉斯顿伯里的过激行为，大量小型活动正越来越多地出现。其中有能够满足（几乎）所有喜好的聚会和节庆——从传统的/世俗的到非同寻常的、彻头彻尾奇怪的［参见《观察家报》“逃避指南”中的《二十大精品节日》这篇文章，它恳求读者们“试一试英国的离奇事件”（Turner，2007：8）］。

无论是主流还是特立独行，“文化”之旅也以自己的方式登上了新闻媒体的旅游页面。艺术/遗产文化/体育——无论打着什么旗号，那里都会有市场机遇，旅游业就像弗林（Flynn）一样从不错过现身的时机。在旅游供给的背景下，艺术被越来越多地视为一个商业机会……一个在大卖的旅游兵工厂中的一件有效武器。金钱让世界转起来，世界转起来……

再有就是利物浦“2008 欧洲文化首都”项目的营销大戏，它被视为一个通过艺术“销售”城市的极佳机遇。有些人可能会认为用“细胞”这个词更为贴切。这不是对利物浦这个城市玩儿玄乎，我在那里度过了学生时代并一直对它有着美好的感情。然而这是一瓢冷水（dampener），告诫人们：文化旅游能够缓和带有严重社会剥削的城市、任何城市的说法，存在夸大其辞的现象。林戈·斯塔尔（Ringo Starr）的评论提供了一些比例感和平衡感，在“三月利物浦的文化之夜”这篇标题透露着某种不祥但又很现实主义的文章中（Townsend & Davies，2008：15）中，他一本正经地观察到“这是一个城市的阴阳两面，就像硬币的两面”。同时，根据福克斯（Fuchs，2007：25）所说，“瓦伦西亚的官员们寄希望于帕劳（the Palau）来提升城市的文化形象”。不但要培育文化，也要培育一个城市的实际形象，这被认为是非常重要的。《造城艺术》这本书以“城市决策是一门复杂的艺术”开篇，把读者带上了“广阔的全球发现之旅”，名正言顺地被誉为一部鼓舞人心的力作（Landry，2006：1）：作为第一条线索，它并不是曼德雷风格，但仍然耐人寻味。伴随着艺术和建筑为核心的美学，这本书强调了加强城市景观的吸引力的重要性，书的主题也得以有效地推进，虽然有相当多的简化，正如在格兰赛（Glancey，2007）的文章《光与空间：十几个天才地标》中描述的。当然，以更“作秀”的架构所构成的城市景观密切地与为艺术服务联系在一起……博物馆、画廊、剧院、歌剧、芭蕾舞、雕塑……或与火车站或机场这种形式的运输/旅行（以及旅游）的供给联系在一起，例如曾获奖的圣潘克拉斯火车站、伦敦或马德里机场等这些有魅力而又吵闹的工程。在更广泛的领域中，还涉及公共艺术，也涉及形象。如戈姆利的艺术作品，那些引发了公众想象力的雕塑采取了特立独行的比例设计。位于盖茨黑德的带翼的奇迹——《北方天使》——也是如此。他的令人印象深刻的雕塑《别处》，矗立在风雨席卷的克罗斯比海滩，本身就已经成为一个旅游吸引物。

实际的场地或建筑物可能是主要的吸引力载体，无论是毕尔巴鄂古根海姆博物馆——“一座建筑使得其本身就是一个展览”（Glancey，2007：34），还是悉尼歌剧院，或在规模适度的位于林肯郡伍兹伍德霍尔斯帕的电影院。但是，显然，当（某些）画廊和博物馆就其本身而言从建筑上成为旅游吸引物时，对旅游者而言，这些地方的多半魅力还是来自于绘画作品这一类主要的展品，数量庞大的旅游者都为此而来；近期在伦敦举办的那些破纪录的霍珀、莫内和图坦卡蒙等展览就是证据［请见《欧洲的超级艺术之夏》(Sharp, 2007)］。很明显，可以找到一个强有力的实例来证明，大部分的艺术（和工艺品）实际上都是以这样那样的方式与旅行相关的，无论在譬如形式方面的逼真的风景，或者更适切地说，只有在这个意义上任何艺术都可能引发抽象思维——心智中的旅行。不过，旅游现象成为某个特殊展览、演出、格局或音乐会的关键主题的例子越来越多，旅行和旅游在其中占据着舞台中心。最近的例子包括“海滨审查——唐纳德·麦吉尔的艺术”(Brunswick Centre, 2004)，“环球体验：艺术、生活和游客之眼”（Hayworth Gallery, 2005)，“海边的印象主义者”（Royal Academy, 2007）以及“包罗万象：旅游者的世界”（Schirn-Kunsthalle, Frankfurt, 2008)。在超过30位国际艺术家的合作之下，“包罗万象：旅游者的世界”这个项目“呈现了描绘和批判性地质疑各类旅游现象的大量作品。对传统旅游动机和梦想的图像的文献记录、模仿和陌生化，与移民、旅游业和全球传播等主题相互连结起来”——这些都以网页形式展现。让我们希望这一展览的确是比前面提到的那些更为综合和更可理解的一种接触，尽管有时会遭遇挫败——“在你成为道路本身之前你无法在道路上旅行”——“环球体验”就是这样狂放不羁。但那是为你的艺术。

艺术本身并不仅仅是旅游吸引物：它们也被有效地布局成各式各样的(并且邪恶的?）广告载体来吸引我们成为旅行者/旅游者。利用基于文化/艺术/音乐的双关语、引语或警句来“销售”目的地，这些做法现在看来已经司空见惯，例子不计其数……《复乐园》、《加利福尼亚之梦》、《波希米亚狂想曲》已成为令人厌倦的陈词滥调；类似地，还有《杰克上路吧：世界上最伟大的公路旅行》、《披头士酒店弹出一声和弦》（Seymour, 2008：2)。在《观察家报》旅行副刊《逃离》的封面，“移动中的诗意。读书时背下的一首诗如何激发了去往智利的终生难忘的旅行”这句话，还只是类似说法中比较平淡的一个。穆赫兰（对约翰尼·蒂洛森来说太年轻）从帕德莱·德布伦的诗歌中得到了灵感。"'到天堂来，这首诗写道'，所以我去了……这首诗把我从白日梦的潮头抛到了一个有着承诺、太阳和光的所在"（Mulholland，2004：1）：怀旧，回到过去的时光，是旅行出版物的共同特征。

伴随着屏幕上的辉煌画面，画外音亲切而缓慢地说道："你已看过这部电影，现在请和'DiscoverAmerica.com'去一探究竟。"（电视广告，2008）但在名人崇拜的时代里，不仅是区位和电影布景，而且还有明星的房子、他们吃过饭或吵过架的餐厅、名人们住过的酒店（一种"哪个狄更斯在这儿"的综合征?）……诸如此类，已经成为公平的/收费的游戏而作为旅游体验被出售。利物浦最近开张的"Hard Day's Night Hotel"（艰难日子之夜主题酒店）迎合了披头士乐迷的需要①，并且它提供的主题客房中满是与列侬和麦卡特尼有关的各种东西。克伦普在他的文章《挪开，玛丽莲》中（Crump，2008：13）指出，"这只是全球范围的名人酒店套房狂热中最新打响的一记礼炮"。

艺术和媒体都有助于推动需求。在《文学地图》（Bradbury，1996）的封面内页中引用了梅尔维尔式的洞察："在某种意义上，几乎所有的文学都是由旅游指南组成的。"有些旅游指南也许会更加诚实？对我来说，在托马斯·曼的《魂断威尼斯》和罗伯特·本奇利的《大白鲨》这类作品中，都描绘了地方当局对旅游业的纵容，这种破坏性的欺骗非常常见，它们大量谈论旅行和旅游，而且比起传统的旅游指南或类似米尔斯和布恩风格的假日小说所描绘的过分热情的画面来，让人觉得更加真实（Wheller，2004）。格拉汉姆·格林的颠覆性小说以及那些经常看似异国情调的地点通常在"旅行"书架上都能卖个好价钱，而其中最大卖的一本正是他恰如其分地题为《与我姑妈一起旅行》的书。在使用亲戚名字的这种令人讨喜的怪癖中，还另有一位惹人注目的家庭成员，那就是"乔大叔"（Uncle Jo）。在书中，受困于无法启动原本计划好的世界环游，他转而安居下来，不再寻找那栋"有

① "A Hard Day's Night"是披头士乐队于1964年的拍摄的一部喜剧电影。（译者注）

着365间屋子的房子，让他可以每天住上一间”（Greene，1999：59）。接下来有好几页优美的文字，写到他最终搬进了一个有52个房间的豪宅，“一年之中每星期的房间都不一样”，这样他就可以一间间地换着住，每个星期都当作是住在一个新地方或展开了一段新旅程。这本书已成为经典。但菲舍尔的《房间尽头之旅》却不太一样，其标题奉承讨好而透出一些哄骗意味，不过作为心灵旅行类型的作品还是值得一读。（在福尔克信息量巨大的《格陵兰之旅》中对由格林的著作改编的电影有一个极好的评论。）

大部分的“旅行”作品都关乎“逃离”：从圣·埃克苏佩里神奇的《小王子》及其关于旅行、遗失和未实现的梦想的主题，从鲍尔斯《被遮蔽的天空》和菲茨杰拉德绝妙的《夜色温柔》中逃离，其中主角徒劳地为了让命中注定的社会关系增加些许亮色，逃出令人窒息的地方（美国）而去寻找新的环境（北非和欧洲大陆）……却发现恰恰是社会关系而非地理位置才是幽闭症的永恒自变量。因此，不管威廉·李斯特·希特-姆恩逃离的欲望有多么强烈（他失去了他的工作，他的妻子离开了他——在同一天），那注定的“家庭幸福”的严苛——一些人也许会这样认为——造就了经典的《蓝色公路》（最难忘的一行歌词？“做不对事情的男人至少可以离开”，Least Heat-Moon，1999：2），离家出走往往是徒劳的，而我更倾向于附和伟大的歌曲作者哈里·蔡平（Chapin，1974）（一如既往地）所写的言之合理的歌词：

> 我经常会有疯狂的梦想
> 我可以让我的车子起飞
> 但是你可以走过上万英里
> 还停留在原来的地方

情况相似的是音乐和旅游。“回到过去”这一主题在歌曲中频繁出现，明显比与此主题相关的旅游文学看起来更加丰富。虽然很多（旅行）作品和评论对音乐的强调似乎是在描绘从无聊环境向异国他乡的出逃，但是可能存在同样的（被忽略的）一种近乎哀歌的悲叹，即对（再次）回家的渴望和欲求，而无论出于何种原因。请见《底特律》、《我自己的后院》、《我可以喝点儿老酒》以及迪诺忧伤低吟的作品《音乐把我带回到田纳西》、《(回到)休斯敦》、“Sloop John B”乐队的《这是我经历过的最糟糕的旅行》,等等。它们如此不同于“Jan and Dean”乐队令人兴奋的早期的/迷狂的作品《冲浪城市》以及“海滩男孩”乐队早期作品中对于加利福尼亚田园诗的致敬。我不敢确定“季风”乐队的《纽约是一个寂寞都市》(当你是周围唯一的冲浪男孩),或者更令人熟悉的“爸爸妈妈”乐队的《加利福尼亚之梦》,是否适用于上述推论,因为它们也表现出对回家的渴望,只不过这两个例子中都是加利福尼亚在召唤。事实上,海滩男孩讴歌“黄金之州”的令人回味的赞歌《加利福尼亚女孩》的确属于这一类:“但我迫不及待地想回到加州,回到最可爱的女孩们中间。”(Wilson,1965)

告别阳光:进入阴影——从一个极端到另一个极端。特立独行的胡乐贝克(Houellebecq,2004)与旅游相关的作品《兰萨罗特》(我所知道的唯一使用了照片的小说/中篇小说),特别是他令人不安且被严重低估的——但风格粗野的——小说《站台》(Houellebecq,1999),泄露出旅游现象中更黑暗的、更污秽的潜流。当《站台》被改编为戏剧并搬上爱丁堡艺术节的舞台后,引发了一片混乱,激起了恶毒的评论(Brennan,2006)。不过,话又说回来,在学术圈子里,也存在如此有争议的主题——贪婪、宗教和性旅游。据伯特里尔探索性的工作(Botterill,2008)所称,类似的敌意在亚当的争议性歌剧《克林霍弗之死》中也曾出现,布鲁克林音乐学院中最先出现了类似抗议。受到1985年巴勒斯坦阿基莱·劳罗号游轮劫持事件以及对坐轮椅的犹太裔游客谋杀的启发,这种抗议也引发了微妙的议题——包括在民主社会中对于黑色恐怖的艺术审查制度。

> 几乎所有以图书、绘画和音乐形式出现的有价值的作品,在面对风化问题的自我保护中往往非常坎坷。(Decharne,2003:13)

审查制度可以采取多种形式——政治压力/影响力是一个比较普遍的现象。在过去的一篇文章《旅行、旅游和流行音乐》中,我提请大家注意审查制度的虚伪之时,曾谈到巴西当局试图阻止迈克尔·杰克逊在里约热内卢贫民区拍摄视频,害怕它会向世界展现出错误的里约图像并阻碍其旅游业发展。“《他们不在乎我们》这首单曲的视频突出了城市贫困地区儿童的困境……里约当局采取法律行动禁止他在多纳玛塔贫民窟拍戏，这里肮脏的小巷是4000人的家……里约州长马塞洛·阿拉尔表示，视频反映出一个城市的‘消极的和破败的形象，尤其是当这个城市试图在接下来的周六推出华丽的狂欢节的时候’……多纳玛塔贫民窟，或者说棚户区，标示着这个海滨城市中富人与穷人之间存在的巨大差异……过去的30年中，当局曾乐于让这个城市由来自依帕内玛的吉尔伯托女孩创造和表现出一种积极的（虽然有些过头了）误导式印象，这个事实显现出它一贯的虚伪”（Wheeller，1996）。

这里没有什么新鲜东西。商业道德、旅游和艺术？还有什么比湖畔诗人华兹华斯和他的“水仙花”更好的例子呢？令华兹华斯懊恼的是，他意识到自己的抒情作品实质上要对引诱庞大的潜在游客来到“他的”心爱的湖区承担责任，他敏锐地意识到一种令他担心的亵渎会不可避免地伴随着他们而来。对这样的情形，他感到不满并强烈抵制铁路作为其触角侵入到北方。但是，认识到“进步”不可避免，而抗争也失败了，他便整个儿转变了态度并且不仅可以“卖光”一切，甚至还“买入”了铁路股份。华兹华斯与游客关系以及因为旅游业通过铁路而发展所产生的内在威胁，是一个不错的故事。不幸的是，这（可能？）只是杜撰。不过，话又说回来了，这又有什么呢？哪里是旅游的真相？旅行写作有多少“真”的成分？许多人声称这是来自内心的声音，极少人会说是出于下半身……显著的例外便是奥布莱恩的《所有的女孩》和威廉斯的《没有特别可去的地方》。然而，无论形式如何变换，难道性（及其愿景）不正是一种旅行动机吗？至于说什么“来自内心”？也算是吧。扪心自问？——嗯，只有当穿着夹克并且他们的钱包在上衣左内侧口袋里的时候才是真的。“钱让我们的世界转起来，让世界转起来。”

拉尔夫·费因斯就“电影的良心”主题谈到，“电影是一种武器。它们是一种既可为善又可作恶的工具”（Maher，2006：18）。梦工厂/噩梦工厂？旅游也如出一辙？也许旅行作家，或者仔细想想，旅游和旅游者，也都会有良心？但他们真有吗？而那些肆意操控着有关著名美术作品的旅游活动的媒体选择性报道的旅游官员们呢？

媒体对于旅游而言的重要性，我们可以从旅游协会对此的认知中略知一二，这就是它为令人印象深刻的电视系列剧《海岸》颁发了 2007 年年度“旅游贡献”奖。随之而来的就是与这一系列紧密相关的大量 BBC 专题片——《海岸：英国海岸历史庆典》、《海岸：旅程在延续》、《从空中看海岸》和《海岸》系列 DVD 套装 1 和套装 2——尽管有些过度开发，然而进一步促进了把海岸“卖”给潜在游客。容易理解，激增的游客需求和扩张的市场在旅游协会日程中占据很高的位置。我敢肯定，他们也会为丁布尔比所打造的精美而华丽的《不列颠风景》而感到高兴。与此类似的，包括但不局限于：埃尔加，沃恩·威廉斯和霍尔斯特，英国爱乐乐团“用管弦乐充分描绘了英格兰乡村景色……”的《英格兰之旅》，以及伴生的一个描绘英格兰的绿色田园与宜人土地的项目：为打造旅游业而营造的来自天上的“庄园”？而人们从《废话城镇》（Jordison，2003）、《无聊的明信片》（Parr，2002）和《维兹不列颠群岛旅游地图》中也许还感受不到那么多狂热；后者曾促使莫里森在 2001 年写了一篇《维兹的不列颠景象激怒了旅游业界的大佬》。

毫无疑问，媒体对旅游需求有着很强的影响力。“我们把它叫作‘佩林效应’。喜马拉雅山是一直做得很好的例子（在佩林的电视连续剧之后），并且《天南地北》这部片子对于秘鲁和南美洲也有积极作用。关于旅行的那些有吸引力的纪录片对我们的旅游预订有着正面的影响。”（Roseveare，2005）因此，一般而言“正面的”文学——由“彼得兔”（Paul，2007：45）激发的日本入侵和皮克尔斯（2007：24）的旅行作品《湖区安静的诗》的忧郁笔触，“你可以看到附庸风雅的景点（与华兹华斯和罗斯金有关的房屋和景色），或与比阿特丽克斯·波特一起回到童年”。（真实或虚构的）人物和地方之间的联系是有据可查的。我个人的一些最爱作品包括：普赖斯设定在超现实的阿贝思特维斯镇的别致的侦探小说，这个小镇的名字源于四个系列图书的标题，罗伯特·B. 帕克以（马萨诸塞州而非林肯郡的）波士顿为背景的斯宾塞系列小说，钱德勒的《加利福尼亚》（“一切最重要的，以及没有什么是最好的”），哈维的带有小气、反英雄色彩的《雷斯尼克浪迹于诺丁汉的穷街陋巷》，以及更主流的《德克斯特等于摩斯等于牛津》。

像“巫师哈利拯救了旅游业”（O'Conner，2003）、“环球集团抓住了波特的魔法”（Ellis，2007）这样的头条新闻已经没什么新鲜的了。罗琳现象已经造就了一个旅游巨头——无论是电影拍摄地或是刚刚开业不久的“哈利的佛罗里达”主题乐园。但撇开这一个以及其他为旅游部门所欢迎的、人们所熟悉的/过分标榜的“成功”故事——《四个婚礼和一个葬礼》、《诺丁山》、《指环王》、《达·芬奇密码》——之外，我希望提请人们关注一下有着更灰暗内涵的文学和电影作品，它们可能对旅游业产生一种比较暧昧的甚至是负面的影响。

旅游和艺术的这个缺点一直吸引着我。当比利·海耶斯在《午夜特快》中所受的折磨没有给土耳其旅游带来太多影响，就要认为这种影响是短暂的吗？“电影院一直就与输送有关，让观众从黑暗的房间进入到世界之中。”（Sutcliffe，2007：5）。它与别处的生活有关。“182 部电影抵达伦敦，带你 16 天环游世界。”（Solomons，2007：9）正是在虚拟的流动性这一语境下，西拉比在《穿越不列颠之旅》（1979）中介绍了他的“骷髅头电影院”，一座心灵的梦工场，有能力带人们逃离当下的处境。重点是头脑的旅行。但是，去哪儿旅行呢？对电影《失乐园》的一篇影评写道：“最初题为‘游客止步’的这部追随过去的旅馆类型片的蹩脚作品，讲述了一群来到巴西度假的背包客，发现自己陷入一个器官移植项目黑幕当中……除了主题与电影《迷幻海滩》相呼应，暗示着更广泛的社会潜台词，但一切都归结为令人厌烦的躯体部件……不怀好意的血腥。”（Kermode，2007：8）几乎没有什么是巴西旅游局所乐于看到的。而相当暴力的澳新电影《狼溪》，得到了这样的评论：“令人印象深刻的亮相，虽然是澳大利亚旅游局不会认可的景象。”（Sturges，2007：66）在利兹召开的“移动的物体”会议中就这一问题展开了明确探讨。在回应关于电影旅游总体乐观的表现之时，有人指出诸如突出了光头党文化的《这就是英格兰》，涉及了在严峻的马盖特地区寻求庇护者的生活的《最后的乐园》，有关斯旺西毒品文化的《双子城》，这都是“英国旅游局不太可能会接受的电影作品”（Long，2007）。

很难确定格林的《布莱顿摇滚》令人讨厌的方面或帕特里克·汉密尔

顿的著作对南方海岸小镇（当时）蓬勃发展的旅游贸易带来了何种（负面的）影响。或者换个更为当前的例子，刘易斯的《斯旺西空港》，在威尔逊（Wilson，2007：18）看来是把城市周边地区描写成“黑暗、凄凉、肮脏和邪恶的”，而对《夜渔者》的评论则是“如果夏威夷旅游局阳光璀璨的宣传近来有些过了头的话，那么这部作品则呈现了热带天堂那更丑恶的一面……阴暗、幽闭、充满不祥之兆，即使是棕榈树看上去都会很吓人”（Taylor，2006：19）。再有就是卡尔·西亚森（Carl Hiaasen）的佛罗里达系列小说（《母语》、《旅游季节》等），毁灭性地控诉着这个阳光之州的旅游发展。不过，话又说回来，很难看出他那刻薄的评论导致了游客人数的下滑。鉴于人性的邪恶，也许所有的宣传实际上都是好的宣传，这句箴言的贪婪支撑着黑暗旅游的壮观增长。在这一方面，德古拉电影对此予以了明确支持，而《海神号历险记》，或者甚至是《泰坦尼克号》，似乎都没有对游轮旅游的需求带来不利影响。看起来，效果倒是恰恰相反。

但是反过来说，通过“艺术”来宣传并不总能保证产生令人愉快的旅游效果。当然，确实存在与所讨论的“产品”相关的并非不重要的原因。《纽约，纽约》（我把心留在了那里）、《旧金山》和《四月花都》可能有一定的细微差别，歌曲和/或音乐对目的地的美好歌颂并不一定意味着在旅游方面的成功。尽管拥有实际上最长的砖建高架桥、国家帽子博物馆、草莓影城和弗雷德·佩里之路（纪念这个小镇一位——如果不是唯一——著名的儿子）、温普·文奇在《在默西广场之南轰响》之后的作品和弗兰基·沃恩后续的史诗的发布之地，并由此而得名的小镇“斯托克波特”，并没有成为旅游业的麦加。甚至皮特·法罗的《谁说斯托克波特没有沙滩》的发布也算不上成功的伎俩。不必太奇怪，单独一个赏心悦目的音乐签名并不总能带来足够的激励；有时甚至是一种妨碍？

我就上述种种相关联的专门问题向一位同事询问过（两次）。他的反应？“我曾对艺术作品有另一种思考，即它可能会把人们从各种位置中解放出来，但后来我发现自己错了。最明显的证据是《激流四勇士》和美国的荒野，匹兹堡和乔治·A. 罗梅罗的电影，纽约和亚伯·费拉拉的电影，或者是美国小镇和《蓝色天鹅绒》。那以后，一切都归结为个人的品位。因此，举个例子，如果有个地方正在播放皇后乐队、菲尔·柯林斯或恐怖海峡乐队的作品，我会立刻离开那里。”（Boland，2007）我完全同意。

如果本章有什么主题的话，那么其中之一应该是旅游对艺术的（共生的？）选择性利用以及商品化。另一个是不太重要、隐晦的看法：艺术能够（并确实）以一种不太谄媚的方式描绘地方、旅行和旅游。这一点还暗示：旅游既得利益者应该控制媒体，以便使得那些污秽呈现所导致的负面影响最小化。但是，在所有方面最为重要的是：获得一种高于一切的认识，即主体在任何艺术和旅游解读中扮演着关键角色。

因此，看起来要想做一个个人化结语的话，可采取的合适方式是提请大家留意我最爱的两位艺术家。如果没有转引约翰·库珀-克拉克在经典的《马略卡》中提到的有关假日团队出游的赞歌，我在《艺术与旅游》之中所写的任何东西就绝算不上完整。

> 我跟另一个家伙都喝醉啦，
> 他刚呕出了一顿海鲜饭
> 想要打一架，但又说他们是耶拉
> 在马略卡……（Cooper-Clarke，1983：98）

很不幸，这首好诗未能作为桂冠诗人的作品而入选《牛津旅行诗选》。但是事实上，正是由于这个原因——听一下现场版（充满了简洁的风格和断续的演奏）对于任何潜在的艺术和旅游迷来说无疑是必须的。另一半自己如何活着？

同样地，另一个“必须”便是哈兰德·米勒的反响惨淡而内容丰富、令人回味且古怪的有关北方海滨度假地的作品。他讽刺了这些（再生的）品牌：《布里德灵顿：距离太阳九千三百万英里》、《布莱克浦：全是快乐和游戏，直到有人失去了一只眼睛》。在有关褪色的辉煌的怀旧愁绪中，它们都是被低估的杰作。它们也是对“体验经济”的当代假象的一剂解药。

那么，上述就是你所看到的一些主观的个人想法。这远不是在客观、冷静、连贯、切实地分析艺术和旅游，而只是围绕着主题词而展开的看似玩世不恭的、飘忽不定的絮絮叨叨——一场个人的旅行，反映出一些心得体会以及由说明方式给出的一些例子。

要在本章结束时来点儿最后的闪光？归根到底，再一次地，卡拉 OK 厅的合唱又响了起来……“钱让世界转起来，世界转起来……”

参考文献

Baggini, J. (2007) *Welcome to Everytown*. London: Granta.

Boland, R. (2007) In conversation. NHTV, Breda, the Netherlands.

Bonami, F. (2004) *Universal Experience*. Chicago, IL: Museum of Contemporary Art Press.

Botterill, D. (2008) Comic and tragic representation of tourism in twentieth century opera. Paper presented at the Association for Tourism in Higher Education Annual Conference, Canterbury UK.

BBC (2007) *Shopping, Seduction and Mr. Selfridge*. BBC Radio 4 22. 10. 07.

Bradbury, M. (2006) *The Atlas of Literature*. London: De Agostinti.

Brennan, C. (2006) Northern Exposure. *Observer*, 3 September, 17.

Brown, J. (2008) Still miserable after all these years. *Independent* 12 March, 7.

Carey, J. (2005) *What Good Are the Arts*? London: Faber.

Carroll, L. (1872/1991) *Through the Looking Glass*. Manchester: World International Publishing.

Chapin, H. (1974) W. O. L. D. *Electra Records*. Los Angeles, CA: British Lion Music.

Cooper-Clarke, J. (1983) *Ten Years in an Open-necked Shirt*. London: Arena.

Crump, V. (2008) Move Over, Marilyn. *Sunday Times*, 27 January, 13.

Decharne, M. (2003) *Hardboiled Hollywood*. Harpenden: No Exit Press.

Dunn, D. (1998) Home truths from abroad. PhD thesis, University of Birmingham.

Ellis, J. (2007) Universal grasps Potter's magic. *Bangkok Post*, 5 April, B5.

Evans, R. (2004) *The Kid Stays in the Picture*. New York: New Millennium.

Fuchs, D. (2007) Mud slung at Valencia's opera house. *Guardian*, 27 October, 25.

Glancey, J. (2007) Light and space. *Guardian*, 6 October, 34.

Greenberg, S. (1999) Life inside a Canaletto. *Independent on Sunday Travel*, 27 March, 1.

Greene, G. (1999) *Travels with My Aunt*. London: Vintage.

Hamilton, A. (1999) From C. B. Fry to fried fish. *The Times Weekend*, 25 October, 4.

Herbert, I. (2007) Manchester takes on Edinburgh in battle of the festivals. *Independent*, 21 March, 7.

Houellebecq, M. (1999) *Platform*. London: Heinemann.

Houellebecq, M. (2004) *Lanzarote*. London: Vintage.

Jordison, S. (2003) *Crap Towns*. London: Boxtree.

Kermode, M. (2007) Paradise Lost. *Observer Review*, 7 October, 8.

Landry, C. (2006) *The Art of City Making*. London: Earthscan.

Least Heat-Moon, W. (1999) *Blue Highways*. London: Little Brown & Co.

Lewis, M. (1999) What's on worldwide. *Independent on Sunday Travel*, 27 March, 10.

Long, P. (2007) Email correspondence. Leeds Metropolitan University.

Maher, K. (2006) Sitting in the dock of the bay. *Times Screen*, 9 March.

Mars-Jones, A. (2007) What a bum note, Norman. *Observer Review*, 15 April, 27.

Mulholland, J. (2004) Poetry in motion. *Observer Escape*, 25 June, 1.

O' Brien, M. (1983) *All the Girls*. London: Macmillan.

Parr, M. (1999) *Boring Postcards*. London: Phaidon.

Paul, D. (2007) Japanese invasion sparked by Peter Rabbit. *Sunday Express*, 21 January, 45.

Pickles, H. (2007) The quiet poetry of the lakes. *Telegraph*, 10 October, 24.

Price, S. (2007) Best literary museums. *Independent*, 15 December, 15.

Seymour, T. (2008) Beatles hotel strikes a chord. *Sunday Tasmanian*, 17 February, 2.

Shalan, A. (2006) Review of what good are the arts. *Guardian*, 17 June, 19.

Sharp, R. (2007) Europe's super summer of art. *Independent*, 9 June, 10.

Solomons, J. (2007) Around the world in 16 days. *Observer Review*, 14 October, 9.

Sturges, F. (2007) Review of Wolf Creek. *Independent*, 15 December, 66.

Taylor, C. (2006) Review of Night Fisher, Kikuo Johnson. *Guardian*, 11 March, 2.

Townsend, M. and Davies, C. (2008) Guns mar Liverpool's culture night. *Observer*, 13 January, 15.

Thorpe, V. (2007) V&A under fire over Kylie Show. *Observer*, 4 February, 18.

Turner, S. (2007) 20 great boutique festivals. *Observer*, 15 April, 8.

Wheeller, B. (1996) No particular place to go: Travel, tourism and music, a midlife crisis perspective. In M. Robinson, N. Evans and P. Callaghan (eds) *Tourism and Culture Change* (pp. 323-340). Sunderland: Business Education Publishers Ltd.

Wheeller, B. (2004) The truth? The hole truth. Everything but the truth. Tourism and knowledge: A sceptic septic's perspective. *Current Issues in Tourism* 7 (6), 467-477.

Wheeller, B. (2005) Wallace and Gromit's grand day out: imagery, metaphor and postgraduate tourism teaching. *Conference Proceedings*, Buckingham Chilterns, pp. 17-21.

Williams, H. (1981) *No Particular Place to Go*. London: Jonathon Cape.

Wilson, B. (1965) *California Girls*. Los Angeles, CA: Rondor Music.

Wilson, L. (2007) Review of Swansea Terminal (Lewis). *Guardian*, 10 November, 18.

第四部分

美德：伦理、价值与善的生活

第十二章 伦理与旅游

大卫·芬内尔

译者导读：当我们问一种旅游行为是否应该存在的时候，我们就触及到了伦理问题。例如，生态旅游是否应该存在？性旅游是否应该存在？奢华度假旅游是否应该存在？小人国旅游是否应该存在？等等。赞同还是批判指向某种旅游吸引物的旅游行为必然关涉我们的价值观。本文向我们描述了应对上述问题的一些基本伦理知识。首先，作者认为人是一个道德主体。其次，作者介绍了价值观的四个层次，分别是我的偏好、别人的偏好、科学的认知、内在的主观信仰。最后，作者介绍了三种伦理传统：目的论传统（包含亚里士多德的美德伦理以及功利主义传统两种路径）、义务论传统（包含宗教信仰、社会契约、绝对命令三种理论）和存在主义传统。作者最终得出结论：更好地理解价值观以及理解价值观与伦理和伦理传统之间的联系将有利于我们决定什么是应该做的，假如我们不能从审美状态跨入伦理状态，那么我们几乎不能抵达那些崇高的目标：可持续、替代性和负责的旅游形式。

引言

本章的重点是向读者描述关于如何更好地理解道德和伦理的基础知识，包括两千五百年以来出现的关于伦理道德方面的关键哲学传统。这些哲学传统包括：强调寻求方法的义务论，强调寻求最佳结果的目的论，以及强调个人本真性与责任的存在主义（existentialism）[①]。不管是个人行为还是组织行为，都承载着我们的价值观，因此，对价值观的讨论是本章的重要部分，并着重讨论价值观如何和伦理规范相互联接。令人惊讶的是，很少有研究者愿意去探索旅游中的伦理问题，特别是鉴于旅游业的本质而强调某一种价值高于另外别的价值。有一个明摆着的事实是：由于普遍追求享乐主义，旅游发展也让人们付出了许多负面代价（影响）（Fennell，2008；Przeclawski，1996）。从伦理立场，尤其是基于对人性的更好的理解来对旅游研究进行定位，或许可以给我们带来新的可能性，让我们可以给那些搅扰大众旅游模式的、为数众多的可替代性（alternative）或负责任的（responsiable）新旅游形态建立更好的基础。因此，伦理理论为探讨旅游发展过程中所应建立的共同责任提供了最合适的方式。

伦理天性

道德应该是如何成为人的一种表达，这是萨姆威尔（Somerville，2006）所描述的最深刻的关于人性的本质。这不是巧合，因为我们本质上就是一个道德的人。因此，道德不是我们可以去选择有或没有的（尽管道德具有这样一种性质：我们能够使用和锻炼它，压抑或减少它）。因为数百万年的进化已经让人类跨越了进化的阈值，铺就了通往智慧、期望、抽象和自我意识的道路。在这一脉络下，阿亚拉（Ayala，1987）认为人类是道德的，因为我们可以：（1）预测我们行动的后果，（2）做出价值判断，（3）选择可替代的行动（也见于 Ehrlich，2000）。迈尔（Mayr，1988）认为大脑容量的增长总是伴随着社会群体规模的增长，这会导致人们为了群体利益而表现出具有无私特征的选择倾向，以及基于选择和自由意志的道德行为的演化［见 Mayr（1988）和 Fennell（2006a），关于互惠的利他主义如何成为道德基础的

---

① 考虑到中文文献中“存在主义”说法已成主流，为了交流的便利，本文遵照了主流译法。但是译者以为该词译成“实存主义”更加准确。一是该词的词根表示“实际存在的”。二是“存在”这个译名对应着“being”。三是存在是比本质（essence）和实存（existence）更高的范畴，将 existentialism 译成“存在主义”，不利于凸显其与 essentialism 的区别。在西方哲学史上，人们主要是沿着本质主义的道路领会作为存在的存在。（译者注）

讨论]。

以上的观点说明了道德是人类社会中的一个普遍现象，但是即便如此，我们也必须谨慎地运用该规律去进行论证，因为尽管我们已经演化出了通往道德的能力，但是在不同文化之间，道德规范是不一样的［见 Williams (1993a)，该文讨论了生物和文化的协同演进赋予了我们道德能力］。因此，我们所遵循的道德标准和伦理原则

> 构成了一个结构，包括相互关联的行为指导原则。自从我们的祖先变成人以来，如果不是更早，这些原则就已经有机地成长着。我们通过一个漫长和艰辛的进化过程——以很多错误的弯路和社会不和谐为标志——才创造了它们。实际上，该结构仍然不完美，我们仍在努力对其进行改进。我们在建立一种观念：人性是一种大同（humanity-as-a-whole），是人类群体终极的内核。这种观念的存在高于我们对以下事物的观念：我们的国家意识；从更早的、文化还具有根基作用的历史阶段，我们所获得的任何残余忠诚。这种需要日益紧迫，因为吞噬一切的技术变革正在把新的全球性问题强加在我们身上，这些问题需要全球性解决方案。(Coon，2005：43-44)

伦理通常与道德概念相混淆。然而，道德被认为是更普遍的，并且告诉了我们不同的伦理准则。因此，道德是指人类行善避恶的一个自然和理性的倾向（如保存生命、形成一个有序的社会、追求真理等）。相比之下，伦理，源于希腊语“ethos”（意指一种习惯性的行为模式），关注的问题是：应该怎样做才成为善的？从定义来看，伦理是规则、标准和原则，决定一个社会或某种职业的正确、善和真实的准则（Fennell & Malloy，2007）。我们可以在各行各业中发现这类标准、规则和原则，如医疗、工程、法律、市场营销、体育、商业和环境。在旅游领域，伦理通常就像一个药方，作为实现最佳社会文化、经济、生态效益的准则来指导个人和组织的行为。

与上面提到的领域不同，旅游涉及个人决策或群体决策。前者如：去哪里旅游，如何旅游。后者如：旅游政策和规划包含哪些利益相关者，以及他们分别参与到什么水平。这些决策常常涉及政治的、经济的、社会的和生态

的各方面的因素，因此，当存在如此多的竞争性需求的时候，决策变得很困难。这意味着如果我们作为决策者要兑现承诺，我们必须以一种道德的方式平衡这些需求。而要做到这点，我们需要遵循一些基本的步骤。根据萨姆威尔（Smerville，2006），这些步骤包括：

> （1）问题识别。作为旅游决策者，之所以我们犯错，往往是因为不知道问题的存在。同时也意味着，我们常常会忽视我们行动的后果。
>
> （2）问题分析。一旦问题得到识别，受到的伦理训练将使决策者进一步识别所面临的问题，包括其中所有的确定和不确定性。
>
> （3）道德议题。伦理的方法有助于识别表面的伦理问题，以及在不同决定背后的价值观的差异。
>
> （4）价值观分析。伦理学家检查是否存在价值观的冲突，如果没有，那么就没有伦理困境。
>
> （5）优先级。最后，如果价值观冲突，伦理学家可以基于三种不同的伦理传统来考虑问题的优先级，因为伦理学家并不认为存在一个最好的方法去解决所有问题，重要的是要检查这些伦理传统在什么情况下是最好的。

在我们进一步讨论这些传统之前，需要读者暂停片刻来深思上述步骤。在旅游中，雇用受过伦理训练的员工似乎是言不由衷的。我这样说，因为正如一般的商业逻辑，旅游的运作就是为了赚钱。假如我们雇用某人帮助我们做出商业伦理决策，那么我们可能偏离利润最大化。我这样说，因为这是一个广泛的商业假设："商场如战场，做生意就像打一场正义之战，你应该勇敢地、大胆地去战斗，而不要谈论道德。"（Levitt，1979：141）

价值观

价值观决定我们的行为，不管是个人行为还是组织行为。我们的价值观在驱动我们，或者说在激励我们去做些什么。一种不能激发行动的价值观实际上不是我们所拥有的价值观。以旅游为例来谈论伦理法则，主要目标是激发伦理行为。实际上，关于伦理的批判都是些陈词滥调（Vinton，1990；

Wheeller，1994）。换言之，个人和组织必须尊重伦理法则。霍奇金森（Hodgkinson，1983：36）将价值观定义为："一个具有驱动力的能动性概念。"这个定义可以阐述如下：

(1) 价值观都是抽象的（即概念）。这是人类在一些并没有固有价值的东西上强加的意义（如钻石）。

(2) 价值观是社会性的而不是个人性的。例如，虐待狂可能被某些人所认可，但并不被大多数人所接收。

(3) 价值驱使我们采取行动（即驱动力）。换一种眼光来看，我们的行为体现我们的价值观。

这是一个相当有力的定义，如果价值观不能转化为行动，那就仅仅是在粉饰我们的言论而已。举例来说，如果我说我珍视环境，但是我仍然开着大型交通工具上下班（当我可以步行上班的情况下）肆意污染它，那么这种嘴上所珍视的价值仅仅是一种花言巧语。

此外，霍奇金森（Hodgkinson，1996）认为可以将价值观分为四个层次，这对于旅游的伦理法则也同样适用。在基础层次，我们珍视某物仅仅是因为我们喜欢它。本能的偏好层次只包含着很少的认知。因此，我也许珍视这个法则，是因为我知道这个法则能够指导和保护我，从而让我感到满足和安全（Adams *et al.*，2001）。第二个层次体现了集体的偏好或说共识。我珍视某物是因为其余的人也如此做——可以说，这是价值的民主主义。我尊重法则因为别人都这样——我被社会化了，或者说组织迫使我去顺服。第三个层次在认知行动上显得更稳健。此时，一个人由于某种价值所带来的后果才尊重该价值。换言之，对于价值"X"的输出进行理性的/逻辑的评估，如果评估的结果是其对于社会或环境有积极的效益，那么我将尊重该价值，否则便不尊重。我尊重这个法则，因为依据我的高水平的意识和伦理行为，我实际上已经明白了该价值的积极效益。在价值观的最高层次，我的行为逻辑不是建立在我的偏好之上，也不是建立在别人的偏好之上，更不是科学认知之上，而是一个超越理性的本真的原则。我可能会考虑这些价值层次，然而，我最深的价值感源于个人意志、真诚和信任。我遵从这种价值法则，因为它与我的个人价值观和我真诚地相信别人也应该遵守的价值观是一致的。最高层次的价值法则仅仅是少数派的行动逻辑（表 12-1）。

表 12-1　价值范式

价值类型	价值基础	心理取向	哲学取向
4	偏好	影响	享乐主义
		情绪	行为主义
		感情	实证主义
3	一致同意	认知	民主主义
		推理	自由主义
		思考	
2	后果	认知	实用主义
		推理	功利主义
		思考	
1	原则	意志	存在主义
		意动	宗教/信仰
			康德主义

来源：霍奇金森（Hodgkinson，1983）

伦理传统

表 12-1 为我们提供了一个可以更好地理解价值观的价值等级体系。在这个等级体系中，心理取向对应着哲学取向。本节的重点是讨论哲学取向，包括寻求终点、方法和本真性。

目的论：寻求终点

寻求道德终点有两种主要方法。第一种方法根植于亚里士多德哲学，我们应该寻求的终点由希腊语词“eudaimonia”体现。这个词的准确翻译是“繁荣起来”而不是简单地理解为“寻找幸福”。这个目标是蓬勃发展，因此我们做任何决定，如果不导致我们的繁荣，就是一个糟糕的决定。善的或有道德的决定应该导向“eudaimonia”。亚里士多德认为：有道德的决定是在过分和不及之间的一个中庸性选择。换言之，“凡事适度”或“中庸之道”是亚里士多德主义的口号。例如，介于懦夫和鲁莽之间的美德是勇敢，介于自然资源的开发不足和过度开发之间的美德是可持续发展。我们的推理能力允许我们做出选择和有能力选择更好的。如果没有理性，我们本不是决策者。如果我们都是出于本能和情感，那么这将是自然的选择而不是我们的选择！理性赋予我们做出选择的能力和决定我们寻求幸福的品质（下面，我们将继续讨论这句话）。

这种方法被称为“美德伦理”，具有普遍的适用性。根据个人和文化的特殊品位，幸福的简单形式可以是主观的，而“eudaimonia”的目标是寻求普遍的和客观的善。赫兹曼（Hultsman，1995）提出了“公正旅游”概念，作为一个理论隐喻去表明：旅游的伦理是美德伦理，如公平和正直。史密斯和达菲（Smith and Duffy，2003）提出了其他的美德，如诚实、坦诚和同情。这对于群体伦理法则的发展是非常重要的。例如，对于旅行社，这些法则能使这些旅游群体对游客和环境更负责。相反，布彻（Butcher，2003）认为享乐主义——曾经作为旅游的善，现在也变成了罪恶。因为，新的旅游伦理权威是追求有趣和冒险的行动。在新的旅游伦理中，将享乐主义排除在外已经成为一件紧要的事儿，贪图享乐将面临来自社会和环境的调控。

寻求道德目标的第二种方法是对幸福的追求，与亚里士多德的观点有相当的差异。该理论可以分成两个主题，一个是寻求个人愉悦，另一个是寻求群体愉悦。我们的终极目标就是趋利避害，这也是享乐主义者的价值观（见表 12.1 中“偏好”）。众多哲学家持有这种立场，这是许多人类行为的明显基础，尤其是在旅游领域。旅游就是为了寻求愉悦，然而，我们应该寻求的这种愉悦不同于享乐主义者的。一般来说，享乐主义是我们理解相对主义的基础。这种观点认为，个人或文化感知快乐是相对于个人或特定文化的，并无须做出外部的道德评判。这种主观主义的观点明显与亚里士多德的客观主义观点相冲突。

集体享乐主义是个人享乐主义的民主扩张。寻求最大多数人的最大愉悦或幸福是其终极目标。它也被称为功利主义（见表 12.1 中“后果”），该思想的道德学派拥有大量变体。杰里米·边沁（Jeremy Bentham）是最早论述功利主义的思想家，他让人们相信快乐的品质不关乎质量，而仅关乎数量。换言之，如果性旅游比生态旅游获得更多的快乐，那么人们就会选择前者。这种选择通过享乐主义计算得出，而不是通过我们的理性决策过程得出，选择方案被一个特定的标准（快乐）赋予较高的权重。那种能够最大可能实现目标（最大多数人的最大幸福）的选择就是最好的选择。J. S. 米尔（J. S. Mill）继承了边沁，然而，他通过区分愉悦的多种性质来回应了对功利主义的批判。他认为并非所有的快乐都具有相同的价值，享乐主义者在这点上经常被误解。米尔保留了幸福最大化的目标，然而，高级的快乐要优于低级的快乐。区分这两种快乐需要专业评判者的智慧。他们体验过两者，并将自然地选择高级而非低级的快乐（例如选择生态旅游而非性旅游）。

对群体权利优于个体权利的否定性批判导致功利主义者设计出一个混合性方案。规则功利主义强调规则带来最大的善，而不是行动带来最大的善。例如，油轮向海洋定期倾倒废弃物影响了环境。地方官员为了结束这种做法，对下一艘进入他们水域的油轮（不知道是否有污染），他们会公开处死其船员，从而对其他船只释放一个强有力的信号和威慑。虽然这种极端功利的行为可能导致最大多数的最大幸福（即污染将结束），但它也同时牺牲了那些无辜的船员的权利。抛开文化相对主义，人类最基本的生存权被普遍认为是一个能带来最大的善的规则。因此，建立、维护这个基本假设的法律又会导致原来意义上的功利主义由于该规则的介入而终结。再来看我们的污染者，砍掉船员的头颅，水域的污染问题可能结束了；但如果公众因为其基本权利状态而变得不安，它可能反过来导致更大程度的集体痛苦（例如，尽管我是无辜的，但为了公共利益，我可以牺牲我的头颅）。

功利主义（不管是规则还是行动）对于最大多数的最大幸福的表达是比较含糊的，因此也受到了批判。最大的善的准确含义是什么？谁组成了最大多数？是仅仅包含我们这代人还是也包含下一代人？包含动物吗？包含环境吗？当我们尝试去限定这个概念，确定最大多数指的是谁（如文化、社会、群体、组织）的时候，我们都会面临着道德决策的异议。卡尔瓦茨基和博伊德（Karwacki & Boyd，1995）观察到生态旅游是不道德的，因为从中获得最大利益的人（政治人物和服务提供者）是以牺牲贫困公民（绝大多数或为数最多）为代价的。在功利主义的审视下，生态旅游是失败的，因为其经济效益抵不上其外部性（如污染、文化和本地资源的损失）。

西方社会功利主义无处不在，几乎是含蓄地鼓励我们为了最大多数的最大幸福而行动。享乐主义流行于我们生活的许多方面，这并不是大多数人所宣称的道德生活象征。在许多方面，功利主义是科学时代的产物，美德似乎也变得可以计算了。功利主义反对教会决定大众行为的道德标准。在功利主义伦理观下，个人取代牧师，以一种世俗的方式权衡不同的选择并做出道德判断。教会的道德决断基于信众对于上帝和教会的职责。正是这种遵循规则的责任感，是我们将讨论的下一个焦点。

义务论：寻求方法

基于职责的道德理论被称为“义务论”（见表 12-1 中“原则”中三种形式的义务论）。从这个角度看，道德就是遵守规则或原则，而不是产生一个特定的结果。我尽了我的职责就够了。明显的问题是，“我的职责的基础是什么?”一些义务论者辩称道德行为的基础源于宗教原则。例如，《古兰经》和《圣经》为信徒提供所需的道德。在履行一个人的职责的时候服从这些规则可以被看作是一种形式的祷告或瑜伽（即实践）。

义务论的第二个来源是社会契约伦理。这个观点认为，我们作为一个市民社会，去遵守规则、原则和规范就是道德行为。《美国宪法》、《加拿大权利和自由宪章》、《澳大利亚人权法案》都是社会契约指导道德行为的例子。从微观来看，在组织和专业协会中的伦理准则实际上是由利益相关者制定来指导和监督道德行为的规则和原则——组织的义务论工具。惠特尼（Whitney，1990）在早些时候的一篇关于好客和道德的论文中发现：公司道德规范的价值，以及利润是否应该是唯一影响商业决策的因素，是基于传统价值而非与之相左的价值的。这些情况往往导致在意识形态方面（观念上）与实际操作上（实践上）的道德失调（伦理冲突）（Whitney，1990）。赫兹曼（Hultsman，1995）提出的“公正”旅游概念，就其如何基于奥尔多·利奥波德（Aldo Leopold）的土地伦理作品而言，与义务论存在联系。利奥波德的伦理观本质上是一个对于得体的社会行动自由的限制——不以损害自然为前提。与医疗中的"无害"原则类似，利奥波德的作品充当从可持续性角度规划与开发旅游的第一原则和预防性原则（也见 Holden，2003）。

义务论的第三个来源是直觉。这里的直觉，不是那种我忽然开窍就去买彩票的那种直觉，而是基于只有人类才具有的理性能力。伊曼纽尔·康德（Immanuel Kant）是该理论的主要贡献者。他认为人类尽管存在性别、民族、年龄等差异，但都具有思考的能力，他们能得出相似的伦理结论。康德认为道德规则必须具有普遍性（或者，根据我们的定义，必须是道德的）。康德称这种普遍性的道德法则为"绝对命令"，意思就是：根据普遍性的法则而行动（Kant，1968：45）。这个规则暗示着：一个决定若是道德的，必然适合于所有人，而不仅仅只适合于我。例如，信守承诺可以被认为是一个普遍性的法则——我们应当信守承诺，也期待别人信守承诺。假若不这样，即便别人向我们许下一个承诺，我们也不能期待别人信守。这将使得人际间、组织间、国家间的任何正式或非正式的协议和契约都变得不可能。理论上，这似乎是合理的——在直觉上也是正确的。然而，当我们考虑真实的生活的时候，这个理想就会破灭了。例如，我正在开车去机场接我的妻子——我们相互都许下了承诺。路上，我注意到一位女子在公园被一些年轻小伙子调戏。我是停下车去协助那个女子还是继续开车去机场以信守我和妻子之间的承诺？严格的康德主义者会认为应该保持最初的承诺，然而，这样的决定在我们大多数人看来是错误的行动，因为在那个时候我们应该选择去帮助那个女子。

第二个普遍法则被称为"实践命令"（*practical imperative*），相对而言要容易处理一些。这个法则认为你不应该把别人当作一个工具，而应该将他们自身当成一个目的。这也不意味着你根本不能利用别人，因为在任何形式的社会共同体中，我们都必须利用别人的技能和贡献。这里的意思是：当我们利用别人的时候，我们必须尊重他们，并承认他们个人的尊严。例如，我们雇用一个导游以避免我们在长途旅行中迷失方向，与此同时，导游也以此来谋生。只要我们以尊重的态度对待导游，并且对他（她）的生活给予合理的关心，与此同时，他（她）也同样以此态度对待我们。在康德主义者看来，这就是道德的。然而，假如导游认为我们只是一份奖金的来源，而我们也只是将导游视为我们个人生存的工具，那么我们双方便都未能遵行康德的实践命令。

义务论在许多层面上受到了批判。具体职责从基本原则中产生，但是如果指导方针本身是组织根据自身的最大利益而产生，那么基本原则就变得没有用了。我们同样可以说组织政策在让一部分人受益的同时也让另一部分人付出了代价。如果是这样，难道一些人对另一些人拥有特殊的规则和指导方针？如果是这样，为什么？

正义和权利

正义和权利在许多层面与旅游有直接关系。正义不仅巧妙地融入上述的理论视野，而且关涉许多不同的主题，如功利主义、人类权利、美德伦理（Smith & Duffy，2003）。罗尔斯（Rawls，1971）认为道德人格是平等正义的充分条件，在社会中，没有哪个种族或我们所知的群体是缺乏这个属性的。道德人由以下两个特征来识别。首先，他们有善的理念。其次，他们有正义感和正义的行动原则。哲学家们经常引用分配正义的六原则，以试图理解什么是社会公平。这些包括：（1）平等地分配给每个人，（2）根据个人需要分配给每个人，（3）根据每个人的权利分配给每个人，（4）根据个人努力分配给每个人，（5）根据社会贡献分配给每个人，（6）根据绩效分配给每个人（Beauchamp & Bowie，1983：4142）。这样，正义提供了一条进一步探索理论与伦理应用之间联系的道路（应用问题都是那些有足够争议的问题，争议双方都具有来自多个方面的支持以及在大范围内具有道德相关性）。

德萨（D'Sa，1999）认为旅游包含了许多正义的议题，其中包括悬殊的不平等、种族主义和企业权力等。当考虑到旅游使得不平等、种族主义、利益和优先性等问题得以继续存在时，旅游是不公正的；当考虑到旅游的初衷是不带来伤害，旅游则是公正的。也许，被引用最多的与正义有关的问题，包括上述列出的关于人权的六个原则。长颈族人观赏园的存在表明了少数人的行动对于大多数人的生存具有可怕的影响。德拉蒙德（Drummond，1988）报道过一个案例：一个泰国商人（Thana Nakluang）从缅甸绑架了一整个部落，这个部落有 33 人，用于为旅游者表演。作为世界上最稀有的土著部落之一，这个部落的长颈女人脖子上戴着几个环，这拉长了她们的肌肉。这个群体从缅甸的南方被骗了过来，说是让他们与泰国境内的亲戚团聚。相反，他们被带到了一个丛林地区，被要求发展成一个旅游村庄。自那以后，旅游代理商发现了这个村庄，并且开始在曼谷和清迈推广。如果村民表现得好，可以得到米饭、油和每月价值 42 英镑的物品。那些试图逃跑的人将会受到巡逻警卫的毒打。泰国首相川·立派从伦敦《时代》杂志上看到了关于这个村庄的报道，下令关闭这个村庄，并且对其主犯（Nakluang）提出正式指控。这个群体的未来依然没有任何权利可言，即便被驱逐回缅甸，他们也面临同样的命运，甚至有可能被缅甸军事政权当作叛军对待。

旅游常常没能考虑到大部分人的权利是以牺牲少数人的利益为代价的，这不像当地居民被限制使用资源或者外来的化学物质已经威胁到本地人的生活。当我们认识到，人不能被作为工具，而应作为目的本身对待，我们就承认了他们有得到公平和平等对待的权利。同样地，旅游中的权利需要放在一个职责的背景下进行讨论，这个职责就是对某个代理人的重要利益的支持。权利常常需要有社会契约的支持，社会契约通常有一个职责承担者（如政府）。权利在功利主义者那里经常被忽略或拒绝，这依赖于组织行为所需的后果，但是在长颈人观赏园的案例中，政府的介入还是让我们看到了希望。

存在主义：寻求本真性

存在主义的主观性体现在追求个人的本真性存在上，所谓本真性存在指的是自己决定如何行动，并对行动的后果负责（见 Guignon，1986）。存在主义者们拒绝规范伦理理论（如义务论和目的论），拒绝道德权威，其伦理决策的基础是自己的主观价值集（见表 12-1 中“原则”）。值得注意的是，大部分个人主义的道德观念本质上也是世界性的，因为当存在主义者选择去成为自己的时候，如果所有人都这样做，那么这种选择就具有普遍性意义。

存在主义者作为一个群体是不可信的，因为社会影响着他们追求真正的自己。当行动只有在政府或组织的体系内才被尊重为合适的，这种道德被克尔凯郭尔（Kierkegaard，1859/1939）称为国家道德或群体意识。因此，如果在海上倾倒舱底水是行业的通行做法，那么这种行为就变成道德的。但是，这不意味着这种行为在其他标准下也是道德的。当个人被要求去赞成一个混合的伦理系统的时候，这个问题会变得更加混乱（Jacobs，1994）。监护人（如政府）和商业道德系统（如行业）可能会相互反对。在我们只能获得混合的信息的情况下，要么我们不能理解什么是最好的行动，要么我们根据我们自己的价值去做出选择（如存在主义所述）。

毫不奇怪，世界上的商业和政府倾向于清除存在主义，因为担心它会导致混乱以及在环境领域的过度个人主义，而环境要求的是团结、效率、效果和生产力（Hodgkinson，1996）。对组织命令（如 Scott & Hart，1980）的接受意味着组织的生存和发展优于个人的生存与幸福。组织命令要清除任何成为个体的机会，以使得我们依赖和支持组织强加在我们身上的规则。当我们这样做的时候，我们实际上不承担个人责任，因为决策制定者和我们行动的结果在某种意义上变成了别人的责任。然而，尽管体制系统和存在主义存在着明显的本质上的对立，存在主义者依然可以作为一个深刻的道德个体存在于社会之中。而且，存在主义者的蓄意行为与那些推动其他道德取向的个体行为具有非常高的相似性。两者的差别在于意图。因此，规则、系统和义务能够被接受、追随，甚至被存在主义者创造。关键是它们被虔诚地加以实施。虔诚意味着一个人做出选择和行动是基于个人的意志。从克尔凯郭尔式的观点来看，帮助别人的无私行为能够锻炼我们作为个体的意志，以使得我们可以用我们的方式去建立负责任的公民的能力，这是朝向负责任旅游的一种运动（Fennell，2008）。这意味着，如果我们继续将我们自己当成旅游者，将服务提供者当成旅游互动的唯一核心，那我们很难在更大的整体中实现旅游的道德责任。

结论

旅游学者直到最近才对伦理问题感兴趣。这确实是不幸的，因为旅游行为的内在本性都是自由的，是个人的最自我的表达。法律、医疗和商业领域有着更长的和更严酷的历史，因此，这些领域的研究者比较早地就关注伦理问题。或许是旅游领域的伦理问题与医疗或法律领域相比，没有那么大的社会影响。也有可能是旅游研究尚未将其知识扩展到其应有的范围（Fennell, 2006b）。旅游学在本质上是跨学科的——这个观点尚待讨论。旅游研究有太多地方处于孤立发展的阶段（如我们集中于旅游影响研究），往往拒绝接受其他领域的伦理理论以加强旅游伦理研究。无论如何，为了旅游责任或伦理，更好地理解价值观以及理解价值观与伦理和伦理传统之间的联系，将有利于我们决定什么是应该做的。假如我们不能从审美状态跨入伦理状态，不管从个人层面还是组织层面，那么我们几乎不能抵达那些崇高的目标：可持续、替代性和负责的旅游形式（见 Fennell, 2008）。

参考文献

Adams, J. S., Tashchian, A. and Shore, T. H. (2001) Codes of ethics as signals for ethical behavior. *Journal of Business Ethics* 29, 199-211.

Ayala, F. J. (1987) The biological roots of morality. *Biology and Philosophy* 2, 235-252.

Beauchamp, T. L. and Bowie, N. E. (1983) *Ethical Theory and Business* (2nd edn). Englewood Cliffs, J: Prentice-Hall, Inc.

Butcher, J. (2003) *The Moralisation of Tourism: Sun, Sand . . . and Saving the World?* London: Routledge.

Collinson, D. (1987) *Fifty Major Philosophers: A Reference Guide*. London: Croom Helm.

Coon, C. (2005) The architecture of ethics. Humanist 65 (1), 4345.

Drummond, A. (1998) The Padaung ‘human zoo’. *In Focus* 29, 8-9.

D’Sa, E. (1999) Wanted: Tourists with a social conscious. *International Journal of Contemporary Hospitality Management* 11 (2/3), 64-68.

Ehrlich, P. R. (2000) *Human Natures: Genes, Cultures, and the Human Prospect*. New York: Penguin.

Fennell, D. A. (2006a) Evolution in tourism: The theory of reciprocal altruism and tourist-host interactions. *Current Issues in Tourism* 9 (2), 105-124.

Fennell, D. A. (2006b) *Tourism Ethics*. Clevedon: Channel View Publications.

Fennell, D. A. (2008) Responsible tourism: A Kierkegaardian interpretation. *Tourism Recreation Research* 33 (1), 3-12.

Fennell, D. A. and Malloy, D. C. (2007) *Codes of Ethics in Tourism: Practice, Theory, Synthesis*. Clevedon: Channel View Publications.

Guignon, C. (1986) Existential ethics. In J. Demarco and R. Fox (eds) *New Directions in Ethics: The Challenge of Applied Ethics* (pp. 73-91). New York: Routledge & Kegan Paul.

Hodgkinson, C. (1983) *The Philosophy of Leadership*. Oxford: Basil Blackwell.

Hodgkinson, C. (1996) *Administrative Philosophy*. New York: Pergamon Press.

Holden, A. (2003) In need of a new environmental ethics for tourism? *Annals of Tourism Research* 30 (1), 95-108.

Hultsman, J. (1995) Just tourism: An ethical framework. *Annals of Tourism Research* 22 (3), 553-567.

Jacobs, J. (1992) *Systems of Survival: A Dialogue on the Moral Foundations of Commerce and Politics*. Toronto: Vintage.

Karwacki, J. and Boyd, C. (1995) Ethics and ecotourism. *A European Review* 4, 225-232.

Kierkegaard, S. (1959/1939) *The Point of View for My Work as an Author* (W. Lowrie, trans.). London: Oxford University Press.

Levitt, T. (1979) The dangers of social responsibility. In T. L. Beauchamp and N. E. Bowie (eds) *Ethical Theory and Business* (pp. 138-141). Englewood Cliffs, NJ: Prentice-Hall.

Mayr, E. (1988) *Toward a New Philosophy of Biology: Observations of an Evolutionist*. Cambridge, MA: The Belknap Press.

Munt, I. (1994) The 'other' post-modern tourism: Culture, travel and the new middle classes. *Theory, Culture and Society* 11, 101-123.

Przeclawski, K. (1996) Deontology of tourism. *Progress in Tourism and Hospitality Research* 2, 239-245.

Rawls, J. (1971) *A Theory of Justice*. Cambridge, MA: The Belknap Press.

Scott, W. G. and Hart, D. K. (1979) *Organizational America*. Boston, MA: Houghton Mifflin.

Smith, M. and Duffy, R. (2003) *The Ethics of Tourism Development*. London: Routledge.

Sommerville, M. (2006) *The Ethical Imagination: Journeys of the Human Spirit*. Toronto: Anansi Press.

Tribe, J. (2002) Education for ethical tourism action. *Journal of Sustainable Tourism* 10 (4), 309-324.

Vinton, G. (1990) Business ethics: Busybody or corporate conscience? *Leadership & Organizational Development Journal* 11 (3), 4-11.

Wheeller, B. (1994) Egotourism, sustainable tourism and the environment a symbiotic, symbolic or shambolic relationship. In A. V. Seaton (ed.) *Tourism: The State of the Art* (pp. 647-654). Chichester: John Wiley and Sons.

Whitney, D. L. (1990) Ethics in the hospitality industry: With a focus on hotel managers. *International Journal of Hospitality Management* 9 (1), 59-68.

Williams, P. A. (1993) Can beings whose ethics evolved be ethical beings? In M. H. Nitecki and D. V. Nitecki (eds) *Evolutionary Ethics* (pp. 233-239). Albany, NY: State University of New York.

第十三章　旅游中的善行

塔兹姆·贾马尔，
克里斯托弗·曼泽尔

译者导读：本章提出的理论问题是游客的基本直观感觉如何驱动他们的行为，从而构成什么样的善行。本章从三种主要伦理学范式的比较入手，在精要阐述每个范式之后进行了深入讨论，更重要的是分别以一个旅游案例来分析每一个伦理学范式的善行概念及其含义。这些伦理学范式包括功利主义伦理学、康德学派伦理学和亚里士多德派伦理学。功利主义善行的基本直觉在于以快乐和痛苦来衡量利与弊的量的比较结果来判断善行概念。康德主义伦理学则基于从无上道德令推论到条件道德令的关系来判断直觉善行的概念。一个人所有的伦理上重要的行动都是完全受由推理支配的道德考量所驱动的，这是一种尊重人性的道德考量。亚里士多德派则强调"幸福"或"生活好"是最高的善，其他方面都是这个最高善的特例，而实现这种善行的途径就是实践智慧。本章对三种范式与旅游发展的关系进行了理论讨论和案例分析。

引言

本章考察旅游中善行的概念。这样一个研究也许能够成功地依靠"善"这个简单的、未经分析过的常识性概念。但我们有点怀疑我们常识的直觉。因此，我们将运用哲学史上出现的关于这个概念的几个主要分析。值得注意的是，我们在此的分析目的不是要提供一个严密的哲学解释，也并非要运用这些理论去高度严谨和精确地分析游客行为。在所有哲学理论中都充满了争辩和不一致，而讨论也很容易转变成纠缠于鸡毛蒜皮的细节。我们的目的在于简单地区分出一些（非常不同的）驱动游客行为的根本性直觉，以及在每种情形下解释那些直觉，以建立一个关于什么东西构成善行的那些有用思想。然后我们试图把这些概念具体运用到旅游中的行为上去。

三种伦理学范式

有三种主要的伦理学范式都与旅游特别相关：利益最大化的功利主义伦理学、尊重人的康德主义伦理学和亚里士多德派的德行伦理学。在这部分，我们将对每一个范式做简要概述，并阐明旅游中对应的善行概念。我们必须强调的是“概述”，因为这部分并非试图去对这些范式做详尽的学术性“综述”。相反，此处的主要目的在于了解那些驱动每一种范式的强有力的（有时是互相矛盾的）道德直觉，以便发展出一个旅游善行的一般概念。基于这种概念，善行、非善行和可疑（要么模糊，要么须进一步分析的）行为等例子都将在随后的各部分来列举。

功利主义

功利主义是一个与英国哲学家杰里米·边沁和约翰·斯图亚特·穆勒有紧密关系的伦理学理论。功利主义能够告诉我们什么是善行，但这是更加基础地与（道德上）“正确”行为有关。功利主义的基本直觉是：判断一个行为主体的行为正确与否，是依据行为的“结果”，特别是依据导致的利与弊的量。对我们的目的而言，利与弊能够简化地理解成是“快乐”和“痛苦”。然而，重要的是，快乐不应该被粗略地理解为简单快乐的身体感觉，而应该被理解为包含快乐的所有方面，从简单的身体快感到社会和审美愉悦，譬如好伴侣或好娱乐。此外，对快乐的理解不应该排除诸如从工作做得好当中获得的满足，或从帮助他人获得的快乐。对痛苦的讨论也类似，即应该把痛苦理解为不仅包括肉体的痛苦，还包括更加无形的如失去财产、群落或文化传统的痛苦。

为了阐明功利主义意义上的正确行为，首先应注意到从直觉上来说，利与弊之间会相互抵消（见前述）：当利与弊在直觉上以相等的量出现时，那总的利就可被说成是零或无。因而，直觉上来说，我们能够说一个行为的“总体善”（即一个行为的表现）是其结果中的利弊之“和”。需要强调的是：“和”在此是通俗意义；我们认为真正精确地量化一个行为的利弊是不可能的。相反，在此我们只是简单依据利与弊（在上述意义上）达到的程度以及我们能够对一个行为结果与另一个行为相比较是怎么个好法做出直觉判断。基于这一点，我们来具体说，对一个行为主体而言有两个行为 A1 和 A2，如果这个行为主体执行 A1 会比 A2 给他/她带来更多的总的利益（即从总体上会导致比弊端更大的利益），我们就说 A1“好于”A2。如果一个行为“好于”任何其他备选行为，就说这个行为对这个行为主体来说是“正确的”。因而，如果执行某个行为的总利益大于不执行的总利益，就能够说对一个行为主体而言这个行为是“善的”。

功利主义抓住了一个非常重要的伦理学直觉，即至少在其他条件不变的情况下，一个行为的善是根据其结果来判断的。但就其代表的含义而言，很明显它将不能作为一个一般伦理学原理。很容易举出一些简单的反例。譬如，假设在一个经济欠发达的热带地区有一个游客发展推广计划，将会给其投资者带来巨大的资本回报以及给周围城镇注入现金资本。但是假如那样的发展计划会破坏当地一些小社区居民赖以生存的重要栖息地，在这种情形下，利益很可能会显著大于弊端，许多人会获得利益而只有少数当地居民受损。功利主义会因此宣称发展是相当有保证的。但从直觉上来说，不顾及会破坏当地社区居民的事实而去向前发展，至少从道德上来说也是值得怀疑的。这些功利主义者没有建立任何保护那些社区的基本措施。因此肯定还有很多不同于功利主义的伦理学故事。我们在下一个伦理学范式来解释这些情形。

康德主义和尊重人

伊曼纽尔·康德的道德哲学最著名的思想是每一个道德行为都受到“无上道德令”（*categorical imperative*，即绝对无条件道德指令）的指引。

"条件道德令"（*hypothetical imperative*，相对于个体动机的有条件道德指令）是指如果一个人想要实现某个特定目的——"比如，如果你想要一瓶好的红葡萄酒，你就应该去波尔多市购买"——就应该去做，而"无上道德令"则是绝对的，是一个人不管其想要的目的是什么都有义务要去遵守的道德指令。然而一个核心问题是：这些指令从何而来呢？康德著名的回答是个体绝对的指令根植于推理原理，他把这些指令命名为"无上道德令"（Categorical Imperative，CI）。CI 与特定情形下指引我们行动的特定指令之间的关联是直接的：CI 提供一种一般原理，通过把这个一般原理运用到需要道德行动的某种情形，可以推导出特定指令。

在康德的伦理著作中，CI 有一些不同表现形式。其中最著名的著作反映了牛顿对 18 世纪思维方式的影响，通过诉诸普遍定律这样的概念："仅以这样的准则行事，即借着它你可以同时希望它成为普遍法则。"［Kant，1998（4：421）[①]，转引自 Johnson，2008］这里意味着只有在一个人能够理性地预想每个人都依据其行动背后的基本原则来决策的世界时，他的行为才是道德上许可的。一个为人熟知的例子讲的是通过撒谎来实现某个目标。假设开发商山姆想要知道为了增加成功投标的可能性，他是否可以谎称他是美国民间绿色建筑认证奖项（LEED-certified[②]）公认的"绿色"建设者。这样做正说明他是按普遍准则行动的："任何时候只要符合我的目的，我将会撒谎。"作为一个出色的康德主义者，山姆试图预想一个所有人都按照这样的基本原则而行动的世界。很显然他不能这样做，因为只有当人际交流建立在信任基础之上时，撒谎才是可能的：即这样的信任使人们合理地假设其他人都相信他们的声称。在一个人人都遵循上述普遍格言的社会里，每个人都会怀疑其他所有人都会撒谎以达他们自身的目的，因此，这样一个使人可能撒谎的信任基础是不存在的。因而，山姆正确地推断：做出上述谎称是不被允许的。

---

① 这里我们依照约翰逊（Johnson，2008）使用康德基础原理的标准引用方式。

② LEED=Leadership in Energy and Environmental Design. 参阅美国绿色建筑委员会网页，以了解 LEED 绿色建筑评估系统的相关信息。其万维网址为：http：//www.usgbc.org/DisplayPage.aspx?CMSPage ID=222. Accessed 3/31/08。

CI 被表述成“普遍道德律”抓住了我们道德思维的一个重要方面。简言之，当我们询问一个正在仔细考虑某个不确定行动的人“如果每个人都这样做会怎样”时，直觉就被唤醒了。然而，与我们这里的目的最紧密相关的表现形式通常被认为是：“以你对待人性的方式来行动，无论是你自身的还是他人的，总是同时作为一个目的而绝不简单地作为手段。”［Kant，1998（4：432），转引自 Johnson，2008］[①] 康德说，我们应该把人性——我们自身的或他人的——当作一种目的而不是简单的手段，人性是提炼了我们与所有其他人的共同性，是使我们所有人都是人的那些特性。这样，康德指出我们超越了任何特定个人的特性而到达对所有个体伦理处置方式的长久基础，到达那种需要平等对待其他人的基础，不管他们的个人特征或个人特定生活境遇如何。因为我们所有人都有相同的人性。人性尤其需要某些尊重，不是由于一个人的行为、智慧或社会地位而赚得的或应得的，而仅仅是因这个人是谁而简单地被认识到的尊重（Darwall，1985）。譬如，大部分美国人认为美国总统拥有某种因作为总统而得到的尊重，与他由于实行总统职责而可能拥有的或缺失的尊重无关。因此，正如约翰逊（Johnson，2008）指出的：“我尊重人类只是简单地因为他们是人，而这需要某些有关的东西。我们并不因为人们达到了某些适用于人的评价标准而去尊重他们。”

确切地说，什么是把对待其他人作为一种目的而不单单是实现目的的一种手段？对康德来说，最清楚的回答是那些我们称之为“消极”的东西：A 某把 B 某作为目的，就是避免在实现 A 某目的的过程中产生剥削或其他伤害 B 某的行为。因而，举例说假设我们的开发商山姆有一个兄弟是手握大权的得克萨斯州政治人物。如果山姆谢绝利用这种亲情关系获得他商业上与得州的合同，我们就可以说山姆把对待他兄弟作为一种目的。同样，山姆应该对当地土著社区成员给予适当尊重，这些社区成员依赖于他们周围的生态系统，他们依据让生态系统不受侵害的“绿色”原则来选择要建设的度假区。

---

① 在这个原理中，“简洁性”条件很重要。因为在现实世界中不把他人当作实现目的的手段对其成功做事情是很重要的。为得到报酬而提供服务的任何人都会被服务的受益者同样对待。康德原理所排斥的是对待他人时“仅仅”将其作为实现目的的手段。

此外，一个人把对待他人作为一种目的还有一种明显更积极的意义：一个人以提高他人福利的方式来行动。当然这似乎与旅游中善的议题更加紧密相关。但是，以直观地符合康德理论框架的方式去具体化福利概念是相当困难的。直观地说，对大多数人而言，幸福或福利意味着过一种富足而全面的生活。但对康德而言，人性中的最高的善是有“善意”（good will），即粗略地说，要以这种方式去发展一个人的个性：一个人所有的伦理上重要的行动都是完全受由推理支配的道德考量所驱动的。这似乎包含几个非直观的推论。首先，如果有善意是人类最大的善，那么似乎可以推断一个人为了提升他人福利而行动，应该总是去提高他人发展出这种善意的能力。这与为使他人能够过上富足全面的生活而行动是否一致，至少并非总是显而易见的。譬如，也许有些人只有以过苦行僧的困难生活才能发展出含有康德意义上的善意所必需的智力上的自我约束（intellectual discipline）。在这种情况下，康德伦理学也许要求一个人的行动要以剥夺其生活中快乐与趣事的方式来进行。其次，有些自相矛盾的是，对康德而言，当一个人决定为增进他人福利而行动并且不玷污此行为的道德价值时，在其道德考量中就不能掺入其自身福利。由于就我们都是受到某种形式的个人利益所驱使来说，我们并非只受道德考量的驱使，因而任何受到这种个人利益所驱使的行为都丧失了其道德价值。

因此，康德伦理学似乎忽视了待人以尊重的方面，而这个方面对清楚地阐述了一个充分健全的善行概念似乎是非常重要的。康德 CI 概念的人性表述的确抓住了关于我们道德思维中最具有人性价值的重要直觉，但似乎在某些情形下却传递了一种“恶行”概念——一种在那些情形下把其他人只是当作一种手段而不是目的的行为。但我们需要一个更加积极的意义以便能够述说什么是善行。我们第三个伦理学理论框架——亚里士多德美德伦理学——似乎回应了康德阐释的这些直觉性缺点。

亚里士多德和生活好

对亚里士多德而言，“eudaimonia”——幸福或“生活好”——是最高的善。一个人选择去追求的所有特殊的善——健康、朋友、共同体，甚至朴素的康德学派中善意的“summum bonum”（最高善）——都是为了追求普遍的、生活好的最高之善。亚里士多德明显地认识到了在我们思想中福利的道德重要性，因而为我们提供了一种似乎在康德学派尊重人概念中缺失的要素。我们尊重他人并不仅仅是消极地避免把他人仅作为一种实现目的的手段，还应该积极地以提升他人的幸福、他人生活好的能力的方式来行动。而这又会使我们具有亚里士多德派的一种善行概念：在其他条件不变的情况下，我们对待他人应该要以促进和提高他们过好生活的能力为目标，一句话——促使他们“兴旺”，过一种富足而全面的生活。

然而，对我们的目的来说，把亚里士多德的个性概念及其与善行的关系更深入地阐述清楚是非常重要的。因为从这个概念产生了一个特别令人信服的善行概念，而这个概念与一切旅游利益共享者息息相关，特别是那些当权者。

必须强调的是，“生活好”（living well）要尽可能明确地与“生活宽裕”（living large）区别开来，“生活宽裕”是指过一种仅拥有与享受财富和世间产品的生活。相反，对亚里士多德而言，生活好包含某种“个性”的发展，而个性的发展又包含获得某种“美德”。所有这些对亚里士多德而言最核心的是“phronesis”，或称“实践智慧”。对亚里士多德而言，仅仅去追求所感知到的物品本身无法真正把人类和其他动物区别开来。把人类与其他动物区别开来的是人类运用推理指导其去追求幸福的能力，特别是他们运用推理去做决策、确定目标和制订计划以获得幸福的能力。显然，一些决策/目标/计划要优于另外一些。对亚里士多德而言，实践智慧是做出明智决策、确定适当目标和制订有效计划去实现的能力。因此，生活好包含（除了其他方面以外）发展和学习实践智慧来制定、追求和实现过上富足生活的目标。

一个人应怎样发展“phronesis”，即实践智慧呢？实践智慧不是一种死板的品质，不能通过简单地，比如说思考高尚想法来获得。相反，一个人应该实践和反复做善行，直到这种善行的表现变成一个一以贯之的个性特征来培养实践智慧——如果一个人今天表现智慧明天不智慧，就不能说他真正获得了实践智慧。为了阐明这种观点，我们举个例子。假设萨拉最初很不愿意参加一个新邻居间的垃圾回收计划，但是当萨拉从知识和智力上明白垃圾回收对她的社区和她的情操都是一件好事之后，她就决定一直坚持回收垃圾，尽管还是不情愿。最终，她的这种不情愿减弱了，而那个曾经是沉重包袱的任务变成了由其品性中自然流露出来的一种轻松的日常事务。在她做最初的决定时，萨拉锻炼了很好的判断力，从而也培养了她实践智慧的能力。而她对垃圾回收从厌烦到自然的态度的转变，只是她个人品性发展形成后的一种随之而来的表现，因此更一般地说，这种转变使得她更接近生活好的理想。

正如前述所提示的，实践智慧的发展和锻炼并不都包含在生活好之中。实践智慧不过是那些构成人生活好的品性中的几种美德之一。美德是反映在日常生活中的品性特征（性情），是使人所以为善人的品性（Rachels，1999）。亚里士多德把美德设想成是缺德和极度美德两个极端之间的中间值或均值。举例来说，勇气是怯懦和鲁莽之间的均值，诚实是欺瞒和轻率之间的均值。

是否所有美德都可设想成那样也许是值得怀疑的，但亚里士多德确定为基本信条的均值观点认为，有道德的生活是以“适度”为标志的，并且通过持续的智慧训练、判断及恰当的行动来实现，这一点是很直观的。培育道德和智慧德行的好习惯对建立善的品性很有帮助，并且使日常化的善行成为可能。再来看前述萨拉和垃圾回收的例子——道德美德能通过规则的练习来实现——我们通过反复进行公正行为而变得公正（公正行为基于美德）。同样地，智慧美德可以通过养成有规则的家庭和旅途中的好习惯来培养，比如学习美德兴许可通过学习新知识来培养，学习关于目的地及其人们、历史、文化和生物物理环境的知识（例如通过阅读、参与到与当地人的对话、教育性游历等）。

对亚里士多德而言，善行就是有道德的行为。做正确的事情还不够——“善行必须源自有道德的品性”。一个人拥有关于可持续性原理和实践的优秀知识却不按照这些原理来行动，会缺失起码的道德美德，比如关心后代可能会受害于资源枯竭的那些德行。或许他/她会公正地、勇敢地行动，但却失之于不畏惧任何惩罚或渴望赞扬。这些对亚里士多德而言并非善行，因为那并非源自有道德的品性。因而，有善行的人的目标应该是持续地发展那些可一贯地产生善行的道德品性。

简单概括一下是很重要的，亚里士多德把个人的好生活设定在一个更大的社会政治背景下（context，希腊语为“polis”）。部分善行包含有社会政治实践——积极参与从城市到州省和国家的日常事务并训练做决策的良好判断。参与到社会福利建设中对确保个人事业繁荣是重要的。这就很自然地得出这样一个事实：一种真正有道德的生活必须至少一定程度上是“关心他人”（other-regarding）的。因而在一个处于腐败中的自然环境或社会基础设施里，一个人不可能设想其自身能够繁荣发展。这当然对旅游也具有直接的、生动的含义，因为旅游普遍地根植于包含环境、社会、文化、经济和政治因素的一个复杂混合体。我们在下一部分简要解释这个问题。

讨论

在本章最前面，我就开始讨论说关于旅游中善行的道德思考的开端是功利主义：“其他条件同等的情况下”，有意义的行为应该是效用最大化——被广泛理解为包含诸如快乐、健康、安全和一般幸福等的好事。那个限制条件“其他条件同等”很关键，因为对一个社会的大部分个体来说的某些好事却是以这个社会中的小部分人承担成本或付出代价得来的。道德行为必须考虑这些小部分人的福利，这正是康德学派的无上道德令人性化形成中尊重人的理念所阐述的。亚里士多德的幸福（*eudaimonia*）——生活好的理念——和与此相伴而生的有道德品性的理念，补充了康德学派中比较被动消极的特征，提供了一种比较主动积极的道德行动目标，就是说有责任义务去提升他人发展好和生活好的能力。

由于健康的生态系统对人类健康和发展来说很重要，好的旅游就要包括对生态物理世界的善待行为。对评估影响以及在环境和文化方面易受破坏的旅游目的地的几种发展方案之间做道德决策时，实践智慧是必需的。那些受到这种决策影响最大的群体积极参与到旅游发展管理当中对发展实践智慧和善行来说很关键。在此，亚里士多德学派的美德和品性理念发挥了重要作用，因为一个有道德的人会给予他人尊重，会锻炼实践智慧以确保资源利用和文化自然的商品化以一种负责任的方式来进行（糅合了功利主义动机与前述其他两种伦理学视角的动机）。对这些开发者而言，其品性特别地调和了欲望以最大化利润，同时关注规划管理决策对当地社区和旅游访客的效应。而对旅游者而言，其品性则调和了其对个人快乐的欲望，同时也关注当地社区和服务员工的福利。对服务员工来说，其品性调和了其倾向，把游客不仅仅当作收入来源，而且还要向其提供最名副其实的接待服务。我们将在下一部分对前述的伦理学概念以三类案例来做进一步阐述。

实践“好的旅游”类似于致力于目的地区域空间的社会和环境的福利，同时锻炼在其旅游实践行为中美德和善的道德判断。这里需要注意的前提是，要确立一个旅游的最终目的（*telos*）。好的旅游就是能够达成其目标或实现其目的的旅游（Jamal，2005）。更具体地说，好的旅游表现为实现旅游系统的地方、空间和利益相关者的最终目标的那些美德。

理论的运用

在这部分内容里，我们综合运用三种伦理学范式于几个案例，阐释那些善的、恶的和可疑的旅游行为。

案例 1：旅游中的善行：建设和商业实践

在英属哥伦比亚（BC）戈尔登镇（Golden）的游客中心（BCVC），有最新式的服务设施，位于经过戈尔登镇的横跨加拿大高速公路的旁边。这个镇位于阿尔伯特省与英属哥伦比亚省交界的战略位置使其成为了通往周围几个国家公园的门户。这个游客中心是一个合作的范例，有益于游客的善行以及当地的文化特性。这个中心的融资和建设得益于当地公共和私人部门之间的合作计划。该计划的领导主要有以下区域和地方利益相关者：BC 省旅游部门、BC 省交通部门、加拿大农业部、戈尔登镇地方创制权部门和踢马山景区（Kicking Horse Mountain Resort）。另外，还有来自加拿大联邦政府、BC 省政府、哥伦比亚舒斯瓦普区划（Columbia Shuswap Regional District）、戈尔登镇、踢马山景区、加拿大帝国商业银行和加拿大 BC 省基础设施项目等的支持。这个游客中心是第一个获得美国民间绿色建筑认证奖项（LEED）银质认证书的省级游客中心。基本条件（认证书等）都满足了，而且建筑设计形式代表了一种对可持续性和地方文化遗产的强有力承诺——

一种木质框架设计、地方素材混合现代建筑审美代表着当地社区传统的（森林）经济和一个技术上时新的旅游。正如这个游客中心内的一块牌匾上描述的那样（2006年6月19日）：

> 本项目是为了展示戈尔登这个地方，一个由哥伦比亚河谷地区铁路和森林工业演进而成的勤奋的工业社区。本项目关注那种简洁形式、可靠而具体的策略和当地建筑技术，同时试图创造一种与时俱进的当代建筑语言。它运用到了几种当地木质建筑材料……

与BC省的游客中心类似，旅游相关设施建筑中的善行同样反映在建设者试图去建造“绿色”酒店、度假区和会议中心上。地标性建筑大卫·L.劳伦斯会议中心已成为新的匹兹堡及区域性目的地的象征了。这个会议中心得到了美国绿色建筑委员会的认证，并获得了金质认证书，这是第一个“绿色”会议中心，而且据称是世界上最大的“绿色”大厦（http：//www.pittsburghcc.com/html/index.htm. 2008年3月31日网页有效）。正如其网页显示的，自然日光和通风被用于该建筑的照明和加热，而一种水循环系统则减少了可饮用水的消耗，回收利用系统是该设施稳固可靠的特征。对环境友善的行为也被采用到诸如高山滑雪的那些传统上被认为其累积影响将使其不可持续的活动中。在科罗拉多州的维尔（Vail），已有计划宣称要建造一个北美最大的绿色度假区——永远的维尔，建有“环境更友善”的产权式公寓、商店、餐馆和一艘尖头平底船。在美国新英格兰的吉米尼峰（Jiminy Peak）山地度假区，建造了一个150万瓦风力涡轮，预期可满足度假区三分之一的用电需要；该度假区宣称这是北美第一个装备风力涡轮发电的度假区（Beehner，2007）。在广受欢迎的全年山区旅游目的地杰克逊山洞（Jackson Hole），有一个泰拉酒店（http：//www.hotelterrajacksonhole.com. 2008年3月31日网页有效），这是一个包含72间客房的生态精品酒店。这个酒店采用有效节能的窗户，以有机棉做的订制床垫，环境友善的清洁用品，并且制定了以风能、生物能和其他可再生能源形式来满足100％能源使用需求的目标。比纳尔的论文以一种修辞化的评论作结：“谁说绿色不能和奢华结合的？”（Beehner，2007：13）。

有关提供奢侈品的伦理问题暂且搁下不提，我们应该说旅游中的善行不仅仅是保护资源和为客人提供良好体验，而且是相关成本收益的合理分配、合理对待雇员（包括生存工资）和关心地方文化遗产。一般而言，生态住宿和生态旅游是以最小化对资源的负面影响、帮助资源保护和社会文化可持续性为目标的。此目标的一部分正是通过富有思想的建筑和设施设计、把当地居民引入规划、发展和管理过程来得以实现的。正如案例 2 表明的，公共和私有部门的行为必须考虑那些坚称受到某个（提议的）发展方案最大影响的群体的利益。换言之，功利主义者的更大利益的论辩（例如，为旅游者提供山林体验，促进地方和旅游区经济利益，从而有助于打造一个成功的旅游产业）必须要以尊重人的论点（例如，在度假区目的地的当地居民，以及对他们福利非常重要的山区文化方面）来调节缓和。

案例 2：乏善可陈的旅游：对环境和文化的不敬

德古拉公园是一个自上至下规划并试图给当地和该区域带来经济发展的失败案例。罗马尼亚政府功利主义的目标加上谋取利润的商家，促成了一个主题公园的规划；而很多人认为这对当地居民及其宗教感情是大不敬的，对当地生态系统也是有害的。罗马尼亚国家旅游局希望利用有利可图的神话故事（有关德古拉的电影、小说、俱乐部等）来刺激国际旅游，建起了德古拉公园。这个很大的主题公园位于靠近历史古城锡吉什瓦拉（Sighisoara，Transylvania，特兰西瓦尼亚省）的布莱特高原（Breite Plateau），离首都布加勒斯特西北部三百公里。这个地方是 2001 年选定的，2004 年该项目完成石板砖铺设。锡吉什瓦拉被认为是弗拉德·特佩斯（Vlad Tepes）的出生地；他是 15 世纪瓦拉几亚的一位王子，因他对囚犯的残忍而臭名昭著（他又被称为“穿刺者弗勒德”，Vlad the Impaler），这些历史明显地激发了布拉姆·斯托克（Bram Stoker）创造德古拉这个虚构的人物（Jamal & Tanase，2005）。这个规划的主题公园的食宿及设施包括一个有 700 间客房的酒店（那时锡吉什瓦拉大约已有 6 家酒店）、养老院、公寓、野营地、餐馆（快餐、小吃吧、中古餐馆和其他主题吧）、运动场和一个剧院会堂。位于当地的国际吸血鬼学研究所也会建造一个包含书籍、电影和历史信息资料的资源中心。德古拉城堡和地下墓穴的复制品、一个人工湖和一座迷宫花园也被提议建造。除了相关非政府组织对环境的各种负面影响（包括对布莱特高原上有 400 年历史的橡树林的潜在破坏）之外，该项目计划的经济、社会和文化成本看起来远超过了潜在利益。当地居民和宗教领导者都表示了强烈反对，而且导致了激烈冲突。早在 2003 年，罗马尼亚政府宣布了一个公园新址，在布加勒斯特西北 25 英里处的斯纳戈夫（Snagov）。斯纳戈夫湖上有一个岛，岛上有一个修道院，据称这个修道院收藏着弗拉德·特佩斯的遗体。这种对公园重新选址到另一个地方的努力是为了应对持续的反抗，而最终却没有成功（Jamal & Tanase，2005）。

德古拉公园项目被罗马尼亚国家旅游局及其公私（地方和国际的）合作伙伴叫停了。政府决策权力部门和各方融资发展的公司集团都对项目成本收益流施加控制与权力影响。这就导致善、恶行杂陈；低收入群体、少数民族社群和穷人特别易受害于资源被占用以及他们赖以生活和生存的生态物理物品的恶化。换言之，那些与旅游中善行不相一致的活动包含那些会导致不公平成本分摊和收益分配的行为（Lee & Jamal，2008）。譬如，斯通尼奇（Stonich，1998）的研究发现在涌入洪都拉斯的游客（主要是国际游客）和当地居民在净水分配方面是不均匀的。游客得到更多的环境资源，而当地居民则承担了由此引发的环境问题和成本。酒店对水的高消耗（在淋浴方面尤其明显）导致了当地居民越来越缺水。虽然游客可使用干净水，但缺乏下水道设施和污水过滤设备导致海湾岛居民（Bay Islanders）的健康问题。而穷人也得到最少的以收入和消费模式来衡量的旅游利益（Stonich，1998）。许多当地居民认为控制旅游发展机会的人（政府、国际利益相关者和当地精英）得到了大部分利益，而把贫穷的当地人排除在外。

可以看出，以上两个案例都反映了对当地人尊重的缺乏。需要有当地居民的强烈抵制，以及当地和该区域非政府组织的抗议，以避免非常缺乏深思熟虑（尤其是缺乏实践智慧）的项目，这些项目对当地居民、当地生态系统和地方性的全球文化遗产（锡吉什瓦拉）具有很高风险。在洪都拉斯的案例里，海湾岛居民的困境很少被注意到，这困境是受到不断增加的开发成本以及缺乏宝贵日用品（如水）所导致的。有更大权力的利益相关者缺乏尊重和道德品行（导致缺乏关心）是这些案例的部分原因。这些案例中游客都不是无可指责的，他们缺乏教育或关心——包括教育、学习和谨言慎行都是生态旅游伦理的组成部分，但德行伦理学表明这些都应该是所有游客善行的组成部分，无论是什么类型的旅游活动。发展建立智慧和道德德行（好品行）能帮助游客在其行为和使用目的地资源过程中锻炼实践智慧。可以通过好的社团行为来帮助他们，包括“绿色”实践（案例 1）和关于目的地环境、居民和经济文化方面的游客教育。团体社会责任（Corporate Social Responsibility，CSR）可以通过发展以下德行来促成：公平，诚实，加上发展实践智慧，比如主动地、成为惯例地把那些最易遭受影响的人群（例如目的地居民）纳入到旅游吸引物、旅游设施和服务的规划、开发和管理中来。这样的组织和个人显示出好品性以及实行旅游中善行的能力。

案例 3：旅游中的争议行为：营销灾难发生地

前述的案例支持以下的观点（也是从前面概述的三个哲学视角引出来的）：旅游中的善行使得个人和集体变得繁盛，要求节俭运用（有必要的保护）环境和文化，并且确保那些为更大（经济）利益驱动的行为考虑到少数群体和个人的福利。功利主义的观点通常为政府政策制定者和规划者所采用，因而必须要以康德学派尊重人的观念来缓和，然后必须以亚里士多德学派好品性的观念来调剂。然而尽管有这三个哲学视角来做指导，并不总是很容易识别一个行为是善的还是非善的（有关存在的问题是特别地不确定）。在某些情形下，识别出哪些人受益哪些人受损可能是讨论旅游中的善（或非善）的有益开端。

在 2005 年 8 月新奥尔良被飓风“卡特里娜”（Katrina）蹂躏之前，新奥尔良因其提供丰富的文化产品而成为广受欢迎的旅游目的地，包括提供丰富的烹饪和音乐遗产，以及偏离常态的性“游戏”空间。“肥美星期二”（Mardi Gras）嘉年华是一度为此设立的，那些常年的活动则通过复现该城市在波旁街（Bourbon Street）合法卖淫（斯托里威尔，Storyville）的短暂历史而被设置出来。由于已经极少有实物留存下来呈现斯托里威尔，酒吧、脱衣舞俱乐部和性用品商店就有助于为游客创造一个“思旧病”借口，并以性裸露、淫秽和纵欲展览来体验过往那种恶行时代（Vessey & Dimanche, 2003）。维西（Vessey）和迪曼奇（Dimanche）注意到在波旁街肥美星期二期间的诸如生殖裸露的淫靡行为受到了公众的批评，并迫使市政官员去制定了一些管控这些淫秽东西的法律；有些游客因违反这些法律而最终锒铛入狱——他们因而产生了这样的印象——“波旁街是一个真正让人释放的地方”（Vessey & Dimanche, 2003：64）。卡特里娜飓风之后的新奥尔良在目的地营销者的行动方面碰到了甚至更加令人头疼的问题（不仅包括目的地营销组织，还包括其他中介组织为目的地形象建设方面所做的广告和促销行动）。持续再现新奥尔良做为一个游乐目的地构成了旅游中的善行吗？

旅游中的善行：我们应该去做什么呢？

气候变化和全球变暖已是不可争议的事情；对我们的旅行及旅游而言，挑战在于围绕那些优先考虑的问题以及专注于善行以处理现存问题，并最小化全球变暖和不断增长的全球人口对生命和非生命系统的未来伤害。一个全球化的和技术上相互连接在一起的世界提供了促进旅游中善行的机会和挑战。由于喷气式发动机显著地造成全球气候变暖，人类正努力开发新的替代燃料，以及发展限制二氧化碳和其他有害物排放的方法。这种论证是功利主义的（为更大利益的可持续性），这种利益被转化给当代人和未来几代人（代内和代际公平）。当国际旅游持续变得民主化之时——这借助于“西方”世界不断增长的平均财富和技术变革（试想当今事件及地点被传遍全球的迅疾性），奢华旅行和医疗旅游只是许多正在涌现的旅游新形式中的两种而已。然而，即使在定位奢华的度假区，能看到为富人提供的精品酒店和观光饮食服务，也能明显看到为其他人建构品性并能赢得尊重和关照的善行。

诸如安吉丽娜·朱莉和博诺等名人的仁爱活动的家喻户晓深深影响了奢华游客的慈善活动。安吉丽娜·朱莉①心系来自达尔富尔（Darfur）和阿富

① 安吉丽娜·朱莉（Angelina Jolie），生于1975年的美国著名女演员，社会活动家。（译者注）

汗（Afghanistan）的难民的境况，而博诺[①]持续致力于解决发展中国家的贫穷。非营利组织和旅游运营者通过组织嵌套了慈善活动的旅游或旅游体验中包含慈善活动选项，来促使这两个极端人群（那些富豪阶层和急需救助的穷人）走到一起。设立于纽约的休闲巨匠[②]旅游公司为一对母女组织了去往巴黎和摩洛哥的旅行，在那里她们直接与当地孤儿院的儿童交谈，并为孤儿们送上她们购买的物品（Alsever，2007）。精致旅行（Exquisite Safaris，一家旅行设计公司）的客人将会去肯尼亚、坦桑尼亚和乌干达，将会去探访农民以及其他用富豪游客捐助而建立起来的小企业；奢华旅游公司运营者艾博克朗比（Abercrombie）和肯特（Kent）及其游客最近两年间捐助了 10 万美元给“与大象同在教育推广项目”（Living with Elephants Educational Outreach Program）（Alsever，2007）。设置在目的地的面对面交流和体验，使得游客能够学习和发展道德伦理美德，同时，参加慈善活动也能发展实践智慧（*phronesis*）。当一个人遇到另一个人，而那个人不再是无名小卒或某个更大的抽象概念的一部分（贫穷），也会促成尊重人的观念。当在体验目的地环境和人文的丰富性之时，遭遇到其他人的脆弱和仁慈是这些仁爱奢华旅游得以成功的一个重要因素。同时，这也产生了一些同样热衷提供旅游中善行的其他旅游形式，比如扶贫旅游、志愿者旅游（参阅在报纸的旅游板块中越来越受欢迎的“志愿旅游”，如 Conlin，2007）。

本章阐述的三个历史视角提供了研究旅游伦理学（具体说，好的旅游和什么构成旅游中善行的问题）的可能途径。需要进一步的研究和分析以便建立一个关于旅游应该提供什么以及如何促成旅游中善行的广受赞同的伦理学主张。在此，我们的研究路径引出了一个有待未来讨论的主张：旅游发展应该集中于旅游地的设计、创造和管理，以求达到自然而然地鼓励在地方和全球的利益相关者间分摊成本和分配利益，尊重他人（包括非人类的其他事物），以及在旅游开发者、服务提供者、非政府组织、游客和居民之间发展良好品行。

---

① 博诺（Bono），1960 年 5 月生于都柏林，爱尔兰老牌摇滚乐队 U2 的主唱。他是一位环保主义者和热心世界慈善与和平的人，曾被提名诺贝尔和平奖。（译者注）

② Artisans of Leisure，位于美国纽约的一家奢华旅游公司。（译者注）

参考文献

Alsever, J. (2007) When a luxury vacation cultivates philanthropy. *New York Times*, 9 December, B6.

Aristotle (1980) *Nichomachean Ethics* (D. Ross, trans.). Oxford: Oxford University Press.

Beehner, L. (2007) Going green, luxuriously. *New York Times*, 2 December, C6, C13.

Conlin, J. (2007) Trips to help shape the world. *New York Times*, 9 December, Travel Section, TR6.

Darwall, S. (1985) Kantian practical reason defended. *Ethics* 96, 89-99.

Jamal, T. (2005) Virtue ethics and sustainable tourism pedagogy: Phronesis, principles and practice. *Journal of Sustainable Tourism* 12 (6), 530-545.

Jamal, T. and Tanase, A. (2005) Conflict over the proposed Dracula Park location near Sighisoara, Romania: The role of sustainable tourism principles. *Journal of Sustainable Tourism* 13 (5), 440-455.

Johnson, R. (2008) Kant's moral philosophy. The Stanford Encyclopedia of Philosophy (Fall 2008 Edition), Edward N. Zalta (ed.), URL = Bhttp: //plato. stanford. edu/archives/fall2008/ entries/kant-moral/>.

Kant, I. (1998) *The Groundwork of the Metaphysics of Morals* (M. Gregor ed.). Cambridge: Cambridge University Press.

Lee, S. and Jamal, T. (2008) Environmental justice and environmental equity in tourism: Missing links to sustainability. *Journal of Ecotourism* 7 (1), 44-67.

Stonich, S. C. (1998) Political ecology of tourism. *Annals of Tourism Research* 25 (1), 25-54.

Vessey, C. and Dimanche, F. (2003) From Storyville to Bourbon Street: Vice, nostalgia and tourism. *Journal of Tourism and Cultural Change* 1 (1), 54-70.

第十四章　反对“伦理旅游”

吉姆·布彻

译者导读：旅游研究的主流意识形态认为生态旅游、可持续旅游、小众旅游以及保护原住民生活方式的文化旅游是符合伦理要求的，大众旅游、度假旅游以及大规模旅游开发是令人担忧的。然而，本文作者布彻以幽默而反讽的语言挑战了上述这一主流价值取向。作者通过变化价值立场（从生态利益导向到经济福祉导向）而让我们在阅读的过程中悄然被其说服。作者仔细地追问了主流的伦理旅游究竟是什么，结果发现无非是那种要求旅游目的地停滞发展，维持“传统”生活方式，保持贫困状态的旅游，这恰恰是不道德的。相反，大众旅游对于促进经济增长、改善原住民的生活品质却具有颇多成功案例。另外，值得我们学习的是作者的那种论证方法：从对方的立场出发推出有利于我方的观点。比如，背包客去偏僻的地方独立旅行，结果为大众游客开辟了道路，将旅游的网络在这个星球的更遥远和更破碎的部分传播开来，恰恰是不利于生态保护的；而大众游客只是去那些成熟的旅游目的地，恰恰保护了大部分地区的生态环境。最后，布彻认为应将旅行看成是一个机会，不管是为了商务还是为了愉悦，都是人类共同进步的一个部分，我们不应该卷入对假日旅游的道德说教。

谁会反对伦理旅游？讨论这个问题将被指控为不道德的，因为这有点哗众取宠的感觉，尤其是当伦理生活问题如此突出的时候。

学术内外关于伦理旅游有着很多论辩和讨论。然而，认为伦理旅游是道德的其实是一个彻底的坏想法。笔者不仅对那些寻求乐园和放松的度假者报以轻蔑，而且提出了一个假设：从人道主义的角度看，伦理旅游不仅不是道德的，简直是倒行逆施的。

在这种观念下，伦理旅游的社会建构该如何看——为什么在过去，作为经济和社会进步的一部分的休闲旅行，现在（至少有一部分）却面临伦理困境？为什么伦理旅游往往只是引起了对美德微小变化的小规模倡议，即使是在饱受贫困的地方？

一个普遍性议程

近年来，我们一直在呼吁伦理旅游。在20世纪80年代，克里彭多夫写作的《度假者》一书刻画了现代旅游糟糕的一面，有时，读起来感觉像是一个新的伦理旅游者的自白。更多的书名，如《保存还是破坏：旅游与环境》（Croall, 1995）、《你能做些什么去阻止通往天堂之路的铺就》（MacLaren, 1998），表明了学者们对于大众旅游发展的一个普遍的消极观点。对于度假旅游的发展，我们也许认为是值得庆贺的事情。但是如果换一种悲观的角度，它也伴随着转基因食物和超市的发展，这是危险的全球化的明证。对于伦理旅游的倡导者而言，应对此做出解释。

最近，芬内尔（Fennell, 2006）、史密斯和达菲（Smith & Duffy, 2003）推进了对伦理旅游的更实质性的理解。芬内尔精心组织了一个关于各种伦理哲学思想如何处理当代伦理困境的调查。史密斯和达菲的焦点在于旅游发展。

一些非政府组织声明关注大众旅游的有害影响。在德国，旅游发展研究协会（*Studienkreis für Tourismus und Entwicklung*）做得很有声望，这是社会所给予的奖赏。胜者几乎都是小规模的、面向本地的和绿色的。这个组织在整个欧洲是一个典型，其志向和目标是：支持有利于跨文化交流的旅游发展，这种旅游发展允许共同学习，彼此尊重，以及尊重文化的多样性和资源的可持续利用（STE，年代不明）。

国际生态旅游协会等行业组织对于推进营销绿色假期的道德信用有一定的影响力。它们的角色不仅是组织志趣相投的游客去热爱自然界，而且是向主客双方倡导生态旅游的优越性。该协会认为："生态旅游为带来负面影响的大众旅游提供了替代性方案，生态旅游可以帮助保存破碎的生态系统、支持濒危的物种和栖息地、保存本土文化和发展可持续的地方经济。"（TIES，年代不明）它们鼓励潜在游客："旅行的目的不仅包含着个人的目的，也包含着全球的目的。"（TIES，年代不明）

伦理旅游呼吁日益得到媒体的重视。英国社会评论员利比·波维斯认为："游客不应该轻视道德"，并且针对工业的影响勾勒了一幅景象暗淡的图像（Purves，2001）。英国《卫报》环境类编辑在一篇题为"旅游不利于我们的健康"的文章中声称大众旅游对环境造成破坏。尽管旅游业试图清除其负面影响，但是旅游本质上难以逃避对环境的破坏（Griffiths，2001）。

商业部门也在倡导伦理旅游。公司的老板们开始抛弃 4S（sun，sea，sand & sex），转而推广 3T（travelling，trekking & trucking），这体现了他们的道德感。他们所倡导的伦理旅游经常被非政府组织（NGO）及社会活动所质疑，质疑的是他们关心的究竟是伦理还是营销手段。尽管如此，许多这类公司还是回应了非政府组织的所有批评，并且表达了对于旅游目的地的环境和文化的相同的责任。它们也对团队旅游表达了不满。*Explore*，一个开展徒步旅行的公司，在其广告中主要吸引这样的人群：那些想从度假中得到更多而不只是廉价的葡萄酒和日光浴的人（引自 Butcher，2003：14）。*Dragoman* 公司将其汽车旅行目的地定位为"被更喜欢胜地和海滩的大众游客避开的地方"（Butcher，2003）。另一张旅游宣传册将其客户定位为：愿意保护第三世界的文化和环境的人。*Encounter Overland* 公司认为其顾客应该是对传统的主客关系的现代保持者，因为在整个世界，传统的主客关系是和平接触的历史基础（Butcher，2003）。

浪漫的不屑？

假如我们对伦理的倡导仅仅满足于对不断增长的休闲旅行的浪漫的轻视，那么这种倡导并没有什么新鲜的。著名的维多利亚时代的绅士莱斯利·斯蒂芬爵士辩称，挽救胜地的品质的唯一方法就是限制大量游客的涌入（引自 Feifer，1986：179）。托马斯·库克经常受到批评，因为他为那些不能让任何人受益的大众游客提供了旅行的机会（Brendon，1991）。

今日的批判往往带有明显的势利倾向以及英国维多利亚时代式的优越感。相反，今天的团队旅游被认为是无知的和无意识的——对自己的环境足迹无知，对自己给目的地文化带来的破坏性影响无意识。按照伦理旅游的观点，为了保护我们生存于其中的地球和文化，需要限制我们对愉悦的寻求。

乔治·蒙比尔特（George Monbiot，1999）对这种悲观的观点进行了总结，他认为：“总体上来说，旅游是一种不道德的行动，它让我们将自己的快乐建立在别人的痛苦之上。”《卫报》道德生活记者利奥·希克曼（Leo Hickman，2002）将意见汇集在一本书里——《最后一个请求：寻找我们度假的真实成本》——书名足以让人联想到世界末日。他将旅游行为描述为以自我为中心的行为，继而他引出了一个比较：塔林（爱沙尼亚共和国首都）男性周末聚会上的醉汉与第二次世界大战中入侵的纳粹军队。希克曼对旅游充满黑色幽默的刻画在主流学术文献上是非典型的，因为主流文献将旅游作为殖民主义或帝国主义的一种形式（这个类比一方面严重夸大了旅游的破坏性影响，另一方面又低估和轻视了殖民主义和帝国主义）。

鉴于国内咨询业的范围，包含了吃什么、如何抚养孩子、如何经常锻炼及诸如此类的事情，一个人可以期待通过度假从这种个人的焦虑和不安全感中解脱出来。尽管针对个体焦虑有诸多建议，但是最好的方法就是“学会放下”。例如，关于如何做好旅行的行动法则，《易行指南》系列在学术文献中被广泛提倡（Butcher，2003）。在度假期间如何与其他文化相互协调的正式法则的重点是假定主客分属不同的文化世界，而跨文化的相遇是令人担忧的。

单一文化或多元文化？

学术文献提供了一些有深度的关于旅游的流行文化批评。一些人类学概念，如涵化、示范效应、舞台真实性，通常在跨文化的相遇过程中被唤醒，并且使得研究者感知到文化的差异。然而，凯·米尔顿（Kay Milton，1996）认为自20世纪70年代以来，在环境主义与文化理论中，人类学在农村发展中的影响带来了文化相对主义。旅游中的主客是有差异的，而他们对于发展的共同愿望却很少被提及，这在旅游讨论中是事实。因此，为了使一些社区避免在旅游开发过程中被过度现代化，这些人类学概念经常被提到。这个结果导致了对旅游东道主作为文化压迫的受害者的一边倒的同情，而不是对东道主的愿望（包括对旅行的渴望本身）的同情。这非常吻合雷蒙德·威廉斯（Raymond Williams）所提出的一种独特的人类学的文化观，即文化首先是多元的，是多种文化（Williams，引自 Young，1995：44）。

如果一个学者去倡导伦理旅游，或者说新道德旅游，正如我所描述的旅游业的道德化，总感觉有点像业余的人类学者（Butcher，2003）。正如对旅游主客文化接触的担忧导致了旅游的人类学研究的出现（Nash & Smith，1991），新旅游伦理折射出对大众旅游持续增长的疑虑（Poon，1993）。人类学家和新旅游伦理学家都对学习东道主的文化感兴趣，并且也许都致力于将游客对旅游地社会的影响降到最低——人类学为了避免引起不同于当地习俗的行为而进行协调，而新道德旅游者（New Moral Tourists）可能对他们破坏本地文化的可能性进行全面的考虑。旅游地的传统节日和仪式以一种盛大的场面向旅游者展示，这种对本地文化的特意策划也许并不能令人类学者和新道德旅游者感到满意（MacCannell，1976；Goffman，1959）。两者需要超越舞台上展示的内容，而深入到后台去寻找旅游地文化的本真性。

许多新的旅游公司正是看到了游客的这种需求而开发了自然旅游路线，以满足游客对本真性的诉求。坦桑尼亚的文化旅游项目受到非政府组织的基金资助，该项目以“面对面的方式”提供旅游服务（Fisher，年代不明），能够让游客深度参与到坦桑尼亚人的居家生活、工作和休闲娱乐中，包括传统的和现代的。该宣传册上都是文化生活的照片，这些照片的主要内容包括：村民在田地劳动，在市场上销售产品，以及一个母亲给她的孩子喂奶等内容。这些镜头表现了坦桑尼亚的贫穷的农村，这正好与人类学家的印象是一样的。

戴维·洛奇的小说《天堂的消息》对于这场文化论辩是有洞见的。这本书讲述了一群游客到夏威夷的故事。书中的主角鲁珀特·希德瑞克（Rupert Sheldrake）是一位人类学家，他研究了其余游客的行为并且告知他们的徒劳以及对自然界的破坏。希德瑞克说道：“我对旅游的解构态度，正如马克思对资本主义的态度，或者弗洛伊德对家庭生活的态度。”（Lodge，1991：64）希德瑞克的理论不断地重复这句话：宣传册、酒店和度假村轮番给游客洗脑，以至于他们觉得自己真的是在天堂。

希德瑞克是一个虚构的人物，但绝对是我们这个时代的人。他声称严重担忧旅游的负面影响，这与许多旅游评论家的观点也是一致的。他对游客做什么以及如何做所表现出的不安，正好回应了学术上的谨慎声明以及对现代游客的道德建议的不变倾向。

然而，对文化差异的过分敏感可以很容易成为一个自救的预言。假如我们非要寻找差异，我们毫无疑问能够发现它。但是假如我们不假定存在文化差异，我们也许能够和东道主分享更多的东西，这可能是非常不同的另一种情况。后一种观点为研究者打开了另一种前景，对希德瑞克和度假者也同样如此。

希德瑞克只能独自旅行了，因为他的未婚妻和他解除了婚约：“她说我糟蹋了她的假期，因为我一直在分析度假，而不是享受度假。”（Lodge，1991）

为大众旅游辩护

大众旅游真的像伦理旅游所描绘的那么坏吗？有个地方，我以前从来没有听说过，竟然也和旅游伦理发生联系了。这个地方名叫托雷莫利诺斯，是西班牙的旅游胜地，以沃特尼红酒桶为特色，给人的印象就是英国酒鬼到国外的首选目的地。《卡多根指南》将这个地方描述为一个“可怕的、活跃的、难看的假日地狱”（Facaros & Paul，1999：603），这个和学术文献的描述又是不一致的。50 年前，托雷莫利诺斯是一个贫穷的渔村，具有很高的婴儿死亡率和低水平的民众读写能力。现在，这个地方的人都变得富裕了，文化水平也提高了。之所以如此，部分是由于大众旅游业的发展使得许多西班牙人加入了休闲旅行者的行列。事实上，在年末，科斯塔斯是西班牙人经常光顾的城市，他们来享受这里凉爽的微风，而且这里几乎没有外人的干扰，更有理由保持乐观。

此外，从 20 世纪 60 年代开始，旅游收入在西班牙经济现代化的过程中就扮演了一个重要的角色，有些人甚至认为还打破了社会保守主义。尽管有种种缺点，西班牙的资产负债表，包括托雷莫利诺斯，都是非常好的。前社会学教授，胡利奥·阿兰贝里（Julio Aramberri）转变成20世纪80年代西班牙政府中的一位旅游开发专家。他对自己能推进西班牙的旅游发展这一角色感到很自豪，同时对许多社会学家毫不关心旅游业的益处而感到挫败（Aramberri，2007）。

再以马耳他为例，这是一个小岛，人口约45万，有接近1/3的土地都已城市化了，每年接待超过100万游客。但是，这是否意味着马耳他人要组织军队以对抗旅游者对他们岛的殖民吗？远非如此，民调显示：大多数居民都支持旅游的发展，这与许多学术评论家的观点相左。学术评论家们经常贬低度假村而赞美生态旅馆的“可持续”收益。

在那些被倡导的旅游伦理价值中，形容词“小众的”、“本地的”、“参与式的”都是学术论文最忠于使用的，大部分与可持续性相联系。“大众的”、“大的”（特别是与“商业”相伴随时）几乎不被倡导。这恰好强调了“小即是美”的限制哲学，以及否认了大规模开发的许多好处。

伦理消费主义与生活政治

当然，伦理旅游只是已经得到广泛发展的伦理消费主义的一个方面。伦理消费主义将人看成一个消费者以及社会变革的舞台。这样的观点在今天看来几乎是一个常识——它已成为当代政治的核心特征——其实，也只是在20世纪80年代发展起来的（Harrison *et al.*, 2005）。的确，这代表了政治领域的一个根本转变，即从生产政治到消费政治（Baumann, 2000）。前者涉及生产和社会如何组织的争论，本质上是政治的左派和右派的竞争。这种政治意识形态所宣传的进步理念是：政治就是通过经济发展来促进社会的现代化的（Baumann, 2000）。然而，消费政治的优势是将人在塑造身份和社会变革中的角色提升为消费者。它经常避开“进步”和现代性而支持环保理念（Heartfield, 2002）。

伦理消费主义的拥护者认为消费者可以练习去选择更具有可持续性的产品来促进企业的伦理化进程。英国美体小铺美容化妆品公司（The Body

Shop）的已故创始人安妮塔·罗迪克的说法体现了这一观点：“不要只是逆来顺受。作为消费者，我们有真正的力量来影响变革……我们能使用我们终极的力量，用脚和钱包投票——在其他地方购买产品，或者根本不购买。”（引自 Pepper，1996：85）这种观点的激进版本——响应伦理旅游的倡导者——被诺琳娜·赫兹（Noreena Hertz，2001）无声地采纳，她认为伦理需求是驱动社会激进变革的力量。

在讨论伦理消费主义时，旅游作为讨论对象是有优势的，是与众不同的，因为多方面的原因：

首先，游客前往旅游目的地，服务被生产了——在某种意义上，生产和消费是同时发生的，两者是一场经济和文化的碰撞。因此，存在主义困境（吉登斯的生活政治的一个特征，伦理消费主义的一部分）就成为旅游伦理的中心议题。对一些人来说，旧的政治身份的弱点正是缺乏对这样的实存主义困境的认知，新的消费政治和生活方式的功效是基于生活经验的政治（Giddens，1991）。

其次，一些学者认为旅游业是通过“旅游凝视”进入对其他文化的视觉消费的（Urry，1995，2002）。这个概念指出了东道主文化被旅游商业化所塑造的重要方面，并且以一种对社区和环境有害的方式在发生着变异。

再次，伦理旅游有两个替代性伦理消费的关键元素：对环境的关心和团结（Meletis & Campbell，2007）。例如，生态旅游对于道德的主张基于整合保护（对环境的关爱）和发展（通过支持本地文化和人们团结一致）的能力，使得保护与发展得以共生和相辅相成。还有些人甚至认为对于全球化商业对社区生活的全面控制而言，替代性旅游是一种激进的抵抗。

此外，这里显示的团结克服了近期文化地理学家发现的一个潜在问题，即对距离的关注（见 Meletis & Campbell，2007）。伦理旅游涉及近距离和个体化关注，往往伴随一种使命感，这种使命感在过去不太会与度假联系起来。

伦理消费主义与生活政治所含类别的宽度的增长是一致的（Giddens，1991）。吉登斯发现了政治从传统到现代的一个转变。传统的政治强调政治解放，体现在集体观念之中，如工联主义（trade unionism）、左翼和右翼的宏大叙事；现代政治强调生活政治，所谓生活政治是指个人试图重新定位自己在自己的生活和文化中的位置，通过这种定位改变其直接环境和在政治领域中的广泛问题。因此，吉登斯认为，生活政治是个人与社会关系的重新配置——个人身份成为政治变革的场所（Giddens，1991）。

生活政治的增长更广泛地折射出人与社会联系的重要转变——他们优先考虑的议题和他们寻求影响这些议题的方式。我们如何消费成了身份识别与讨论社会议题的场所。社会学家鲍曼说：

> 在当今社会，消费者行为稳步成为人们生活的认知和道德实践的焦点，成为社会整合的粘合剂——换言之，它取代了过去（在资本主义的“现代”阶段）由工作所占据的位置。（Bauman，1992：49）

鲍曼提出了一个被广泛接受的观点：在过去，生产或工作是身份识别的中心；但是今天，我们作为消费者在建构着这个世界的意义。消费重要性的增长往往以正面的、积极的形象出现（Giddens，1991；Featherstone，1991）。消费建构着身份，个人的自由选择是一个政治问题——一个人可以打破传统的集体身份，如阶级、种族、性别，而发展自己的身份和试验，这在过去并不明显。在政治上，也有人认为，消费者能够生成一种变化，而传统的、失信于民的政治机构却不能（Hertz，2001）。

然而，生活政治对于我们的道德和伦理愿望是一个非常有限的竞技场。生活政治的背景是资本主义替代性方案的溃败。共产主义的崩溃似乎确认了对市场的替代性方案都不起作用。这个观念得到加强，至少市场力量被认为是积极的，即使是以往的那些资本主义的左派批评者也不能抹杀这一点。这导致了人们不再去质疑市场，因为在政治和社会争论中，市场呈现出永久真实的表象。弗朗西斯·福山的《历史的终结》（1992），在冷战刚一结束就出版了。该书认为在当代世界，所有大的意识形态问题都已经得到解决，这也许标志着政治理念的终结。

在20世纪80年代，英国前保守党首相玛格丽特·撒切尔宣扬“蒂娜学说”（TINA，There Is No Alternative），意思就是除了市场我们“别无选择”。一旦这个理念变成了政治的背景，那么我们只有通过市场去改变世界。尽管作为消费者我们拥有自主权，但是我们几乎没有影响生产组织方式的可能。作为个体，我们可能会“被赋予权力”，但是作为集体我们是无能为力的。只有在这个时候，我们如何度假以及在哪里度假才会成为世界的焦点。

伦理旅游的倡导成了伦理政治的替代品，将这个政治选择和辩论之终结变为美德。因此，我们时代的旅游是伦理旅游。它集中了人们渴望个性化的愿望以及任性的慈善行为。在某种意义上，它兑现了我们这个时代反政治的情绪，任何集体行使的解决方案都显得过时和多余（Furedi，2005；Heartfield，2002）。作为一种反政治的表达，在伦理旅游的范围内来解决社会和政治问题是非常有限的。

福利、经济增长和“责任”

关于伦理旅游的争论不仅仅关注消费者。对旅游业承担社会责任的呼吁，如同其他地方一样，已经成为一个倍受关注的议题（Kalisch，2002）。总体而言，与商业伦理一样，从表面上看我们很难对旅游发展承担更大“责任”的呼吁提出异议。

然而，道德的、负责任的旅游已经变成了地方主义、小尺度、环境保护的代名词。将生态旅游与伦理旅游相联系是司空见惯的事儿。几乎无人在伦理上支持大众旅游，尽管大众旅游对经济福利是有贡献的。事实上，存在一个真正意义上的辩论：是否小规模的、绿色的旅游是道德的，而过去的记录显示大众旅游恰恰是不道德的。

对伦理旅游的倡导却带来一个反常的结果，即人类福利已经脱离经济增长。伦理旅游项目声称要对当地人进行福利援助，而这种福利援助是以当地人维持传统的生活方式、保持友好的环境实践为条件的。相比而言，大规模的国民经济发展被那些新伦理旅游的倡导者认为是破坏性的。

以斯彻文思（Scheyvens，2002）的《旅游发展：社区增权》一书为例，她提出了一个鲜明的观点：为了人类的更好的生存，地区是发展的最合适的单位。她在书中说道：“这不是一本关于政府通过外商投资旅游以获取最大经济收益的书（……）相反，本地社区的利益在旅游发展中应该放在优先的位置。”（Scheyvens，2002：8）在她的估计中，政府从传统的开发方法中获益更多，而生态旅游和其他的伦理领域能够使得本地社区获益更多。因此，这被新民粹主义倡导者罗伯特·钱伯斯认为是一种好的变化（Robert Chambers，1983）。这是新民粹主义开发观的典型表现——大规模开发有利于遥远的政府，而本地社区水平的开发将为人本身保持更大的潜力。后者的发展模式因此获得道德地位。这种假设是广泛的，而伦理旅游又很少去质疑它。

然而，一般来说，国家经济增长是改善医疗、教育和修养的先决条件。这个道理在任何发达国家都是显而易见的。值得注意的是，中国作为世界发展最快的经济体也是在实现联合国千年发展目标上走得最远的社会。然而，在伦理旅游的倡导下，那些有助于经济增长的大型开发项目被避开了。作为替代，那些小型项目却只需要改变少许，出于慈善的考虑还会给予些许补助。实际上，“伦理”旅游项目很少因其对国民经济的贡献而受到赞扬。相反，人们强调的是它在地方层面产生的“福利”，随意地将基本需要的提供（在有些情况下，生态旅游也可以做到的值得称赞的目标）与“可持续”发展混为一谈（Butcher，2007）。

生态旅游：伦理旅游的替代品？

站在尝试使旅游伦理化前沿的是生态旅游，这是一个典型的趋势，超越源于经济增长而来的福祉（生态旅游回避经济增长和经济转型，但是不断地被福利收益合理化）。在1989年，生态旅游先锋和国际生态旅游协会的共同创办人卡伦·齐夫尔（Karen Ziffer），在她所著的《生态旅游：潜力与陷阱》中认为：生态旅游远不是旅游的一个类型，它可以是一种哲学理念和一种发展模式。她的观点是有先见之明的——在过去的二十年里，生态旅游经历了一种转变，即从绿色利基市场到受到赞赏的符合伦理的休闲旅行和创新型乡村发展选择。

作为一种发展模式，生态旅游号称是可持续的和道德的，在于它能够协调保护与发展。因此，在不断增长的整合保护与发展项目（ICDPs）中，有一部分试验是在生物多样性丰富的地区去尝试实现这样两个竞争性的目标。生态旅游的循环逻辑带来了争论——生态旅游收益意味着保护是被激励的，只有确保生态旅游者的收益，生态旅游者才会继续来。这被人们描述为是一个“双赢”的情况，保护和开发都能受益。这种观点在大量的研究和书籍中被反复提到，经常与大众旅游进行比较，大部分成了生态旅游的一个关键的宣传。

然而，这个构想假设了一个静态的人类愿望。生态旅游的确提供了一个有限开发的前景，但同时又要依赖于将开发程度限定在一定的水平，以保持人与自然的局部和谐。这样一个观念排除了任何可变尺度上的发展，正如经济发达国家所经历的一样。这是自相矛盾的，这种有限的视野始终与“可持续旅游发展”相联系，而且在关于旅游发展的学术论辩占领着道德高地。

马克·埃文（Mark Ewen）在2006年皇家地理学会年度会议上发表了一篇富有洞察力的论文，该文探讨了人们对于在尼泊尔安纳普尔纳峰保护区附近修建一条新的公路的反应，这里是一个受徒步旅游者和生态旅游者欢迎的地方（Ewen，2006）。这条路连接着正在经济崛起中的中国和印度，后面连着的是一个主要的徒步旅行路线，这条路线一直沿着卡里甘达基（Kali Gandaki）河。背包客和生态度假村老板，甚至是世界银行咨询报告，都反对道路对环境破坏和对旅游的连锁效应。然而，当地居民认为这会带来正面的影响，以后公路运输车就会取代骡子和搬运工，而且会给贸易、食物价格、进入医院等带来有益的影响。生态旅游的兴趣——不管是基于私人的还是基于非政府组织的，都没有提到其客户的感受——是限制发展以保护环境和传统的生活方式。对于许多当地人而言，这其实等同于维持贫困。

生态旅游哲学明显是反现代的，似乎反对任何有实质性发展的想法，即使在经济上贫穷的社会。以《魁北克宣言》为例，该宣言起草于2002年“联合国国际生态旅游年”（UNEP/WTO，2002）。这份有影响力的宣言称赞生态旅游，因为生态旅游能够“以一种可持续的方式，增强、培育和鼓励社会能力，如保持和使用传统技能，特别是家庭手工艺、农业生产、传统民居和景观”（UNEP/WTO，2002：7）。这提出了一个疑问：社区是否自愿地选择“传统技能”而非现代技术，“传统农业”而非高产转基因种子，“传统居住”而非现代方法，以更好抵御大自然的报复？这些社区位于保护性民间组织所刻意安排的（staged）参与演练（exercise）之外，该种情况下，资金总是与事先确定的优先项目绑在一起的。

我们时代的旅游

与旅游的其他类型相比，伦理旅游的崛起说出了我们这个时代的更多内在的东西。这将就是我们后政治时代的度假形式。

主流政治和集体政治认同无法引起人们的兴趣，这助长了个性化的消费政治与生活方式，并使之成为带来差别的渠道。倡导伦理的旅行公司热衷于取悦这种情绪，指出旅行可以是一种满足这些愿望的个人使命。

这个使命通常是去帮助一个本地社区，通过鼓励其保持自己的生活方式和赖以生存的环境。任何通过经济发展来改变贫穷面貌的观念都要屈居于适应本地环境的限制。这些限制与本地传统有紧密联系，因此文化也和项目相捆绑。就此而论，一些致力于环保的非政府组织甚至提到需要保护“生物文化多样性”（Maffi & Oviedo，2000）。假设最大最富有生物多样性和贫穷常常一致，这个前景类似于将贫困合理化。然而，这就是被拥护的“伦理旅游”。

伦理旅游趋向于将我们的注意力从全局转移到个体，转移到在旅行中我们能做什么。这种道德行为被限制在这么狭窄的范围内是值得质疑的。严峻的事实是，作为有道德的旅游者，我们能改变的很少。购买珊瑚项链，你会破坏珊瑚；拒绝购买，这个小贩的家庭会更贫穷。几乎没有一个“双赢”的场景。

前面考虑到的针对大众旅游的批评，对社会风气而言也是有效的。在过去，群众表达不同意见的方式是代表其利益的政治运动，并且大多数人相信经济增长是进步的标志。例如，托马斯·库克认为那些拥护旅游的“数百万人”，跳出了自己的狭窄的范围圈，在与人接触的过程中甩掉了陈腐和偏见，挂上云帆，激活身体，去探索大自然最好的风景（Withey，1997：145）。

今天，我们不再感觉到人们有更多的旅游机会是人类进步的一部分，“数百万人”代表的都是被贪婪的广告所欺骗的对象，而不是社会的主体。这些人需要伦理方向。根据一个流行的分析，背包旅游者其实是“一群相似的、机器人化的、常规路线的、对旅游目的地的规范、文化和环境缺乏考虑的人”（Poon, 2003）。这个分析恰恰背叛了人们对寻常旅游者的诬蔑。

处于批评之中的伦理旅游

不出所料，现在对大众旅游的所有批评都转回来变成对自己的批评，替代性旅游受到严厉的批评。如果假定本地居民的环境和社区都是天生脆弱的，显然大众旅游就会成为被批判的靶子。但是，生态旅游也将不可避免地成为令人担心的行动。冒险家去偏僻的地方独立旅行，可以认为是为大众开辟了道路，将旅游的网络在这个星球的更遥远和更破碎的部分传播开来。

一些人按照这个逻辑，可笑地建议说布莱克浦（英国英格兰西北部城市）和贝尼多尔姆可能是可持续发展的最好的例子。这两个地方将大众旅游集中在一个地方，使得大部分地方免于受到负面影响。这种观点认为人是个问题，人越多问题越大——一种旅游的马尔萨斯主义。

当然，近些年来，休闲旅游变成了全球变暖的讨论焦点，特别是与飞行有关的碳排放量（据《斯特恩报告》的相关统计，世界航空业占全球温室气体排放量可能由现在的不足 2% 上升到 2050 年的 5%）。对休闲旅游的管理确实会影响人为性碳排放。

但是，它也将对经济产生影响，尤其是对那些以旅游业为主导产业的国家。在发展中国家，人们关注的焦点通常是伦理旅游以及变化无常的自然灾害对人们生活的扰乱和对庄稼和房屋的毁坏，而不是发现最近人类对于全球变暖的影响。经济发展，也许部分是基于旅游带来的外汇储备，创造适应气候变化的前景和抵御自然灾害的能力。然而，伦理旅游要么倡导生态旅游，要么倡导待在离家近的地方。它避开发展破坏，让人几乎看不到从贫困中解放出来的希望。

人道主义与旅行

如果有人企图对绿色伦理生活做出批评，他会被指责为完全负面的、注定失败的，或者被讥讽为对大公司（big business）的声援，同时引发处在那些倡导自由主义的人群心中与这种声援相关的所有负面含义。

然而，当我试图将休闲流动去问题化，我也将倡导一个休闲旅游的不同的方法，但不是伦理旅游所讨论的那些方式，因为人类活动就其自身是完全积极的。为了回应绿色伦理旅游，我们应优先将流动性看成是人道主义哲学的一部分，我们应该对人的适应和克服自然所留下的限制的能力乐观点。相比较而言，一面是对主客关系的预设，以及基于文化相对主义之上对伦理旅游的诸多讨论；另一面则是将旅行看成一个机会，不管是为了商务还是为了愉悦，都是人类共同进步的一个部分。后一种哲学仅仅假设我们应当期待这样的机会——愉悦的、有教育意义的和商业的——所有其他国家受益于世界上那些富裕国家成为可能。这也许才是一个真正的伦理视野。我们不可能去支持那些已经忽视平等与发展的视野，更不会卷入对我们的假日的道德说教。

参考文献

Arramberri, J. (2007) Personal communication.

Bauman, Z. (1992) *Intimations of Postmodernity*. London: Routledge.

Bauman, Z. (2000) *Liquid Modernity*. Oxford: Polity.

Brendon, P. (1991) 150 *Years of Popular Tourism*. London: Secker and Warburg.

Butcher, J. (2003) *The Moralisation of Tourism*. London: Routledge.

Butcher, J. (2007) *Ecotourism, NGOs and Development: A Critical Analysis*. London: Routledge.

Chambers, R. (1983) *Rural Development: Putting the Last First*. London: Longman.

Facaros, D. and Paul, M. (1999) *Cadogan's Spain*. London: Cadogan.

Croall, J. (1995) *Preserve or Destroy? Tourism and the Environment*. London: Calouste Gulbenkian Foundation.

Ewan, M. (2006) Conflicts between policy and practice: Sustainable development through tourism in the Annapurna region, Nepal. Unpublished paper.

Fennell, D. A. (2006) *Tourism Ethics*. Clevedon: Channel View Publications.

Feifer, M. (1985) *Going Places*. London: Macmillan.

Fisher, S. H. (ed.) (nd) *Tanzanian Cultural Tourism Programme Brochure*. Written, designed and edited by Stephen H. Fisher.

Fukuyama, F. (1992) *The End of History and the Last Man*. London: Penguin.

Furedi, F. (2005) *Beyond Left and Right: The Politics of Fear*. London: Continuum.

Giddens, A. (1991) *Modernity and Self Identity: Self and Society in the Late Modern Age*. Cambridge: Polity.

Giddens, A. (1994) *Beyond Left and Right: The Future of Radical Politics*. London: Polity Press.

Giddens, A. (1998) *The Third Way: The Renewal of Social Democracy*. Cambridge: Polity.

Goffman, I. (1959) *The Presentation of Self in Every Day Life*. Harmondsworth: Penguin.

Harrison, R., Newholm, T. and Shaw, D. (2005) *The Ethical Consumer*. London: Sage.

Heartfield, J. (2002) *The 'Death of the Subject' Explained*. Sheffield: Sheffield Hallam University Press.

Hertz, N. (2001) *The Silent Takeover: Global Capitalism and the Death of Democracy*. London: Heinemann.

Hickman, L. (2007) *The Last Call: In Search of the True Cost of Our Holidays*. London: Guardian Books.

Kalisch, A. (2002) *Corporate Futures: Social Responsibility in the Tourism Industry*. London: Tourism Concern.

Krippendorf, J. (1987) *The Holiday Makers: Understanding the Impact of Leisure Travel*. Oxford: Heinemann.

Lodge, D. (1991) *Paradise News*. London: Penguin.

MacCannell, D. (1996) *The Tourist: A New Theory of the Leisure Class*. London: MacMillan.

MacLaren, D. (1998) *Rethinking Tourism and Ecotravel: The Paving of Paradise and What You Can Do to Stop It*. Bloomfield, CT: Kumarian Press.

Maffi, L. and Oviedo, G. (2000) *Indigenous and Traditional Peoples of the World and Eco-region Based Conservation: An Integrated Approach to Conserving the World's Biological and Cultural Diversity*. WWF-International (People and Conservation Unit) /Terralingua.

Mann, M. /Tourism Concern (2000) *The Community Tourism Guide*. London: Earthscan.

Meletis, Z. A. and Campbell, L. M. (2007) Call it consumption! Reconceptualising ecotourism as consumption and consumptive. *Geography Compass* 1 (4), 850-870.

Milton, K. (1996) *Environmentalism and Cultural Theory*. London: Routledge.

Monbiot, G. (1999) An unfair exchange. *The Guardian*, 15 May.

Nash, D. and Smith, V. (1991) Anthropology and tourism. *Annals of Tourism Research* 18, 12-25.

Pepper, D. (1996) *Modern Environmentalism*. London: Routledge.

Pleumaron, A. (1994) The political economy of tourism. *The Ecologist* 24 (4), 142-148.

Poon, A. (1993) *Tourism, Technology and Competitive Strategy*. Wallingford: CABI.

Purves, L. (2001) Tourists should not travel light on morals. *The Times*, 10 July.

Scheyvens, R. (2002) *Tourism for Development: Empowering Communities*. Harlow: Prentice Hall.

Smith, M. and Duffy, R. (2003) *Ethics of Tourism Development*. London: Routledge.

Studienkreis für Tourismus und Entwicklung (nd) Aims and Objectives. On WWW at http: //www. studien kreis. org/engl/wer/ziele. html. Accessed 17. 02. 08.

The International Ecotourism Society (nd) 'Ecotourism Explorer' advice initiative. On WWW at http: //www. ecotourism. org/travelchoice/investigate. html. Accessed 16. 05. 02.

UNEP/WTO (2002) *The World Ecotourism Summit Final Report*. Paris: UNEP and WTO.

Urry, J. (1995) *Consuming Places*. London: Routledge.

Urry, J. (2002) *The Tourist Gaze*. London: Sage.

Wearing, S. (2001) *Volunteer Tourism: Experiences that Make a Difference*. Wallingford: CABI.

Withey, L. (1997) *Grand Tours and Cooks Tours: A History of Leisure Travel 1750-1915*. London: Aurum.

Young, R. C. (1995) *Colonial Desire: Hybribity in Theory, Culture and Race*. London: Routledge.

Ziffer, K. (1989) *Ecotourism: The Uneasy Alliance*. Washington, DC: Conservation International.

第十五章　发展及其不满：缺失伦理或思（理）想的自我满足？

米克·史密斯

译者导读：本章的主要意图在于捍卫伦理旅游这个主张，与吉姆·布彻的第十四章《反对“伦理旅游”》针锋相对。史密斯首先从弗洛伊德的作品开始，提出人们对弗氏的伦理立场多存在误解。接下来，他集中火力对布彻的反伦理旅游主张进行了深入、系统、不留情面的批评，认为布彻的观点恰恰是此种误解的一个例证。最后，史密斯从正面直接对伦理旅游进行了辩护，指出伦理并非外部强加之物，也不是与快乐相对立，而本身就是人成其为人的一部分，可以说伦理是旅游发展中的必然存在。通过本章，读者可以认识到伦理议题及其在旅游中的复杂性。需要注意的是，史密斯与布彻争论的焦点其实并非伦理旅游，而是对伦理的不同理解。为了更好地理解本章，读者可能需要阅读史密斯和布彻的相关作品（《旅游发展伦理》和《旅游道德化：阳光、沙滩……与拯救世界?》），另外建议尝试了解一下本章的理论基础——弗洛伊德、阿伦特、鲍曼的作品，如果能够再有一定的伦理学知识（比如哈里·根斯勒的《伦理学当代导论》[①]）打底就更好了。本章思辨性很强，文字比较晦涩，多读几遍是需要的。

---

① Gensler, H. J.（2011）. *Ethics: A Contemporary Introduction*（2nd Ed）. London: Routledge.（译者注）

> 我们无法避免这样的印象，即人们通常使用错误的测量标准[①]。他们为自己寻找权力、成功和财富，羡慕被他人拥有的这些东西，然而却低估了他们自己生命中真正的价值。[Freud，1972（1929）：1]

弗洛伊德以这段话开始他1930年的论文《文明及其不满》（*Civilization and Its Discontents*）。对这段话，我们有几种解读方式。一些人较之其他人没那么具有批判精神，仅仅理解言语的表面意思；另一些人则试图洞察表面背后，思考该论述的言外之意并质问其假定。是否每个人都真的在寻求权力、成功或财富？什么样的人羡慕这些“成就”？如果大多数人寻求和羡慕这些品质，那么为什么弗洛伊德暗示他们的测量标准可能是错误的呢？生命中的真正价值又是什么呢？是否存在测量这种价值的其他标准呢？这些疑问听起来非常像是伦理性的问题。

针对一篇论文提出这些问题并不意外。该短文的主题关涉，用其编辑的话说，“本能需求与文明（或社会）束缚之间无法弥补的对抗”（Strachey；Freud，1972：x）。之所以说不是意外，是因为弗洛伊德在此文中所讨论的束缚主要是道德束缚。但是，我们是否应该简单地假定对权力、成功和财富的欲望是对本能的（和反道德的）、前社会需求[②]的表达呢？这显然是一个相当普遍的看法。但是，这是否意味着当弗洛伊德谈及“生活的真正价值”时，他完全是在说教？也就是说，他在宣讲一种高于且对立于“自私的”本能欲望的、关于文明理想的更高价值吗？好像不是这样，因为弗洛伊德观点的一个主要方面认为：社会束缚具有潜在的心理破坏性，这完全是因为它们涉及对某种自然本能的压制。在此，就存在一个关于弗洛伊德如何看待文明的角色，以及文明总体上是支持善还是恶的力量的问题。弗洛伊德未能消除这个含糊状况，但把它留给了读者去评判。他说“去表达一个关于人类文明价值的观点，远不是我们的意图”（Freud，1972：81）。

就像人们对弗洛伊德的期待一样，这里出现的东西比看上去的要多。弗

---

① 这里的标准是针对价值判断的。（译者注）

② “前社会性”（presociality）是一个学术概念。当动物体现出一些局部社会属性但又达不到完全社会属性的时候，我们称其为前社会性的。（译者注）

洛伊德认为，在个体本能与社会束缚的对立之间，我们无法简单地决定支持一方或另一方。这个对立是无法调和的，是出现在每个人生命中（但却不总是能够被意识到）的一个根本性和长久的冲突。个体心理是在这个冲突之内形成的，但该冲突却又不断地威胁这种心理，甚至有时还导致精神病的出现。那么，我们已经可以明白，弗洛伊德提供的是一幅关于个人的更加完善的图景，而不是一幅仅仅受压抑不住的自私冲动（让我们把它称作漫画式的洞穴人模型）或由个体对外部强加的社会规范的完全屈从（如同一幅洗脑政治组织的漫画一样，其中每个人都遵守一条刻板的政治路线）所支配的图景。

然而，弗洛伊德的理论框架仍然依靠这些将本能和社会束缚看作两个极端而做的描述。生命中真正有价值的东西可能出现在这两极之间，并且对伦理的理解也是基于此的。因此，尽管该论文提出了根本性伦理问题（包括伦理本质的问题），这些问题也倾向于在这个极其有限的框架之内被回答。比如，他认为"'爱你的邻居如同爱你自己'的戒条（一个社会性束缚）是对人类侵略的最强抵御（总体上讲是本能的）"。但是，这样一种道德对个体所提出的各种要求是"不可能被履行的"，因为它们是过度的要求。因此，"较之于无视它的人，任何在当今文明中采纳这样一种观点的人只是使得他自己处于不利境地"。弗洛伊德说，从中我们得出的结论是，"只要美德在此无法被褒奖，那么伦理终究会……做无用的宣讲"。去做相反的思考就是去依靠"对人性的意识形态化的误解"（Freud，1972：80）。

现在，我们可以认为这些结论是合理的，就像弗洛伊德在他的开篇段落中通过声称在任何"此类的一般判断中，我们处于忘记人类世界及其精神生活是多么变化无常的危险之中"（Freud，1972：1）所立即认识到的一样。对人性的概括充满困难和危险，并且这些概括本身几乎总是密切地涉及对某种（政治上有争议的）规范性预期的定义。比如，弗洛伊德关于"对人性的意识形态化误解"的评论非常明确地是针对"社会主义"的伦理形式的（Freud，1972：80）。他认为，这些伦理形式，就像耶稣基督，对人提出了不可能的要求，因此注定会失败。然而，如果我们批判性地考察弗洛伊德自己关于人性的理论模型的局限性，或许就能以相当不同的方式看到人所具有的可能性。思考弗洛伊德论文的内在假定从而得出结论，即借弗洛伊德与其一起思考，或许能揭示关于伦理的重要洞见，尽管这不是弗洛伊德作品的主要意图。这个经由心理分析和哲学的“兜圈子”是值得进行的，因为我们如何思考旅游与伦理的关系将非常清楚地取决于我们首先如何理解伦理。

确实，对弗洛伊德的论文进行解释的企图已经开始缓解了几个重要的但很不幸也是具有影响力的伦理误解。这些误解妨碍了我们去识别（即意识到和反思）一些我们与其他存在物、环境和生活方式的短暂接触所产生的问题与可能性。很多时候，关于伦理旅游的争议退变为——虽然以一种或多或少老练的方式——一种对立，弗洛伊德的论文就是根据这种对立来组织的。就其最粗糙的形式，这些争执倾向于简单地复述主流的关于经济人的新自由主义（总是霍布斯式的）模式。该模式完全是自利性、原子论和享乐主义的，尽管据推测是“理性的”个人主义的——其特征是彻底怀疑是否有人实际上是被那些针对他人的真正伦理关注所驱使的。从这个角度，我们可以说伦理是一种施加在那些易受骗者身上的一种具有压制性的社会把戏。

这当然不是弗洛伊德的观点，因为他主要的兴趣之一是去解释（罪恶）意识——被理解为个体自我的形成中不可或缺（但烦人）的一部分——的心理起源和运作机制。但是，更为周全的讨论（一定程度上包括弗洛伊德的）继续强调（主要是内在的）基于生物学而产生的自我中心欲望（利己主义）和（主要是外在的）社会团结的强加之间的斗争。在这个斗争中，任何对他人关注的表达与一种文化性压制以明显或不明显方式相互关联着。受压制的是更为主要的“自然”（本能）需要——即任何被认为是我们“人性”的东西——的必然满足。对那些基于“自然的”自利性倾向而履行社会责任的内疚的人而言，这种策略允许我们把对当前实践所做的伦理批判同时称为不现实的（对抗不可压制的人性）、非理性的和说教性的（宣扬对规章、行动守则、制裁等的接受）。通过这种方式，伦理被非常错误地理解为主要是一种对个人自由设置限制的手段，尤其是据说被“自由市场”中的企业家和消费者所喜爱的、被旅游发展所推动的那种自由。

旅游的道德化？

吉姆·布彻（Jim Butcher，2003）最近的书《旅游之道德化》（*The Moralisation of Tourism*）似乎是这种错误伦理观点的一种直接版本。它肯定会吸引那些认为在商业中伦理没有位置的强硬的新自由主义者，或者那些正需要一个替不关心（甚至没意识到）旅游发展“负面影响”而找借口的人。布彻把那些主张认识旅游伦理关注的人描绘成对发展不满的人。这些人对以下现象极为不满：目前旅游业采取的发展方向；对它的不受限制的增长给居民和生态社群带来的种种“福利”的吹毛求疵。这个观点的问题不在于其描述的精确性（很多人确实对旅游的更具破坏性的结果非常不高兴），而在于基于它所产生的含义，体现为伦理是如何被理解的，以及在关于旅游的实际争论中它是如何被表达的。布彻（Butcher，2003：1）抱怨旅游的批评者，认为这些人“通过支持另类的伦理观念来竭力使我们对自己两个星期的快乐产生些许罪恶感，这些努力把一种‘优点存疑的道德议程’强加于游客及其东道主的‘需要和需求’以及‘愉悦自我的自由’之上”。他不知不觉地应和了弗洛伊德的评述，并嘲弄了自我陶醉的“道德优越感”（Butcher，2003：2）——该优越感似乎是倡导伦理旅游可以产生的唯一益处。更糟糕的是，这些“自封的运动参与者”和“充满焦虑的学者”（Butcher，2003：2）对其道德化的结果从不满意，甚至不断地使大众旅游的“显著替代”（比如生态旅游）屈从于“他们自己的批评”（Butcher，2003：2）。如同伦理社会主义者和耶稣基督，这些批评者似乎从“现实”的人那里期望了太多的东西，他们已经煽动了一场新的“道德圣战”（Butcher，2003：93），竭力要把不可能的伦理标准强加给那些仅仅寻找“天真快乐”的人（Butcher，2003：30）。

如果我们暂且忽略布彻过多的争辩并转而聚焦他对伦理的描述，通过弗洛伊德的论文来解读这些描述，我们会使得几个有趣的特征显现出来。首先，布彻确实主要把伦理理解为用社会强加的束缚来限制人们满足其更为基本的需求以及获得自利性的（但因为据称是完全自然的）和天真的愉悦。布彻暗示，只有那些已经有负罪感和“充满焦虑”的人，那些被社会性地压制、可能被我们（用弗洛伊德的术语）视作常常具有神经质倾向的人，那些已经无法感知或欣赏天真快乐的人，才依然会从具有内疚感的他人那里获得一种扭曲的快乐，并因此使他们自己觉得有道德优越感。也就是说，基于他的模型，即便是那些声称关注伦理的人，也最终是受他们自己间接的和自我陶醉的快乐所驱使的。

布彻不能也不会认识到的是任何一种这样的伦理：它表达了对他人困境的真正关注，一种保护多种语言、文化或者传统的渴望，一种感受到的对正义、种族主义、贫困或剥削提供伦理批判的需要；它认为灭绝其他物种或铲平生态群落会使得有些人感到痛苦（并非基于自私的原因）。

他没有领会到这种可能性，因为他奇怪地相信大众旅游发展（以及现代的西方发展模式）实际上总是符合每个人的利益的，或者至少对每个重要的人而言如此。或许在这最后一点上他与弗洛伊德的区别最大，因为它似乎提示现代性（以公司资本主义为形式）是文明的一种独特形式。该形式消解了弗洛伊德错误地当作本能与束缚之间不可调和之冲突的东西，恰好因为——如同所有可能世界的最好部分一样——现代性，无论如何，显然不需要伦理或道德化束缚。我们都可以与我们天真的快乐和“无内疚感的享受”（Butcher，2003：141）友好相处，即便（比如）新的豪华高尔夫球场开发碰巧意味着我们从一直养育我们家人的土地上被赶走。

对布彻的论点做深入一点的挖掘是有价值的，以免这种描述被认为在解释上是不准确的，以及/或者（将会具有双重讽刺的味道）在伦理上不够公平。布彻经常声称对伦理的关注妨碍了对贫困的消减，或者限制了人们让自己开心的个体“自由”。然而，我们完全不明白如果他自己没有一个伦理的（和道德的）议程，他为什么会对此如此之关心。或许，他的立场不一定是非伦理性的。那么，或许他反对的是“旅游道德化”所采用的形式，以及其据信所具有的间接的和自恋的那些元素，其标榜的政治效力的缺乏，等等，而非伦理本身。如果是这样，人们可能已经产生一种愿望，就是布彻的书会明确地把这一点事先表露出来。然而不幸的是，该书并没有这么做。布彻直接转到对“新旅游”（new tourism）的总体谴责上去了。但是坦率地说，以下判断让人难以置信：每种类型的伦理旅游、生态旅游或社区旅游

——无论其动机如何多变，其组织多么不同，需要多少当地社区的投入和控制——是能够被准确地描述为道德说教的、压迫性的，却（同时）是无效的；而与此同时，布彻自己的、未说出口的“伦理”关注（如果它们就是那样）在意图上仍然是单纯的，并且这些关注如果得以实施，似乎将会是普遍有效的、不断前进的和解放性的。

当布彻仅仅以否定的方式描述他自己（不一定是非伦理）的观点时，即以这些观点不是什么以及其他全部立场都是说教性的、陈腐的、持高人一等态度的和剥夺人权的（Butcher，2003：74）和诸如此类的方式，我们很难去判断布彻这个明显不可思议的洞察力是否真有其依据。如果布彻清楚地交代他自己是否在伦理的意义上关注大众旅游的种种后果，而非仅仅批判在旅游中——那些公开声称给予他人伦理关注，或者竭力以此作为行动基础——的每一个人的话，将必然会是有帮助的。如果他这样做，那么我们需要知道是什么区分了他的和他谴责的人的伦理关怀。如果他不这样做，那么人们将情不自禁地认为他的整个批评是不真诚的。

以下这种情况又如何呢？例如，旅游文献中引用了无数案例，其中处于发展中国家的当地社区、文化和个体已经抵制了强加给他们的、他们认为不恰当和不得体的旅游发展。布彻如何对此类情形做出回应呢？怎么说呢，他似乎从不提及它们。他只是继续鼓吹西方式的、通常是商业性的发展模式；而对“善”或“恶”甚至是对这种善恶模式的“好”或“坏”的采用，他绝对没有任何想做区分的打算。他唯一的原则好像就是发展的尺度——越大越好——并且该结果使游客越“开心”越好。他这样做，是基于他（当然与他批评的“自封的学术专家”没什么两样）知道何种“文化”是符合穷人利益的。万一当地人（而不仅仅是那些超级敏感、充满焦虑、帮倒忙的人①）抱怨财富的悬殊怎么办呢？布彻的建议是：“铲除封闭式度假区，它们是惹人注目的财富和特权的炫耀。更可能的是，穷人的情况更糟。”②（Butcher，2005：8）

---

① 在此，布彻指的是他批判的提倡道德旅游的学者。（译者注）

② 如果这些度假区被铲除，穷人从旅游发展中的获利可能更少。（译者注）

该立场似乎如此奇怪，以至于很多人会难以理解它出自哪里。有趣的是，他把旅游（和普通的伦理消费主义）中的道德转向解释成是由“宏观政治的结束”（Butcher，2003：105）所造成的。据说，这种结束是发生在市场的所有替代性意识形态坍塌之后的［一个根植于福山（Fukuyama，1992）关于《历史的终结》（*The End of History*）一书有争议的、半黑格尔式的断言[1]］。这个“缺乏”让个人感到需要建立替代性的政治行动领域，并且考虑到我们当前的社会经济形势，这个领域采取的最为频繁的形式是关于消费者选择的道德化。布彻认为这种“个人化的”政治使得真正的政治（虽然就它包含什么，他并没有在任何地方加以说明）降级，并且是“欺骗性的”（Butcher，2003：109），因为它可能“不影响存在于国家和人民之间的更大的不公平”（Butcher，2003：110）[2]。当然，通过描述每一个关注个体旅游者/东道主的倡议并努力有别于“欺骗性的”（Butcher，2003：109），我们应该至少假定布彻认为欺骗在伦理上是应该受谴责的。但是，再次，我们可以问为什么布彻如此羞于表达他自己的伦理理念。

的确，这里有太多的问题，以至于我们不清楚从哪一个开始谈起。例如，那些旨在通过在消费资本主义体系之内进行运作、与之保持一致，或者甚至明显与之对立而减轻社会悬殊或由旅游造成的环境破坏的每一个企图，似乎都仅仅是一种徒劳说教的例证[3]。但是，由于我们已经“明显地”到达了历史的终点，在这个体系“之外”不再有任何东西，没有其他可行的替代选择，因而所有形式的抵制都显然同样是徒劳无益的。换句话说，布彻只是说了停止担忧和抱怨，而我们要对他做其他的解读是困难的。因为除非我们可以改变一切——这是不可能的，因为“共产主义的坍塌似乎确定市场

---

① 按维基百科，“历史的终结”是一种政治和哲学，假定人类的社会文化会最会终演变为一个特定的政治、经济和社会体系。过去的学者提出过不同的系统。福山认为它应该是西方自由民主制。（译者注）

② 有人对西方资本主义的社会主导性（和支配性）维度表露出批判性的伦理或政治关注。攻击每一个这样的人来故意挑起争端是一种策略。

③ 见，如布彻（Butcher，2006）对维尔宁、麦克唐纳和庞庭（Wearing，McDonald & Ponting，2005）的《建立去商业化旅游研究》论文的攻击，以及维尔宁和庞庭（Wearing & Ponting，2006）对此的回应。

体系的所有替代物都是无效的”（Butcher，2003：104），否则布彻说出的话无论如何不会带来任何不同。因此，当布彻支持个体从“道德压制”中摆脱以及支持消费者度假所能带来的享乐主义益处的时候，他实际上是在说个体决定去做的任何事情都绝对是非物质的吗？当前的社会经济体系是没有替代物的，甚至也没有影响它的办法。多么自由啊！

布彻对道德化、自由式政治的解释实际上依赖于这样的事实，即（即便是具有社会压制性的非市场导向的政治制度消亡之后）个体仍然渴望拥有政治参与的通道。意识到这一点是重要的。当（伦理性）消费主义开始履行这个更大任务①的时候，比起简单地（和正确地）指出其缺陷，我们在这里就有更多紧要的事情要做。但是，当然，这又重新回到诘问个体渴望替代性政治领域（比如，这些动机中的一些可以最好被称为是伦理的？）的动机是什么的问题。一种更广泛的替代政治可能包含什么？对这两个问题，布彻的书都做了回避。实际上，布彻选择性地引用了社会理论家齐格蒙特·鲍曼（Zygmunt Bauman）的作品，以支持他关于“个人化”（individualisation）的观点。但是，他完全没有提及鲍曼（Bauman，1993）对不同形式的伦理和政治的支持。这些伦理和政治考虑到了我们当前的后现代状况，没有在任何意义上使它们自己仅仅等同于消费者选择的问题。

引用鲍曼对旅游的论述并且将其与布彻的进行比较（或对比）是有启迪意义的，因为鲍曼如同弗洛伊德一样，认识到“沉湎于一个仅具有贷方信息的资产负债表的白日梦”（Bauman，1997：4）和将快乐原则提升到“首席法官”的地位（Bauman，1997：2）是不可能的。《后现代性及其不满》一书——这些引文的出处——当然是明确地意指弗洛伊德在其论文中所揭示的冲突。但是，布彻认为旅游者能够且应该可以避免这些冲突。他说：“旅游只需与快乐有关。”（Butcher，2003：142）对鲍曼而言，此种（布彻的）对完全寻求快乐的旅游者的刻画，集中体现了对带有讽刺意味的

---

① 就作为一种政治话语和变化的工具而言，消费者选择当然是不够的。但是该主张不意味着消费者选择是完全无效的。在提出关于旅游伦理的种种问题中，这个观点的一个重要部分还是要去激发使发展更加伦理化的可能性以及那将意味着什么的更广泛的政治争论。但是，这里对新旅游实际上有多么伦理化的持续追问，恰恰是布彻所反对的（Butcher，2003：2）。

"英雄"的后现代理解。这些英雄的"自由"和"自治"依赖于同他们访问的人和地方保持情感距离，依赖于不断地改变他们对周围发生事物的（非）注意，依赖于拒绝一种以他人为导向的社会性参与。但是，出于很多原因，这种对个人满足的追求是成问题的。首先，正如鲍曼指出的那样，这种自我理解只是在这个意义上是可能的，即富裕的游客能够遮蔽或消除他们带有比喻色彩的"另一面"，即"不富裕的游客"[①]。鲍曼将后者形象地称作"流浪者"（Bauman，1997：93）。他们迫于社会压力（包括旅游发展制造的压力）而非出于自由选择处于流动之中，同其他人之间也不存在任何伦理上的关联。换句话说，这要求旅游者压制所有伦理的（他人导向的）倾向或感情，否定它们的存在和/或相关性，放弃任何的个人责任——该责任对鲍曼而言是所有伦理和政治的起点（Bauman，1993：34）。

这引出了第二点。在完全"无负罪感的"游客的形象中被赞许的那种"选择"，如同鲍曼暗示的那样，并非像它看上去那样是免于社会束缚的。实际上，该形象本身在以多种方式构成的"一个有效的社会控制系统"（Smith，1999：153）中扮演着一个重要的角色，尽管事实上该形象不适用于多数人。阅读布彻的作品，你可能会形成这样一种印象：只有民间组织、环保主义者和说教的学者威胁到个人自由和快乐，而驱动大众旅游发展的企业资本主义仅仅顺应了已经带有自由性质的个人选择。无论怎样，对我们是什么样的个体，我们拥有的各种可能性和我们必须居住的社会系统是何种类型，这种现代"文明"显然是没有限制作用的；尽管其扩散是全球性的（且根据布彻是无法避免的），且几乎塑造了我们生活的各个方面——构建包括我们的自我理解，我们的工作和休闲可能以及我们的需要和欲望。然而上述判断是不可能的，并且一定不是鲍曼的观点。他真正的观点是："道德"责任的私有化密切伴随一种社会状况而发生，在这里，"生活政治"——包括消费主义的道德化——被呈现为唯一的（非）政治替代物。换句话说，布彻如此强烈反对的情境，恰恰是他提倡采纳的那种发展模式的

① 这段话有些拗口。其实际含义可能是说，旅游的人既有富裕的也有比较穷的。只有前者符合布彻所讲的"英雄"的条件。换言之，布彻对英雄式（自由、自治）游客的理解仅仅适用于有钱人，因此是片面的。（译者注）

产物。

对鲍曼而言，这种后现代状况在本质上是模糊的。它“同时是有道德的人的灾星和机遇”，并且“后现代状况的两幅面孔哪一张将成为其持久的模样，本身就是一个道德问题”（Bauman，1995：8，原文强调）。为什么同时是灾星和机遇呢？为什么这本身是一个道德问题？这就是因为鲍曼认为伦理和（伦理驱动的）政治最终以个体责任的觉察为基础。现代性的社会结构，比如大规模的中央官僚机构，往往从个人获得那种责任，即使它们依靠这种责任及其再分配来分摊义务和惩罚。所有类型的团体现在都呼吁我们以一种私有化的、个人化的责任感来为人行事。即便这种“呼吁”有时仅仅是那些提倡全球资本主义的发展模式，但避开针对其消极面的和系统的破坏性结果的谴责的人采用的欺骗性手段。这种局面实际上给个体提供了一种认识到那样一种责任感（伦理）的局限性和可能性的真正机会。换言之，它或许能够提供一个思考为什么伦理责任会是我们自我认同中如此重要的一个部分的机会，或者提供一个思考关于伦理判断的运用以及受伦理驱动的政治［用的汉娜·阿伦特（Hannah Arendt，1958）的话说“人的状况”］（又见 Smith，2005）的重要性的机会。

这个“人的状况”并非仅仅是阿伦特对人性的说法。我们找到自己的那些状况，在历史和社会的角度看是可变的，从生物学和形而上学角度看也不是固定的。但是，阿伦特认为，对一个人“人性”的检验（就揭示某人作为一个人而言）来自我们如何对我们身陷这些特殊环境的事实做出回应。我们是如何回应的呢？是通过允许社会环境提供一种压制我们可能拥有的任何伦理和政治能力的借口？抑或是通过用我们的个人能力来做出伦理和政治的“选择”——无论我们是否认为我们的行动会带来很多不同？阿伦特通过两种人来讨论这种个人特征的出现。第一种人声称，他们无法制止纳粹势力的据说是不可阻挡的崛起。第二种人认为他们的责任是毫无保留地说出什么和/或采取行动，尽管意识到他们的境遇是明显没有希望的。幸运的是，在今天发达国家的大多数人并不会面对那样一种困难的、威胁生命的决定（就是因为一些其他的人在过去已经这样做了）。但是，这不应该阻止我们对阿伦特的观点做更为一般性的思考。比如通过我们是否会访问缅甸而去了解就该国掌权的军事集团、其对童工的虐待、其对政治异己的镇压等等而言，我们会采取什么样的行动。在做这样的决定和为它们提供论据的行动中，我们仍然可以使用我们的个人特征，这证明了——无论以多么有限的方式——关于我们是谁的某些东西。当我们争论那些议题的时候，用阿伦特的术语来说，我们便参与了政治。

按照阿伦特和鲍曼的观点，伦理不仅仅是社会强加的规范，它们还是构成我们是谁的方式。把伦理简单当作一种社会性束缚加以拒斥，类似于根据语言同样仅仅是一种社会强加、一种强迫性教化而拒绝说话或思考的做法。正如我们可以学会使用语言来就事物的本性进行提问、挑战同时接受我们特殊“文明”的规范从而表达我们的个性并体验一定程度的否则不可能的自由一样，伦理（对他人的关心）也提供了就事物的本性进行提问的基础，提示我们可能与他人存在联系，并且是一种存在，在其中，我们与他人一起行使我们的个人责任，尽管不一定要赞同他们。伦理因此也可以是我们对文明的不满的表达。

因此，就像鲍曼主张的那样，“对道德的重新人格化意味着使道德责任从伦理过程的终点（在此，道德责任被放逐）返回到该过程的起点（在此，它找到归宿）。我们现在认识到——伴随着理解和希望——除非道德责任从一开始就根植于人类的本性，否则它将无法在后面一个阶段被唤起……”换言之，这也是鲍曼的观点，你无法使人们具有负罪感，如果他们不是已经具有运用他们自己意识的能力，并且这些“人的”可能性——能够关心他人，不管他们是爱人、远处的陌生人，或者甚至是非人、其他物种和环境——是人起初成为人类个体的一个部分[①]。有人甚至会说，（参见弗洛伊德的开场白）只有通过体验此类关系，而非仅仅为自己追逐权力、成功和财富，或者嫉妒别人的这些东西，我们才能获得对“关于生命中的真正价

① 我将以某种方式证明鲍曼（Bauman）的论断是合格的。首先，因为该论断假定这仅仅是人的可能性，至少不是一些其他动物能够感觉的东西。其次，因为还存在一种危险，即主张会多么容易变成对人性的普遍性概念（上面已经注意到了）。人是多种多样的，即便在他们的能力上。很有可能的是，不是所有人都将这种能力发展到了同样的程度。更为确定的是，很多拥有该能力的人在他们生活中的不同领域成功地完全压制它，从而免受其扰。他们勉强做到了这一点，这显然不是他们的英勇状态或个人自由的标志。

值”是什么的评价。

希望你在这里？或为什么伦理是重要的

> 我谈到责任，将其看作主观性的一种本质、首要和基础性结构。因为我用伦理术语来描述主观性。伦理在这里不是对一种先前存在之基础的补充；主观的基本节点就是位于被理解为责任的伦理之中的。（Levinas，1985：95）

那么，这个讨论要把我们带到哪里去呢？首先，极为重要的是要认识到，这样的伦理不是对个体的后来的添加之物，不是一种对已经成型的个人的自利本能的社会强加之物。这种能力实际上是个人——在他们的生物能力和与他人的社会关系之间微妙的相互关系中，或借助与此——成为个人的一个密不可分的部分。因此，而且仅仅出于这个原因，设法社会性地控制这种伦理能力确实成为了可能，就好像操控人的自私倾向是可能的一样。但是，这不意味着我们能够，或者更关键的是应该把每一个要我们负责任地行事的呼吁仅仅看作一种社会操控。在多大程度上它是或不是一种社会操控，正如鲍曼暗示的那样，是一个伦理问题。因此，大多数人可以自主为自己对这个问题进行评判。就一个人认为什么是对和错、一个人的责任范围以及他人的动机做出这样的评判，是伦理和作为一个人到底意味着什么的一个关键（现存和变化）方面。就像阿方索·令吉斯（Alphonso Lingis，2004）的哲学性旅行日志暗示的一样：这是我们会的东西，即便是当我们与在看上去完全陌生的土地上与完全陌生的人为伍的时候。

如何平衡这种困难——就我们如何、何时甚至是否行使我们的个体伦理责任而言——我们没有容易的解决方案。我们没有严格的法则可以遵循，没有绝对正确的行为准则，没有可以算出什么是正确的数学公式，没有能够完全包括和完美表达我们感受的那些众多不同环境的语言，更不要提针对我们的行动（怎样能够）影响他人的准确界定。这是为什么文明已经发展出如此之多的不同伦理语言——就正确、美德、关心、责任等（Smith & Duffy，2003）来讲——的原因之一。每一种表达伦理的方式都提供了在不同社会、历史情境中的某种伦理直觉的不同近似物。那些更加理论化、不太像法则的伦理直觉，经过严格的审视，是更为灵活的，且为行使个人责任提供了更大范围。

这就是为什么伊曼纽尔·列维纳斯（Emmanuel Levinas，1985）把伦理描述成一个“无限”关系（infinity）而非“全体”（totality）关系的原因。换句话说，关于善为何物的问题总是（无限地）一个开放性问题，一种不会被最终确定的东西。因此，伦理完全不是一个关于盲目遵守社会强加之法则的问题。要做到符合伦理道德（being ethical），我们需要不停地问“这是不是足够地善”、“存在其他可能性吗”、“要是又怎样”等问题。这恰恰是为什么从伦理角度对旅游所进行的批评不停地问：生态旅游是不是总是一组特殊情境的最佳解决方案？它是否能够对本地需求更加敏感、对生态产生更少破坏、以更为民主的方式加以组织，等等？

伦理的关键可能性能潜在地质疑一切——尤其是我们自己的自我中心性——的方式非常类似理性的核心思（理）想［idea（l）s］。但是，伦理也不能被降解为一个只是关于理性选择的问题，因为它需要激情参与其中，因为它源于一种责任感，即关心他人。此外，就像弗洛伊德可能首先认识到的一样，不是所有发生在我们之中和之间的事情对我们的意识而言都是透明的，或者和可以被弄成透明的以屈从于一种理性的排序。我们一些对环境的“直觉反应”可能依赖我们过去的性格和长久的支配性体验以及我们的本能、欲望和社会性历史，它们的全部加上我们的自我批评性反思共同构成了一种或多或少稳定的和烦恼的伦理“性格”——我们是谁的一个不可或缺的部分。当然，我们过去的一些行为可能会以内疚意识的形式在我们心头萦绕，但除非过头，这也不总是坏事，因为它能让我们反思外部环境并且在未来做出不同的决定，与这些决定在一起我们也更加快乐。伦理是杂乱无章、复杂和困难的，就因为我们不是漫画中的洞穴人。伦理混乱的、怀疑性的存在也区分了个人和另外一个极端，即夸张的异教信徒。这些宗教信徒在他们的个性和意识中有问题的部分寻找绝对。这种绝对只是在他们停止评价——

通过其狭隘且幼稚的“社团”[①]所批准的框架——他们自己行动的意义上才是可能的。

任何事物都不是它看上去的那样天真，并且这也是弗洛伊德的部分观点。只有完全缺乏伦理能力的人才可能是完全天真的（无道德感的），这解释了我们为什么总体上不会出于动物给它们的猎物带来的痛苦而谴责动物，为什么我们倾向于把故意对他人造成本可避免伤害的人看作是不道德的，而非无道德感的。天真是关于无法获得的前社会洁净（无道德感）的一个虚构的（讽刺地讲也是伦理性的）理想。这种洁净反衬一个被认为是“堕落的”世界，一个真实的世界——在这里我们的责任往往是不清楚的，并且如果我们确实是反思性的话，我们的身份也常常是有问题的[②]。洁净是一个有巨大政治力量的必然理想（经常被称赞但又时常向当代文明妥协）。但是出于这个原因，它的部署——即便是以捍卫“天真的度假乐趣”的形式——本身从来不是完全与政治无关的。

即使我们有时喜欢把我们的脑袋像鸵鸟一样埋进那些充满沙子的度假海滩，成为一个个体（being an individual）意味着组成我们是谁的任务——就我们的对其他存在物的决定、介入和关心而言——是未决定的。这是一个无尽的任务，仅仅受限于我们的死亡命运；正如类似地（与福山相反），没有文明曾经实际到达历史的尽头，只要构成该文明的那些人相信他们还能带来不同。正如我已经主张过的，我们何时、如何甚至是否感知到责任感是了解我们自己是谁的全部。当然，就像弗洛伊德认识到的一样，使自己处于持续的道德监督或进行不间断的伦理追问，这对我们的心理健康是没有益处的。如弗洛伊德以基督劝诫的方式认识到的一样，一直处于伦理状态是一个不可能的理想（就像纯粹的天真）[③]；但是没有理想是完全可以实现的，所有理

① 指由夸张的异教信徒所构成的狭隘的幼稚“社团”。引号的使用暗示作者不认为它是真正的社团，含贬义。（译者注）

② 在从关于堕落的圣经故事到关于前社会“自然状态”的启蒙时期记事的一切之中，原本天真的丧失是一个反复出现的虚构主题。

③ 但是我想起了伍迪·艾伦（Woody Allen）的电影《曼哈顿》中的一个场景。当他搞两面派的朋友通过大声呼喊“你要知道你是如此正直，我的意思是我们只是人。你认为你是上帝”为其行为寻找借口的时候，艾伦回答说“怎么说呢，我必须以某人为模型来塑造我自己”。

想——当采取极端形式——都存在消极面，比如“自由市场”或“革命性共产主义”。为什么这些想法看上去是奇怪的？毕竟，除去宣传册承诺的东西，没有假期是完美的，但是这并不阻止我们基于各种复杂的理由评价一些假期是否比其他的更好。对于伦理，这也同样是真的。目标不是那种无法获得的完美，而是用我们的思想和理想来评价究竟什么可能是更好或更坏的。因此，我们需要认识到这两者之间的区别：在脱离我们的良心对我们可能做出的无尽要求的意义上，“选择”一种“道德的假期”；以及布彻的主张，即所有假期都是这样的——在其中，伦理应该没有位置，总是无关的，并且我们应该总是完全免除我们对他人的责任。后一种观点与把人们从社会压迫中解放出来没有关系，它关乎的是使当前误认为文明的一个方面[①]免受批评。

把个人责任看作伦理的起点意味着拒斥那种认为伦理就是使人们负担罪恶的主张。它还意味着拒绝一种幼稚的想法，即伦理以某种方式与快乐对立，它直接压制我们更为根本欲望的满足，或者等同于说玩得“开心”是有毛病的。如果你为这样的主张辩护，那么这将确实暗示你是一个神经病。暂时性地推脱常规的日常责任，场景的改变，与他人相遇，在世界中多元的生活方式，从日常的和社会强加的那些让我们从上午九点到下午五点一直坐在办公桌或工作站前的束缚中休息一下，这些东西确实具有某种解放性和令人非常高兴的属性。（确实，我们的旅游体验实际上可以使一些人认识到他们的工作世界是多么的不自由和无趣。）但是，伦理的真空区是不存在的。毕竟，即使是资本主义体系，正如韦伯［Webber，2001（1930）］很早以前就认识到的，也要深深地感谢一种事物的运作，即道德体系（ethic）。

做旅游者显然是关于享受的（实际上谁会反对呢？），但是它从来不“只是关于享受的”（Butcher，2003：142，我的强调）。那些相对富有人群体现出的逃避主义明显地和具有讽刺性地依赖于他们试图暂时避开的相同社会经济体系的全球扩张，并且和所有产业一样，旅游业也存在消极面。一些

① “当前误认为文明的一个方面”的含义比较含混，根据上下文，它可能指的是布彻所倡导的旅游无涉道德的看似文明的观念或下一段的“幼稚的想法”。（译者注）

人认识到这一点，可能选择他们认为能使这些负影响最小化的方式去度假；这可能会降低——不管程度多么微小——其他人被迫成为鲍曼所说的“游手好闲者”——他们从他们此前已经建构了自我身份的社会和环境设定中被强制性逐出——的可能性。这种情况说明道德化不是无效的。这是一个关于就其所做决定仅仅承担一些伦理和个人责任以及表达他们是什么样的人的例子（并且，如果这样做使他们的良心轻松一点或者甚至带来快乐，那么这种做法也可以是好的，他们不该因此受到谴责）。只有各种形式的道德绝对主义才会认为唯有不带来快乐的东西才是伦理的，或者我们应该什么都不做，因为我们能做的太少，不足以使整个世界走上正确的道路。

我们需要记住的是，就像弗洛伊德和鲍曼所认同的那样，每个人总是一个潜在的对文明不满者。但是，这解释了我们为什么会出于伦理的而不仅仅是自利的原因在各种社会和经济束缚中进行斗争，以及为什么会为了支持同时反对这束缚而进行斗争。这也是我们中一些人需要更多而非更少伦理旅游的原因。

参考文献

Arendt, H. (1958) *The Human Condition*. Chicago, IL: University of Chicago Press.

Bauman, Z. (1993) *Postmodern Ethics*. Oxford: Blackwell.

Bauman, Z. (1995) *Life in Fragments*. Blackwell: Oxford.

Bauman, Z. (1997) *Postmodernity and Its Discontents*. Cambridge: Polity.

Butcher, J. (2003) *The Moralisation of Tourism: Sun, Sand ... and Saving the World?* London: Routledge.

Butcher, J. (2006) A response to 'building a decommodified research program in tourism: The contribution of NGOs' by Stephen Wearing, Mathew McDonald and Jess Ponting. *Journal of Sustainable Tourism* 14 (3), 307-310.

Canterbury (2007) New book on negative impact of ecotourism. Canterbury Christ Church University. On WWW at http: //Canterbury. ac. uk/News/newRelease. Accessed 27. 11. 07.

Dingle, C. (2007) Ceri Dingle. On WWW at http: www/battleofideas. org. uk. Accessed 27. 11. 07.

Freud, S. (1972) *Civilization and Its Discontents* revised and edited by James Strachey, London: Hogarth Press.

Levinas, E. (1985) *Ethics and Infinity*. Pittsburgh, PA: Duquesne University Press.

Lingis, A. (2004) *Trust*. Minneapolis, MN: University of Minnesota Press.

Lobbywatch (2007) On WWW at http: //www. lobbywatch. org. Accessed 23. 11. 07.

Monbiot, G. (2003) Invasion of the entryists. On WWW at http: //monbiot. com. Accessed 23. 11. 07.

Smith, D. (1999) *Zygmunt Bauman: Prophet of Postmodernity*. Oxford: Polity.

Smith, M. (2005) Ecological citizenship and ethical responsibility: Arendt, Benjamin and political activism. *Environments* 33 (3), 51-63.

Smith, M. and Duffy, R. (2003) *The Ethics of Tourism Development*. London: Routledge.

Spiked-online (2007) On WWW at http: //www. spiked-on-line. com. Accessed 23. 11. 07.

Vulliamy, E. (2000) Poison in the well of history. *Guardian* (15 March). On WWW at http: //www. guardian. co. uk. Accessed 23. 11. 07.

Wearing, S., McDonald, M. and Ponting, J. (2005) Building a decommodified research paradigm intourism: The contribution of NGOs. *Journal of Sustainable Tourism* 13 (5), 424-455.

Wearing, S. and Ponting, J. (2006) Reply to Jim Butcher's response. *Journal of Sustainable Tourism* 14 (5), 512-515.

Weber, M. (2001) *The Protestant Ethic and the Spirit of Capitalism*. London: Routledge.

第十六章 超现代性：重塑我们（旅游）的世界？

伊莲娜·爱特杰维克

译者导读： 作为收尾，本章不同于全书其他各章的一个鲜明特征是，这里不再有复杂的思辨与尖锐的批判，或者说只是去“破坏一个旧世界”，而是要指出“建设一个新世界”的可能性与可能方向。其可能性来源于作者对世界不同地方的观察与判断，她发现很多学者或普通人都已经不约而同地用思想或用行动表明了对建立起多元共融的全球新秩序的支持；其可能方向就是逐渐浮现的新范式：反思的/生活系统范式，关怀经济学的伙伴关系模型，生物圈政治的关联性全球意识，爱情伦理学，互相依赖的循环范式，政治解放的超现代理念。这就是近十年来出现的“超现代性”观念的基本特质，它既要超越已经统治人类命运很多年且带来实质上的不公平的“现代性”，也要超越只是一味质疑、反抗、颠覆而缺乏积极态度与现实作为的“后现代性”。作者认为旅游业在这一关乎人类未来命运的新范式的建立过程中将扮演重要角色，尽管目前它还处于概念形成和局部试验的阶段，然而其积极前景已经足够让人们去“等待和盼望”。

序言

本章内容源于我过往调查研究中机缘巧合的意外收获，之所以在此追溯和介绍，主要因为以下两点。第一，为了感谢曾为本章观点的提出而给予过鼓励的人，同时要纪念与我的研究相关的一些事件。我并不认为有纯粹原创的思想，但是我认为创造的过程本身还是很有魅力的。尤其是本课题更是让我确信存在“同步现象”（Jarowski，1996），即所有人都以类似的频率参与着整个世界平行思维领域的活动，他们表达相关的思想，但是使用的语汇和术语经常却并不相同。第二，可能也是更为重要的一点，在其他文章中我已提到过，旅游研究者有必要更清楚其自身的定位，并且阐明其所论主题的“地缘—身体”政治学的（geo-body-political）立场（Ateljevic *et al.*，2005）。尽管旅游研究领域不断发展，但现有研究却非常零散，不成体系。现在我们有必要更加全面、系统地了解这一领域（Airey，2007），但是定位问题却仍然是旅游界学者们考虑最少的一个方面。所以，我在此介绍一下本章的背景知识，并进而在这本哲学文集的结尾，通过提出一种新的超现代性（transmodernity）思考范式，着重探讨一下旅游研究可能产生的预期成果。

我在2006年第一次听说“超现代性”这一术语，当时我应邀在芬兰举办的“北欧旅游研究年度会议”上发表主题演讲（Ateljevic，2006a）。在会议宣传通知中，组织方曾提到：

> 本年度会议标题为“超现代旅游业愿景”，体现了未来旅游业的发展重点。当前正处于后现代时代，在经历了技术驱动发展的时期之后，一场关于超现代主义、价值观回归以及批判性分析的辩论已经开始。信息社会的生活质量并未达到很多人期待的水平。气候的加速变化预示着未来不容乐观。“无声的革命”的核心是人类体验；消费与增长要通过学习和自我发现而不是精英政治的政绩来实现，通过长期的解决方案而不是量子生活的不安全性来实现。（http：//www. tourismuninet. org）

读到此处，我真的感到热血沸腾。这些内容正好与前几年我与同事奈杰尔·摩根、安妮特·普里查德和坎迪丝·哈里斯合作开展的课题中体现的观点类似。我们在旅游研究的关键转折点表明的观点已经对有关私人的、学术的和旅游生活的新自由主义话语领域发出质疑，从而也就提出了类似的问题（Ateljevic *et al.*，2007）。通过阅读会议宣传通知，我很高兴了解到我们对旅游学界潜在的愿景是创建一个“希望学院”（Academy of Hope），旨在培养心胸开阔的人才，以仁爱、尊重和平等为原则，这与价值观范式方面更大规模的转变相吻合。所谓“吻合”只是证明存在一种源于我们全体共有意识内部潜在的集体认知，因此我们才最终敢于思考和表达我们的深刻感受和领悟。

另一位出席会议的主题发言人为马克·卢伊克斯·吉西，别人向我介绍他时说他是一位超现代性专家，当我后来追问时，会议组织者佩特里·霍托拉解释说：“马克当然是这里的关键人物之一，尤其是他在互联网上的影响力以及他综合分析不同观点的方式非常值得一提。”（邮件沟通，2008 年 1 月 11 日）马克的演讲（Ghisi，2006）很有启发，因为他是全球文化转型方面的神学家、哲学家和研究者，他曾在欧盟委员会前瞻性研究小组工作过 10 年，为委员会会长德罗斯和桑特担任欧盟愿景、伦理和文化转型方面的顾问。基于题为《超越现代性、父权制、资本主义：复魅的社会？》[①] 的旧作（Ghisi，2001），马克带来的“好消息”非常有趣，让我更加有动力进一步研究超现代性理念。探索之路乐趣无穷，自此我从未停止过。随着对更多有关艺术、人文学科、社会科学和大众文化方面的文献的涉猎，我已经开始将自己感到的疑惑之处联系到一起，更加激发了研究的热情。读了著名社会历史学家、政治学家和社会学家的主要作品之后，我深信新的全球意识正在崛起，并且即将发生根本性变革。我还意识到之前受到贝尔·胡克斯等女性作家的鼓舞而开展的爱情伦理学研究（Ateljevic，2005，2006b）曾引领我走向一个类似的方向，这使得相关研究更加可行，一幅完整的图画正呈现在我面前。

引言

> 梦想需要乐观的心态，一种可以将希望转为现实的心态。（Rifkin，2005：384）

“9·11”事件之后的世界，充斥着全球战争危机、“恐怖主义”、气候变化、过度消费、贫富悬殊加剧、社会异化、个人压力感、焦虑、混乱和无

① 翻译为：《超越现代性、父权制和资本主义：复魅的社会？》。这本书还没有出版相应的英译本，但是其衍生版本以另外一个书名（Ghisi，2008）被翻译成了英文。

力感。本章旨在探讨这一时期旅游业可能产生的积极成果。这一切引起了未来主义者的各种顾虑——从比较温和的环境可持续发展问题到有关人类面临集体死亡危机的激进论断（例如 Brown，2006；Rooney *et al*.，2005）。（地球）可持续性问题已经逐渐进入公众话语领域，但只是最近才以超乎想象的速度加速深入。问题是我们仍然将这一议题纳入现有的政治和经济框架来思考，这种框架继续使用理性、金钱和技术作为衡量人类发展和进步的最主要指标。作为回应，社会科学家、经济学家、政治活动家、作家、精神领袖和很多成功企业家纷纷提出人类需要（实际上正经历着）一场重大社会心理变革和范式转变。

本章将综述各种可以反映意识领域重大全球变革的观点和研究，并将超现代性作为一个意味着新兴社会文化、经济、政治和哲学思想转变的总括性术语。本章首先详细阐述吉西（Ghisi，2001，2006，2008）提出的概念，然后参考批判经济学、社会人类学、社会心理学、文化研究、政治学和社会激进主义领域的文献。考虑到吉西提出的超现代性概念中的很多原则都与一些其他著作相关，这些著作不一定使用相同术语但是却表达类似观点，那就是新兴范式转换成为人类历史（尽管以西方为主导）物质文化的新发展，我已经选择使用这一概念作为媒介来表达看似简单的信息："人类又一次发现自己处于正在毁灭的旧秩序和正在形成的新纪元之间。"（Rifkin，2005：181）

然而，鉴于本章综述的大多数著作都出自欧美人之手，我还研究了后殖民作家和底层作家的观点，他们都同样表达了对于超现代世界的潜力的乐观态度。实际上，一投身这一复杂的文献领域，我就发现超现代的观点首先由其主要倡导者恩里克·杜塞尔以西班牙语出版，这些出版物可以解释北方国家"超现代主义"的"新颖性"（Cole，2005：90）。因此，我的确要承认杜塞尔（及其追随者）的观点更加关注后殖民、认识论和政治解放方面的问题，但它们不在本章讨论的范畴，需要另以单独章节介绍。这种选择背后的逻辑关系在于认识到：在我们深入讨论超现代性各个方面内容之前，需要从主要趋势和主题思想角度对其新颖性（不只是在旅游研究领域，还包括所有社会科学领域）进行综合论述。为了避免陷入里夫金（Rifkin，2005：5）

所指出的后现代解构过程的误区，从而避免我们“将现代性贬低为精神废墟以及每个人的故事都同样重要且同样值得关注的无政府主义世界”，我正在寻找超现代性在人类新纪元这一充满希望的全新运动中所体现出来的普遍性。

解释完变革的主要哲学原理和层次之后，作为呼吁包容性、合作性和爱情伦理学的一种回应，我会继续讨论我们的希望旅游学院（Ateljevic *et al.*, 2007），这样就能明显地促进超现代性观点的表达。估计到悲观主义的政治经济学者会批评我对爱情伦理学的讨论是天真的，我想要澄清一下我的立场。由于曾经师从一位新马克思主义地理学者，我无法否认有确凿证据证明了全世界存在着结构性不平等的现象，其中最明显的领域便是旅游业（Bianchi, 2002）。然而，在我的职业生涯中，我已经逐渐认同格洛丽亚·斯坦内姆（笔名贝尔·胡克斯）的近期作品，她认为强行制造差异会产生一种受害心理，严重影响个人和集体的自信心，从而进一步从根本上助长边缘化。在其他作品中我曾经提到：（早期人类学和社会学中的）消极主义者批判旅游业的声音如何自相矛盾地再生了被动的和受害的“他者”理念（例如 Ateljevic & Doorne, 2003, 2005）。所以，带着我们可以真正重塑世界的愿望，我选择集中探讨标志着集体意识中潜在行动的符号。我把涉及太多悲观看法和不利消息的（我承认很重要的）工作留给其他人，而我自己则着手寻找人类发展进程潜能中积极的和可能的东西。

旅游者是社会世界的一种隐喻（Dann, 2002），这个印记早就打在我们的脸上——从麦坎内尔（MacCannell, 1976）提出的追求现代性的国际旅游理论的早期主张，到一系列后现代旅行形式，例如背包旅行以及所谓新纪元和灵性旅游的兴起。虽然存在自我关注性和市场导向性的小众旅游（Ateljevic & Hannam, 2008）的认同或者对主流旅游形式感到恐惧和失望的批判性观点（Franklin, 2003, 2007），我更乐意指出关乎重塑旅游（研究）和重塑世界的那种希望的可能性。

超现代性：辩证的三元

当谈到超现代性的新兴范式转变时，吉西（Ghisi, 1999, 2006, 2008）

主要提到了人类在经济、政治和日常生活等所有活动领域赖以做出判断和决定且不断变化的基础价值观。他的论文开篇通过人类全球（无）意识、（无）觉悟和（不）可视性的冰山理论综述了五个层面的变革，前两个层面涉及对“缓慢死亡”的觉悟，是最隐蔽、最不可视的过程。第一个层面处于最黑暗、最寒冷的底部，在那里，我们当今全球文明本身处于无法维持的边缘，他将其描述为人类集体自杀。第二个层面关系到“命令、控制和征服”等父权文化价值观的灭亡，世界变成一个争夺领土的战场。第三个层面是指现代性作为一种主导范式的灭亡，从而让我们看到世界是植根于客观事实中的客观现实。第四个层面是商业领域产业类型的消失和实体经济的衰亡。而第五个层面关系到公开官僚体制和金字塔式体制的整体危机。

这些都可以看作是典型的后现代观点，吉西则继续解释说，由于我们迫切需要重新设立愿景，知识分子在过去几十年热衷于无休止地对现代性进行后现代解构（尽管是必要的）。而那以后，一种超现代的思维方式正在崛起。在后现代的废墟中，我们发现自己已经被里夫金彻底说服（Rifkin，2005：5）：

> 如果后现代主义者将现代性意识形态牢房的墙壁拆除，释放里面的“囚犯”，他们就会变得走投无路。我们就变成了游牧民族，徜徉于一个充满着原始渴望的无边世界，绝望地寻找一些可以依赖、可以信任的东西。当人类精神从旧有的思想中解放出来，我们每个人都被迫在一个比我们已放弃的那个包罗万象的世界更加危险的、混乱而分裂的世界中寻找属于自己的生存之道。

根据吉西的观点，正是超现代性的概念暗示着现代性的最大优势在于我们超越它的同时又保留了它。同样地，超现代性并非是带着我们从（前）现代性通过后现代性走向超现代性的一种线性投射，而是超越了现代性，即带着我们穿越或穿透现代性以抵达另一种存在状态，“从混沌的边缘进入一种新的社会秩序”（Sardar，2004：2）。这一论断反映了西班牙哲学家和女性主义者罗莎·玛丽亚·罗德里格兹·玛格达（尽管吉西并未意识到）在其著作《土星的微笑：走向超现代性理论》（Magda，1989）[①] 中介绍了这一术语本身的原始意义，书中她借鉴黑格尔逻辑学构建了现代性、后现代性和超现代性的辩证三元关系，从而完成一个论题、反题和合题的过程。如她所述："第三个环节常常保留第一环节中起决定作用的推动力，但是却缺乏自身的底层基础：通过自身的否定作用，第三环节实现了一种镜像式的封闭。"（Magda，1989：13）换句话说，超现代主义是批判现代主义和后现代主义的，同时又从二者中吸取养分。在某种程度上，这是回归到了某种形式的绝对"逻辑"，这种绝对逻辑超越了西方意识形态并让人类去共同分享一段全新的历程，可以称之为一种全球意识（Rifkin，2005）。

那么，这一复杂哲学命题融入世界上人类赖以存在的社会、经济和政治领域时的确切含义是什么？为了解释这一点，要分三个角度进行讨论：首先是这一概念的主要理论原理，其次是变革的社会因素，最后是经济和政治变革。但是，因为我个人认为人类塑造了结构也被结构所塑造，因此需要注意的要点是，这种划分只是便于读者理解，而并非是要人为地把结构和行动者的力量分离开来。

主要的超现代性原则

吉西称超现代性是一种全球愿景，人类借此开始意识到所有生物（包括动植物）都融入在一个系统中，我们组成了一个不可分割的生活社区，互相依存，共同抵御攻击。在此意义上，这一范式从理论上看极具包容性和民主性，因为互相依存的意识提升了，而不同文化间的等级差别被消除。而且，某种意义上，超现代性基本上属于后父权制，为了发明出创新性的应急方案，女性的愿望和直觉被认为是必不可少的。这从根本上不同于（之前的确必要的）只是关注争取女性权利的（后）现代女性主义运动。相反，男性和女性要共同努力反抗控制和支配的价值观，为建设一个更好的未来世

① 罗莎·玛丽亚·罗德里格兹·玛格达是一名西班牙哲学家和女性主义者，其作品主要以西班牙语出版，这就是她的作品在西方说英语的国家和地区并不著名的原因。在互联网上，我只设法找到了她的一篇英语论文，文中她只概括地解释了所提出概念的主要哲学原理。

界而奋斗。此外，某种意义上，超现代性还是后世俗化的，在抵制宗教分歧和教条的同时，它让世界通过朝向一种可作为“私人”行为和“公共”政策依据的精神引领开放而重建其魅力，从而以这种方式重新定义宗教与政治之间的新型关系。它朝向超越性开放，同时抗拒任何宗教确定性的独裁式统治。以这种方式，超现代性旨在重新发现作为人类生活和各种社会的某种维度的神圣性。

超现代性反对无休止的经济进步和物质财富的过度累积，反而推崇将生活质量概念作为衡量发展的指标。这一点以知识经济的方式体现出来，知识经济正是将关注重点从有形资本转向无形资产和人力资本。超现代性向人为地与生活相脱离的理性化作品提出了质疑。它将理性主义与直觉式的大脑活动结合起来。超现代性从垂直式权威向更“扁平”、更“横向式”的组织转变；从“向上建议—向下命令”式管理朝着决策意见上下一致的方式转变。超现代性重新定义了自然、伦理和社会的关系，以便实现真正的跨学科目的。为了提升全体人类的自我意识、自我认知和个人责任感，超现代性裁减了神职人员、技术人员和专家的数量。超现代性提出了地球公民概念并且从人类的最高潜能中提取力量。作为人类共同的全球愿景，超现代性主张每个社区或地区都需要以适于自身文化、生态、气候和其他特点的方式自由发展。超现代性想要我们意识到：当今文化和宗教之间的冲突没有不同范式之间的冲突所产生的危机大。超现代性超越现代性的冲突，跃入超现代的世界，而且还提供了实现和平的捷径和世界不同文化展开对话的新平台。总的来说，超现代性的一般特点是为人类带来希望的乐观主义。

社会文化变革：文化创意者的无声革命

吉西通过越来越多的所谓“文化创意者”引领的“无声革命”现象证明了自己的观点（Ray，1998；Ray & Anderson，2000），“谁创造了新的价值观以及谁在不了解新价值观的情况下却激活着 21 世纪的范式”（Ghisi，2008：158）。文化创意者的无声革命之概念由历史学家阿诺德·汤因比提出，他分析了世界史上 23 种文明的兴衰，并主张当某种文化发生转变时，通常有 5% 的“边缘创意者”正在准备这场无声的转变。这一观点已经被社会学家保罗·H. 雷和心理学家谢莉·露丝·安德森应用于美国政治的市场集群研究。根据针对超过 100,000 名美国人和 100 多个重点团体长达 13 年的调查研究结果以及几十次深入访谈记录，他们已经发现大约 24% 的美国人背离了传统或现代文化，形成了新的生活方式。他们将这种新的亚文化群称为文化创意者，他们关心生态和地球，关注关系、和平、社会正义、自我实现、精神生活和自我表现。他们既重视内心世界，又关心社会。比起其他美国人，他们是完成伟大事业的更好的行动主义者、志愿者和贡献者。在众多有趣的行为指标中，他们的阅读量最大、听广播时间最长，但是看电视时间最少。他们反省自我、热衷旅行并在生活中寻找超越宗教教条的精神维度。在日常生活中，他们寻求身体、思维和精神的和谐统一；因此他们的旅行经常涉及精神和教育等方面（例如注重精神世界、内在探索、心理健康、替代性医学等方面的休闲活动）。有趣的是，这一群体中 66% 为女性。

然而，这一现象不只发生在北美大陆。欧洲联盟委员会统计局（欧盟统计局）使用了一个与美国学者的研究所类似的方法，而且确认了一个类似的趋势：大约 20% 的欧洲人口也奉行一套类似的价值观（Tchernia, 1997）。吉西在他最近的作品中（Ghisi, 2008）还提供了诸多事实证据以表明这种趋势正在蔓延至整个东欧、亚洲和中东地区。但是，雷和安德森（Ray & Anderson, 2000）认为文化创意者的地位和他们推动重大变革的力量没有得到应有的重视，因为他们经常被蔑视为只热衷于选择一种替代生活方式的让人难懂的“新世客”（New Agers）。对于旅游研究者来说顺理成章而且有典型意义的是，这种重大的社会文化转变已经迅速被认为迎合了愿意花钱做水疗、热衷于康体和精神旅游（Smith & Kelly, 2006; Mansfeld & McIntosh, 2006）的“新世代游客”市场（Pernecky & Johnston, 2006）。

同样，另一名学者杜安·埃尔金（Elgin, 1997）也提供了表明这种新兴世界观的社会指标，他将其称之为一种反思性/生活性系统范式。他的观点源于对文化转型文献的全面回顾和全世界有关主要行为趋势、新兴社会价值观和可持续生活方式方面统计数据的经验证据。埃尔金很多观点的提出也参考了著名的《世界价值观调查》（World Values Survey），其由罗纳德·英格哈特（Ronald Inglehart）主持，他也提到过无声的革命（Inglehart,

1977)，虽然主要涉及晚期工业化社会人群的总体代际价值观转变的问题。最近以来，根据对 80 个社会的世界价值观调查所获得的新证据，他研究了宗教与世俗之间的关系，他发现无论是贫困国家还是富裕国家，越来越多的人已经花时间考虑生活的目的和意义（Inglehart & Norris，2004）。

经济和政治变革

因为怀疑论者经常草率地将上述一些观点误认为是精英主义者、中上阶级的奢侈想法，我想要援引两位著名的社会和政治科学家的观点，即宏观历史学家里安·艾斯勒（Eisler，1987，1996，2002，2007）[①] 和社会评论家、(欧洲和美国的）政府领导和国家元首顾问杰里米·里夫金（Rifkin，1995，2005）的观点，加以证明。尽管这两位作者并未使用“超现代性”这一术语，我还是特意引用了他们的作品，因为他们以类似的方式探讨了创造和彰显变革的技术、经济和政治安排。

凭借她过去 20 年作为一名文化历史学家和革命理论家的著作，里安·艾斯勒引入了伙伴关系和支配系统作为构建信仰、制度和关系的两种可用概念。正是她对于三万多年历史进行的透彻分析（Eisler，1987）为我们提供了一个在我们个人的、沟通的、经济的和政治的生活诸领域中观察我们的过去和“所得”的全新视角。利用最新的考古发现，她表明古代（公元前 3500 年前）人奉行的是母权价值观，这并不意味着当时反对父权制（即女性支配男性），而是意味着社会组织更加注重生儿育女、繁殖力、存在的乐趣、艺术创作和性快感的价值。我们是“新”世界最后的继承者，“权力”不再被看作是赋予生命的一种能力，而是被理解为带来死亡、毁灭生命、统治他人以及不惜一切代价要求得到服从的一种力量。在解析漫长的统治历史时，她为我们这个始终充斥着怀疑、血腥、痛苦和不公的疲惫的世界指明了方向。为了走出极化思维的误区，她通过指出一种合作模式而提供了一条前

① 里安·艾斯勒是国际畅销书《圣杯与剑：我们的历史，我们的未来》的作者，这本书已经有 23 个外语版本，使得里安作为唯一的女性被选为宏观历史和宏观历史学领域最伟大的 20 位思想家之一（其中包括黑格尔、马克思和汤因比等）。

行的道路，在这种模式中，社会结构体现出更普遍的平等性，差异（性别、种族、宗教、性取向或信仰体系）并不会自动地与高级或低级的社会和/或经济地位相关联。通过为我们提供大量个人的、公共的和经济的倡议以及组织和政策方面的全球案例，她认为我们最终会看到全世界逐渐认可这种新的模式（Eisler，1996，2002）。

在最新的开创性著作《国家的真正财富》中（Eisler，2007），她解析了亚当·斯密“市场的无形之手”理论，揭露了让市场买卖活动之外的所有活动失去价值的深层的统治和剥削文化。相反，她提出“关怀经济学”的新理念，它考虑家庭经济活动、看护者们和社区能够丰富其生活的活动、大自然生命支持过程在内的完整谱系。她有关批判式和关怀式企业的主张已经得到了来自如下证据的进一步支持，即很多主流企业已经在重新质疑其“底线式”存在（例如只为了经济利益）的主要目的，这就促进了精神经济概念的产生和具有人类共同福祉使命感的精神型企业家的出现（见 Allee，2003；Harman，1998；www. worldbusiness. org）。

同时，里安·艾斯勒为我们提供了一种新的未来经济模型，杰里米·里夫金（Rifkin，2005：7-8）认为正是这一已然成为即将到来的新时代的一种政治宣言的“欧罗巴合众国①的欧洲梦”（的所有潜力）将会让美国梦悄然失色：

> 新的欧洲梦是强大的，因为它敢于预示新的历史，注重生活质量、可持续性、和平、和谐……新的欧洲梦不只注重财富的积累，同时还注重人类精神世界的丰富……自从 18 世纪启蒙运动早期开始，人性就被束缚在物质主义的牢笼中，现在欧洲梦将人性带出这一牢笼，迎接理想主义激发的全新未来曙光。

鉴于当前的欧盟存在的争议、虚伪和困境，为了避免自己的观点被简单地解读为过于理想主义，他通过强调以下两点来阐明自己的主张。首先，他明确地宣称，梦想反映了希望而非成就，因此欧洲梦这一理想所提供的很多

---

① 作者在这里应该是套用了“United States（of America）”的形式来构成了“United Europe”，因此对照“（美利坚）合众国”的译法，这里翻译为“欧罗巴合众国”。（译者注）

原则体现出的都是潜在性。其次，为了更好地在历史语境中显现这种潜在性，他为我们提供了一份有关启蒙运动/现代史形成的详尽综述，正是那段历史为中世纪带来了惊天动地的变革。

为了让文章更加精当深入，他综述了现代时期的基本支柱——个人主义、市场—交换经济、财产意识、基于领土的民族国家治理（与资本主义市场相容）——是如何构建起来的，以及它们现在正如何逐渐被全球化时代新的地理、经济、社会和政治布局所取代。通过综合介绍欧洲的政治构架以及统一的欧洲的历史形成，其超越国土的治理、宪法、内部运作和各种政策的独特性，他向我们呈现了一幅真实的欧洲图景，既暴露了它诸多的虚伪和冲突，也呈现了它诸多的成就和潜力。他从如下方面深入剖析了知识经济理念的运作方式：具有互惠和信任特点的协同商务活动、包括民权社会组织的三权分立式政治、环境可持续性政策等。

由于本章篇幅限制，同时为了不偏离对于超现代性的论述，在此无法引述他所提供的关于新历史形成的所有确凿证据。但是，有必要强调一下他的一项主要的基本看法，因为这一看法为本文要证明的主要论点提供了支持。那就是：他还提到过向一种新的关系意识的转变，这样人类共担风险、共同抵御侵害的意识会越来越强，而经济、社会和环境的互相依赖性可以共同组成地球上不可分割的居住社区。换句话说，他将我们的目光从目前的地缘政治（及其假设——环境就是人人为自身生存而斗争的巨大战场）转移到一个真正创新的生物圈政治概念（及其前提——地球是我们赖以融为一体的相互依存关系构成的生物体）。

超现代性的底层视角

提到地缘政治学，最终需要参考一下后殖民和底层文献，因为（毕竟）“超现代性”这一术语来自说西班牙语的圈子，特别是与其主要倡导者恩里克·杜塞尔及其新马克思主义解放哲学相关（Dussel，1995）。然而，正像我之前在引言部分所强调过的，本章内容并不会详尽阐述杜塞尔动摇欧洲中心殖民主义的认识论和政治因素。但是，可以总结与前述讨论之间的几点共性。首先，杜塞尔承认后现代性已经批判了各种现代的欧洲中心主义，但是在他看来这还不够，因为后现代性依然代表对内含的否定主张的欧洲中心式的批判，这一否定主张通过对差异和身份政治的进一步划分自相矛盾地强化了“他者化”过程。

其次，杜塞尔因此看到超现代性的诸多潜力：带我们超越传统的二分法，提出一种超越民族主义和殖民主义的批判性世界主义，生产第三世界和欧洲中心基要主义之外的知识，生产身份政治之外的激进的后资本主义政治，克服政治经济和文化研究之间的传统二分法以及超越经济简化论和文化主义（Grosfoguel *et al.*, 2007）。以同样的方式，奇奥丁·萨达尔（Sardar, 2004）看到了超现代世界的具有积极意义的潜力，那就是缩小目前由于作为西方社会固定观念的“传统”概念而导致的伊斯兰教和西方之间形成的看似不可逾越的鸿沟。他认为，为适应变革而达成一致的政治形态的超现代原则正是伊斯兰教的核心思想。但是，他警告我们，在推出一种用于公开讨论的超现代框架时，很重要的一点是要在超越了超现代主义和超传统主义政府（两种政府均未理解超现代主义）的约束衣的情况下去思考穆斯林世界，而且要接触普通百姓，而不只是积极分子、学者、作家、新闻记者等。以这种方式，萨达尔（Sardar, 2004）争论说，我们会发现大多数人对西方都持有批判而积极的态度，而且女性也会一样愿意参与这种讨论，会和男性一样发起变革。他认为如果西方转向超现代主义，公众的参与将带来众多积极变革和有利协作的可能性，最终将以一种更加和谐和充实的共同生活体验来替代单一性的全球化。

爱情伦理学和（我们的旅游）希望学院

前述讨论已经清晰表明，超现代范式转变大体上提倡包容性、多样性、合作性、生命的神圣与质量、内心世界、可持续性、普世人权、自然权利和地球和平。我主要通过女性主义者有关爱情伦理学的著作（bell hooks）① 以及格洛丽亚·斯坦内姆所介绍的循环模式（Steinem, 1993, 2004）进一步阐

① 据维基百科，这是作者笔名，风格为小写，其真名为 Gloria Jean Watkins（1952-），美国作家、女权主义者和社会活动家。（译者注）

明了宇宙的同步现象看起来似乎是由无关联的“偶然”所组成的观点（Jarowski，1996），在我们有关旅游研究的关键转折的书中（Ateljevic *et al.*，2007）已经引用过她们的作品。斯特内姆的论述（Steinem，1993：189-190）与上述观点完全相符：

> 如果我们把我们自己看成一个圈子，那么我们的目标是圈子的完整性——而非击败他人。进步取决于我们前进的方向……进步就是互相欣赏。如果我们把工作组织看成一个圈子，那么我们的目标是取得优异成绩和开展合作——而非竞争。进步就意味着互相支持、建立联系。如果我们把自然看成一个圈子，那么我们就是接受它恩赐的一个部分。进步就意味着相互依存。如果我们能尊重自然以及作为自然缩影的每一种生物，那么我们就在尊重独一无二的自己。这样我们就完成了整个圈子。

作为人类权力来源的现实世界已经被理解为政治的舞台，引起一场名为“神圣激进主义”的社会政治运动，它重申了反击当代全球有关恐慌、异化和去权的话语的个人成长、精神生活和行动（例如 Fonda，2004；Fox，2000；Maathai，2005；Tacey，2004；Steinem，2004）。

从我最近的作品中，可以找到有关这些观点的多方面讨论，因为我在其中提出了有关具身体现（embodiment）的后结构主义概念（Ateljevic & Swain，2006；Ateljevic & Hall，2007；Wilson & Ateljevic，2008）。我曾论述过，后结构主义视角为我们提供了契机，让我们在非人性机制的标准化话语和机构的抵制性力量可以并行显现的过程之中，接触到塑造了我们的生命的微妙规范和价值观。但是，在我的解析中，我想保持一种积极乐观和充满希望的基调，因为我已经开始受到女性主义作品的鼓舞，原因是她们的作品中强调了爱情伦理观的重要性并且寻求积极的结构、变革和潜能，这些东西为我们带来了个人生活和职业生活中的希望以及行动和行为的模式（Ateljevic，2005，2006b；Ateljevic *et al.*，2007）。正如斯特内姆很恰切地提出的一个问题（Steinem，1993：129）：

> 除了等级制度、父权制度和竞争制度，还有哪些关于社会规范的常规研究？——或者只是关于其存在的理解？哪里有作为自尊心培养和人

类潜能挖掘的先锋力量的校园？

贝尔·胡克斯（hooks, 2000, 2002, 2003）在她的一部作品中特别强调了这些观点，这部作品论述的是超越仅强调特殊个体现象的概念化的爱情。为了推动全球范围内总体的文化包容，其中我们将自己的生命和命运看作与地球上所有其他人紧密相连，她敦促男性和女性都要挑战爱情稀缺的、性别刻板印象和反人性的父权制文化，提倡自爱和普世人性的艺术，并且她特意将这些观点融入会对潜在的社会变革产生最明显影响的学术领域——我们的教学活动中，从而已经衍生出所谓“民主教育工作者”的概念和希望的教学法（hooks, 2003）。在介绍自己的观点和考虑真正有效的方法时，她敦促我们这些教师们通过揭露压迫体制的反人性化特点来抵制它们，转而奉行推动进步性社会变革的价值观——知识共享和学习共享的理想：精神、奋斗、奉献、热爱。

这种（现在我所认为的）超现代性的背景呼吁“转向一种新的意识层次，达到一种更高的道德标准……消除我们的恐惧并彼此给予希望”（Wangari Maathai, 2004，诺贝尔奖演说），我们由此得以建成希望旅游学院和实现旅游研究的所谓关键转折（Ateljevic *et al.*, 2007）。这一努力有两个目标：第一，将旅游业的主导业务活动转向更广泛的实体性、对话性、社会性实践环境从而更深入地了解旅游业现象（Pritchard *et al.*, 2007）；第二，建立一个抵制性团体，我们可以借此抵抗压迫性的教学和研究体制。我们的确已经对非人性化的学术意识形态和实践方式产生了质疑，因为它们扼杀了我们在研究（参见特赖布［Tribe, 2003］对其影响旅游咨询的分析）中的创造性，促生了对于激进变革的集体恐惧并稳固了确保我们服从的一种支配的文化。

在我们努力创造真正转型知识的过程中，我们已经在寻找战略和方法将我们对创造旅游业知识的合作伙伴和目标对象、我们的学生以及我们自己所肩负的职业、情感和精神责任合法化。通过这种方式，我们将这种做法看成是某种以自我为中心的自我放纵，而不是对学术知识的地缘实体政治及其理性/情感、阴性/阳性、主体/客体、内部/外部、心理/生理/精神、胜者/败者、主导者/被动者、人类/自然、机构/体制/抵制等毁灭性二分法和等级制度的一种必要解构。我们要探寻的不只是世界是怎样的，还要反映我们通过旅游管理/旅游研究所塑造的世界，详见基斯·霍林谢德（Keith Hollinshead）在克罗地亚斯普利特举办的第二次批判性旅游研究会议上的讲话（Hollinshead, 2007）。通过提出旅游塑造世界的理念，他揭示出人们（学者、学生、规划师、企业家等）参与旅游业的方式不只是要呈现或向他人开启一个世界，而是要实实在在地重新定义、重新组建和重新缔造一个世界，因此就迫切需要仔细考虑“在构思世界人民的愿景、提供探索世界的途径和揭示不断游走的金帐汗国世界的现实情况时（我们可以帮助甚或赋权），我们可以担任的实际的和潜在的角色”（Hollinshead, 2002：1-2, 2007）。也在这次会议上，为了确认是否遗漏了我们想要针对大学教育而提出抗议的某些内容，约翰·特赖布（John Tribe）还批判性地分析了我们在旅游教育中应该肩负的角色，同时还向我们提出一个问题：“对于旅游专业的学生、我们在大学中组建和工作于其中的小型旅游学院以及作为专业学者的我们自己，我们抱有哪些希望？”（Tribe, 2007：14）

超现代旅游业

说到伙伴关系/爱情伦理学的循环范式，或者换句话说——超现代性哲学的采用——为旅游研究（的冰山一角）带来什么益处，我将以介绍这一新的思考框架可能带来的几项成果来完成本章。这一理论的辩证潜力和影响力的确会有多种体现。

首先并不算新鲜的是，旅游业充当了一种恰当的隐喻，其中现代性（MacCannell）或后现代性（Urry）都曾经被批评和被展示，但是对超现代性而言，独一无二的是它最终为我们提供机会以从旅游（研究）作为“他性机器”（otherness machine）（Aitchison, 2001）的内在本质中脱离出来。的确，即使当我们批判我们的著作和政治日程时，语言本身（如扶贫旅游）或身份（地缘—身体）政治（如底层或女性研究）等方面进一步产生了与制造差异相关的自卑的内涵。相比之下，超现代性赋予我们必要的政治和认识论地位，去超越种族、性别、传统、文化、经济等方面所有（后）本质主义的矛盾冲突和处理方式，去掌握一种可以为我们提供一种理论框架、充当不存在一方在本质上主导和优于另一方的生物圈政治的“落脚点”。一旦地球上所有人类共担风险、共同抵御侵害和彼此联系依存的基础得到认可，人们就可以进行真正平等的对话。或者类似于玛格丽特·斯旺（Swain，2007）在提出希望将批判性世界大同主义用于批判性旅游研究时所表示的：她会抨击将普遍的人权概念与有关差异性的世界主义意识相结合的一种“泛人类”观点。

其次，我想说旅游业实际上是展现人类意识发生全球转变的关键指标之一。查看文化创意者的背景以构建恰当的例证就足够。实际上，我们所有的“特殊兴趣旅游”都清晰表明越来越多（国际的和国内的）旅游爱好者不断改变中的心理状态。实际上，这也是努力创造“严肃的研究领域”的旅游研究者得以解决大量历史难题的最重要途径之一（Airey，2004，2007；Nash，2007）。如果当代旅游现象表明了人类全球意识的新一步发展，人们就很容易看到旅游公共话语中的这种转变所产生的巨大的政治力量。

最后（也是结果），旅游业真正有力量帮助世界达到更高的意识水平，正如玛格丽特·希尔夫（Silf，2006：178）对于寻找通往智慧的可能途径所做出的论述：

> 去旅行就是去发现：我们可以与其他国度和文化的人们一起分享喜怒哀乐，并且我们与他们的共同点远远多于差异性。

因此，如果政府、公民社会、旅游生产者和消费者开始认识到旅游业潜在体现的那种更深层次的意义，旅游业就可能在新兴的全球关怀的/精神的经济领域成为领军“行业”。最终，这一目标的实现会对旅游机构和当局产生巨大的政治影响力，可能会让世界变得更好，实现互相连结和交融的愿望。利用霍林谢德提出的塑造世界的概念，我们可以最终深入公共话语领域，改变人们对旅游的主流理解，即将旅游看成是无聊的休闲活动，或者理解成只是另一种经济发展的形式。实际上，正是我们领域之外的人们经常会指引我们如何将旅游话语提升到另一个水平。

例如，西奥多·泽尔丁是一位就职于牛津大学的历史学家，也是一名公众知识分子［例如担任法国（萨科齐）政府顾问以及 BBC 常规演讲人］，他对人类发展的潜力感兴趣，所以对传统的工作理念和人类对话提出了质疑。为了动员人们真正在不同人类社区之间建立联系，他已经通过创建“牛津缪斯基金会”启动了多个项目。其中一个缪斯项目是提升旅游业帮助人类在全球范围内展开更加开放性对话的潜力（电话交流，2008 年 1 月 14 日）。为了实现这个目标，他的工作之一是提出所谓“缪斯酒店”概念，即重新设计一种全新概念的酒店，并建立一种所有行业都可以借以彻底重新考虑该做些什么的模式。泽尔丁争辩说酒店（像其他企业一样）自 19 世纪末以来就没有改变过它们的基本目标，即凯萨·里茨当时说到的：他的酒店目的就是“教会你怎么样生活”。对于他来说，住酒店就意味着能够尽享皇室般的奢华，无论你什么时候需要，都有仆人随时侍奉。但是在它们安装了各种金色水龙头、电子控制器和休闲设施之后，接下来该做些什么？泽尔丁提出这一问题并立即做出回应：“它们可以成为重要的文化载体，在文明对话中发挥重要作用，为游客提供机会以完成一些传统的大使官员无法做到的事情。”很多英国、法国、西班牙和美国的酒店已经明确表示有兴趣采用缪斯项目的理念来丰富顾客体验，并且让自己的酒店成为一种新型文化中心（http：//www. oxfordmuse. com/projects/projects. htm）。

泽尔丁的倡议可以理解成霍林谢德所描述的旅游话语和行为中的必要的创意，霍林谢德曾邀请旅游研究者和旅游行业认识到“旅游事实上以何种方式潜在地与我们的所有行业、所有礼仪规范以及所有其他愿望相关联”（Hollinshead，2002：11）。总而言之，在努力探寻旅游活动中具有积极意义的转型潜力时，我与富兰克林（Franklin，2007：145）有一致观点：我们对于旅游研究的批判性意见的最初基础已被倾向于寻找负面影响（事先已经知晓有很多负面影响）的社会学科所发现，这应该使我们“想要知道由于我们的恐惧与焦虑，我们是否正确地评价了旅游的积极影响”。然而当提到积极影响时，我并不是指实证主义者对于令人满意但却狭隘的旅游产业日程的肯定（且通过这种方式再生产出不公正的资本主义关系），而是指系统地实现让旅游能够并且的确带来人类互通性成果的全球性改革能力的确认。

结语

在这篇文章中我参考了大量文献，来向我们提供——在我们人类进化中浮现的、重要的范式转变中的——许多信号和证据。为了说明这一点，不同的作者利用了很多术语来捕捉那创造了超现代华丽新世界的潜力背后的主要力量——反思的/生活系统范式（埃尔金）、关怀经济学的伙伴关系模型（艾斯勒）、生物圈政治的关联性全球意识（里夫金）、爱情伦理学（胡克斯）、互相依赖的循环范式（斯特内姆）、政治解放的超现代理念（杜塞尔）。这些纷杂的术语证实了里安·艾斯勒（Eisler，2002）的论断：我们很少听说这一运动的原因是它还没有被一个简单的、同一性的名字所集中起来，整合起来。

然而，在传递“好消息”的时候，我并没有否定全世界范围内存在结构性不平等的残酷现实和我自己在世界中享有的舒适的言论、写作和生活的特权地位。但情况也并不总是那样的。我曾经历过20世纪90年代的巴尔干战争，之后被逐出家园，遭遇种种磨难，在此期间我既接受过美好的人道支持，也受到过无礼的歧视，我证明了通过赋权和被赋权而帮助某人的这种积极心态和人类同情中的力量。鉴于我个人的经历，我想要推崇智慧和同情的价值观以及通过个人力量而产生差异并由此指出实现求同存异的可能性，我认为这是通向人类的可持续未来的唯一方式。正是在这种语境下，我强调旅游业的各种改革力量，这一潜在发展机遇在我以研究人员和旅游者的身份到访过的全世界很多角落——从新西兰、太平洋和中国的周边地区到亚得里亚海群岛（仅举出这几例）——都曾见证过。在我年轻的时候，我就已经意识到旅游业的这一潜在发展机遇。20世纪70年代到80年代间，我在克罗地亚的一个小岛上长大，那时一到夏天，游客就蜂拥而至（见 Ateljevic & Hall，2007）。当时当地，来自旅游业国际化性质的收益埋下了很多希望的种子，至今还在继续。

参考文献

Airey, D.（2007）Tourism education：Life begins at 40！A keynote presented at the ATHE Annual Conference: *Shaping the Future of Tourism Education*, St. Anne's College, Oxford, 5-7 December.

Aitchison, C. (2001) Theorizing other discourses of tourism, gender and culture: Can the subaltern speak (in tourism)? *Tourist Studies* 1, 133-147.

Allee, V. (2003) *The Future of Knowledge: Increasing Prosperity Through Value Networks*. Burlington, MA: Elsevier.

Ateljevic, I. (2005) The art of loving and de-humanization of the world: The concept of embodiment in tourism studies, education and research. ATHE Annual Conference: *The Future of Tourism in Higher Education*, Liverpool, UK, 30 November-2 December.

Ateljevic, I. (2006a) Promoting an academy of hope: A way of knowing and way of being. A keynote presented at the 15th Nordic Symposium in Tourism and Hospitality Research: *Visions of Modern Transmodern Tourism*, Savonlinna, Finland, 19-22 October.

Ateljevic, I. (2006b) The process of (un) learning and becoming: Being a student and teacher of what? ATHE Annual Conference: *Knowledge, Communication, Networking: Locating Tourism Knowledge*, Cambridge University, UK, 6-8 December.

Ateljevic, I. and Doorne, S. (2003) Unpacking the local: A cultural analysis of tourism entrepreneurship in Murter, Croatia. *Tourism Geographies* 5 (2), 123-150.

Ateljevic, I. and Doorne, S. (2005) Dialectics of authentification: Performing 'exotic otherness' in a backpacker enclave of Dali, China. *Tourism and Cultural Change* 3 (1), 1-27.

Ateljevic, I. and Hall, D. (2007) Tourism embodiment of the macho gaze in the South Eastern Europe: Performing masculinity and femininity in Albania and Croatia. In A. Pritchard, N. Morgan, I. Ateljevic and C. Harris (eds) *Tourism and Gender: Essays on Embodiment, Sensuality and Experience* (pp. 138-157). London: CAB International.

Ateljevic, I. and Hannam, K. (2008) Conclusion: Towards a critical agenda for backpacker tourism. In K. Hannam and I. Ateljevic (eds) *Backpacker Tourism: Concepts and Profiles* (pp. 247-256). Clevedon: Channel View Publications.

Ateljevic, I., Harris, C., Wilson, E. and Collins, F. (2005) Getting 'entangled': Reflexivity and the 'critical turn' in tourism studies. *Tourism Recreation Research: Theme—Tourism and Research* 30 (2), 9-21.

Ateljevic, I., Pritchard, A. and Morgan, N. (eds) (2007) *The Critical Turn in Tourism Studies: Innovative Research Methodologies*. Oxford: Elsevier.

Ateljevic, I. and Swain, M. (2006) Embodying tourism research: Gender performance among Sani and Bai women in Yunnan's ethnic tourism. Paper presented at the CAUTHE International Tourism Conference, Victoria University, Melbourne, Australia, 6-9 February.

Bianchi, R. V. (2002) Towards a new political economy of global tourism. In R. Sharpley and D. Telfer (eds) *Tourism & Development: Concepts and Issues* (pp. 265-299). Clevedon:

Channel View Publications.

Brown, L. (2006) *Plan B 2.0*. London: Norton NY.

Cole, M. (2005) Transmodernism, Marxism and social change: Some implications for teacher education. *Policy Futures in Education* 3 (1), 90105.

Dann, G. (ed.) (2002) *The Tourist as a Metaphor of the Social World*. Wallingford: CABI.

Dussel, E. (1995) *The Invention of the Americas: Eclipse of 'Other' and the Myth of Modernity*. New York: Continuum.

Eisler, R. (1987) *The Chalice and the Blade: Our History and Our Future*. San Francisco, CA: Harper and Row.

Eisler, R. (1996) *Sacred Pleasure: Sex, Myth and the Politics of the Body*. New York: Harper San Francisco.

Eisler, R. (2002) *The Power of Partnership: Seven Relationships that Will Change Your Life*. Novato: New World Library.

Eisler, R. (2007) *The Real Wealth of Nations*. San Francisco, CA: Berret-Koehler.

Elgin, D. (1997) *Global Consciousness Change: Indicators of an Emerging Paradigm*. San Anselmo, CA: Millennium Project.

Fonda, J. (2004) The new feminism. A keynote speech. *Proceedings of the Women and Power Omega Institute 4th and V-Day Annual Conference*, New York, September 9-11.

Fox, M. (2000) *One River, Many Wells*. Dublin: Gateway.

Franklin, A. (2003) The tourist syndrome: An interview with Zygmunt Bauman. *Tourist Studies* 3, 205-217.

Franklin, A. (2007) The problem with tourism theory. In I. Ateljevic, A. Pritchard and N. Morgan (eds) *The Critical Turn in Tourism Studies: Innovative Research Methodologies* (pp. 131-148). Oxford: Elsevier.

Fromm, E. (2006) *The Art of Loving* (50th Anniversary edition). New York: Harper Perennial; Modern classics.

Ghisi, L. M. (2001) *Au Delà de la Modernité, du Patriarcat et du Capitalisme: la Société Réenchantée*. L' Harmattan, Paris. On WWW at http://von2020.canalblog.com. Accessed 20. 01. 07.

Ghisi, L. M. (2006) Transmodernity and transmodern tourism. A keynote presented at the 15th Nordic Symposium in Tourism and Hospitality Research: *Visions of Modern Transmodern Tourism*, Savonlinna, Finland, 19-22 October.

Ghisi, L. M. (2008) *The Knowledge Society: A Breakthrough Towards Genuine Sustainability*. India: Stone Hill Foundation.

Grosfoguel, R., Saldivar, J. D. and Torres, N. M. (eds) (2007) *Unsettling Postcoloniality: Colonilaity, Transmodernity and Border Thinking*. Durham, NC: Duke University Press.

Harman, W. (1998) *Global Mind Change: The Promise of the XXIst Century* (2nd edn). San Francisco, CA: Berret and Koelher.

Hollinshead, K. (2002) Tourism and the making of the world: The dynamics of our contemporary tribal lives. In J. Kneski (ed.) *Honors Excellence Occasional Paper Series* (Vol. I: 2, pp. 1-27). Miami, FL: The Honors College at Florida International University.

Hollinshead, K. (2007) The 'world-making' drive of tourism: A broadening of Meethan's analysis of culture and place production. A keynote presented at the Second International Critical Tourism Studies Conference, Split, 20-23 June. Abstract in C. Harris and M. van Hal (eds) *Conference Proceedings: The Critical Turn in Tourism Studies: Promoting an Academy of Hope*. Zagreb: Institute for Tourism.

hooks, b. (1994) *Teaching to Transgress: Education as the Practice of Freedom*. New York: Routledge.

hooks, b. (2000) *All About Love: New Visions*. New York: Harper Perennial.

hooks, b. (2002) *The Communion: The Female Search for Love*. New York: Harperscollins.

hooks, b. (2003) *Teaching Community: A Pedagogy of Hope*. New York: Routledge.

Inglehart, R. (1977) *The Silent Revolution: Changing Values and Political Styles Among Western Publics*. Princeton, NJ: Princeton University Press.

Inglehart, R. and Norris, P. (2004) *Sacred and Secular: Religion and Politics Worldwide*. New York: Cambridge University Press.

Jarowski, J. (1996) *Synchronicity: The Inner Path of Leadership*. San Francisco, CA: Berret & Koelher.

Maathai, W. (2005) A keynote speech. *Proceedings of the Women and Power Omega Institute and V-Day 4th Annual Conference*. New York, September 10-13.

MacCannell, D. (1976) *The Tourist: A New Theory of Leisure Class*. New York: Schocken Books.

Magda, R. M. R. (1989) Transmodernity. Online essay. On WWW at http://es.geocities.com/circulocero/magda.html. Accessed 22. 01. 07.

McIntosh, A. and Mansfeld, Y. (2006) Spiritual hosting: An exploration of the interplay between spiritual identities and tourism. *Tourism: An Interdisciplinary Journal* 54 (2), 1-24.

Nash, D. (ed.) (2007) *The Study of Tourism: Anthropological and Sociological Beginnings*. Tourism Social Science Series. Amsterdam: Elsevier.

Pernecky, T. and Johnston, C. (2006) Voyage through numinous space: Applying the specialization concept to New Age Tourism. *Tourism Recreation Research* 31 (1), 37-46.

Pritchard, A., Morgan, N., Ateljevic, I. and Harris, C. (2007) *Tourism and Gender: Essays on Embodiment, Sensuality and Experience*. London: CAB International.

Ray, H. P. (1998) What might be the next step in cultural evolution? In D. Loye (ed.) *The Evolutionary Ryder* (pp. 87-102). Twickenham: Adamantine Press.

Ray, H. P. and Anderson, S. R. (2000) *The Cultural Creatives: How 50 Million People Are Changing the World*. New York: Harmony Books.

Rifkin, J. (1995) *The End of Work*. New York: Penguin Group.

Rifkin, J. (2005) *The European Dream: How Europe's Vision of the Future Is Quietly Eclipsing the American Dream*. New York: Penguin Group.

Rooney, D., Hearn, G. and Ninan, A. (2005) *Handbook on the Knowledge Economy*. Cheltenham: Edward Elgar.

Sardar, Z. (2004) Islam and the West in a Transmodern World. Article on Contemporary Issues 18/08/2004. On WWW at http://www.islamonline.net/english/Contemporary/2002/05/article20.shtml. Accessed 15.04.07.

Silf, M. (2006) *The Way of Wisdom*. Oxford: Lion Hudson.

Smith, M. and Kelly, C. (2006) Wellness tourism, Editorial. *Tourism Recreation Research* 31 (1), 1-4.

Steinem, G. (1993) *Revolution from Within*. Boston, MA: Little, Brown and Company.

Steinem, G. (2004) New leaps of consciousness. A keynote speech. *Proceedings of the Women and Power Omega Institute 4th and V-Day Annual Conference*, New York, September 9-11.

Stewart, T. (2002) *The Wealth of Knowledge: Intellectual Capital and the XXIst Century Organization*. London: N Brealey.

Swain, M. (2007) The cosmopolitan hope of tourism: 'If it's tourist season why can't we shoot them?' bumper sticker, Northern California. A paper presented at the Second International Critical Tourism Studies Conference. Split, 20-23 June. Abstract in C. Harris and M. van Hal (eds) *Conference Proceedings: The Critical Turn in Tourism Studies: Promoting an Academy of Hope*. Zagreb: Institute for Tourism.

Tchernia, J. F. (1997) *Les styles de valeurs des Européens*. Paris: Tchernia Etudes Conseil (Research International).

Tacey, D. (2004) *The Spirituality Revolution*. New York: Brunner-Routledge.

Tribe, J. (2003) The RAE-ification of tourism research in the UK. *International Journal of Tourism Research* 5, 225-234.

Tribe, J. (2007) Promoting an academy of hope. A keynote presented at the Second International Critical Tourism Studies Conference, Split, 2023 June. Abstract in C. Harris and M. van Hal (eds) *Conference Proceedings: The Critical Turn in Tourism Studies: Promoting an Academy of Hope*. Zagreb: Institute for Tourism.

Wilson, E. and Ateljevic, I. (2008) Challenging the 'tourist-other' dualism: Gender, backpackers and the embodiment of tourism research. In K. Hannam and I. Ateljevic (eds) *Backpacker Tourism: Concepts and Profiles* (pp. 95-110). Clevedon: Channel View Publications.

索　引

图书在版编目（CIP）数据

旅游哲学：从现象到本质/（英）约翰·特赖布主编；赖坤等译.—北京：商务印书馆，2016
（当代旅游研究译丛）
ISBN 978-7-100-12424-9

Ⅰ.①旅…　Ⅱ.①约…②赖…　Ⅲ.①旅游学—哲学　Ⅳ.①F590-05

中国版本图书馆CIP数据核字（2016）第173095号

当代旅游研究译丛
旅游哲学——从现象到本质
〔英〕约翰·特赖布 主编
赖坤　张骁鸣　李军　叶圣涛　马凌　李咪咪　译

商务印书馆出版
（北京王府井大街36号　邮政编码100710）
商务印书馆发行
北京市艺辉印刷有限公司印刷
ISBN 978-7-100-12424-9

2016年7月第1版　开本787×960　1/16
2016年7月北京第1次印刷　印张20 1/2

定价：47.00元